Kuno Rechkemmer

Topmanagement-Informationssysteme

Topmanagement-Informationssysteme

Betriebswirtschaftliche Grundlagen

Kuno Rechkemmer

 Lucius & Lucius · Stuttgart

Die Deutsche Bibliothek – CIP-Einheitsaufnahme

Rechkemmer, Kuno:
Topmanagement-Informationssysteme : betriebswirtschaftliche
Grundlagen / Kuno Rechkemmer. – Stuttgart : Lucius und Lucius,
1999
   ISBN 3-8282-0091-5

Satz: Sibylle Egger, Stuttgart
Druck und Einband: Spiegel Buch GmbH, Ulm
Printed in Germany

If we do not understand what
constitutes the top manager's
job, how can we measure the
impact of the computer on his
work?   Henry Mintzberg

Vorwort

Die Revolutionen der Informationstechnik prägen zunehmend unsere Welt.
Die vorliegende Schrift versucht, das bisherige Wissen um die Potentiale dieser Technik auf der Topmanagementebene durch eine Annäherung von betriebswirtschaftlicher Seite zu erweitern. Es sollen ein Beitrag für die Managementforschung und -praxis geleistet und bisherige Defizite der Wirtschaftsinformatik in diesem Kontext überwunden werden.

Die Arbeit hat von mehreren Seiten Unterstützung erfahren. Neben dem
Haus Daimler-Benz ist vor allem das International Center for the Research
on the Management of Technology, Sloan School of Management, Massachusetts Institute of Technology (MIT), USA, zu nennen. Persönlich danken
darf ich insbesondere Herrn Prof. Dr. Franz Xaver Bea, Universität Tübingen, Herrn Prof Dr. Dr. h.c. mult. Peter Mertens, Universität Erlangen-
Nürnberg, Herrn Dr. John F. Rockart, MIT, und vor allem Herrn Prof. Dr.
Emil Brauchlin, Universität St. Gallen, für viele wichtige und vertrauensvolle Hilfestellungen.

Stuttgart, im August 1998

Kuno Rechkemmer

Inhaltsübersicht

Inhaltsverzeichnis

Abbildungsverzeichnis

0 Problemstellung und Methodik

Für Topmanager/innen ist es schon immer wichtig gewesen, gut informiert zu sein. Trotzdem hat sich der Stellenwert des Informationsfaktors auch für diese Zielgruppe zwischenzeitlich, aufgrund verschiedener Druck- und Sogkräfte, wesentlich erhöht: Die von ihnen zu bewältigende Komplexität ist durch die verstärkte Internationalisierung der Märkte, durch vermehrt dezentralisierte Organisationsformen und eine steigende Zahl interner und externer Vernetzungen signifikant gestiegen. Zudem haben sich die weltweiten Wettbewerbsbedingungen in den vergangenen Jahren erheblich verschärft. Allein von daher ist auf der Beletage der Unternehmen heutzutage generell eine „höhere" Komplexität „besser" zu bewältigen. Hinzu kommt, daß die bereits in den sechziger Jahren angemerkte Informationsexplosion infolge der ständig anwachsenden Maschinisierung des Informationsfaktors erheblich an Kraft gewann, was die auf der Topebene ohnehin latente Gefahr der Informationsüberladung weiter forcierte.
Gleichzeitig wurde im Zuge der Innovationen der Informationstechnik der Informationsfaktor zunehmend besser handhabbar – eine Entwicklung, die auch an Topmanagern/innen nicht vorbeiging. In den USA kamen Mitte der 80er Jahre sogenannte Executive Information Systems (EIS) auf den Markt, die international bald vielfache Aufmerksamkeit fanden. Als Nachfolgegeneration früherer Management-Informationssysteme (MIS) schien man mit ihnen endlich über das technische Potential zu verfügen, um den lange angestrebten Durchbruch des Computers auf der Topebene zu schaffen. Wurden die neuen Informationssysteme zunächst von manchen Seiten gar als „strategische Waffe" der Unternehmungsführung apostrophiert, mußten viele Erwartungen inzwischen wieder zurückgenommen werden. Gerade auf der obersten Ebene komplexer, international operierender Unternehmen blieben Topmanger/innen, die persönlich mit solchen Systemen arbeiten, die Ausnahme. Was sind die Ursachen? Und was können computergestützte Topmanagement-Informationssysteme (TIS) tatsächlich nutzen? Diese Fragen standen am Anfang der vorliegenden Studie und zwar ausgehend von den Erfahrungen des Verfassers in einem Großkonzern, die von der Funktion eines Vorstandsassistenten über die Verantwortung für ein EIS-Pilotprojekt bis hin zu Führungsaufgaben auf dem Gebiet des Informa-

tionsmanagements reichten. Auf dieser Basis wurde die weitere Annäherung an den Untersuchungsgegenstand von seiten der Betriebswirtschaftlehre vorgenommen. Im Zuge dieser Annäherung wurden kritische konzeptionelle Schwachstellen deutlich, die im Sinne von Mertens (1998, S. 1) zu der These veranlaßten, daß die bisherigen Mißerfolge von TIS primär durch theoretische Defizite verursacht sind.

Das Ziel der vorliegenden Schrift ist es, diese These herauszuarbeiten, bisherige konzeptionelle Lücken durch die Entwicklung adaequater betriebswirtschaftlicher Grundlagen zu schließen und auf dieser Basis Aussagen bezüglich der für TIS als typisch zu betrachtenden Potentiale abzuleiten:

- Im ersten Teil werden die Entwicklungslinien der Forschung im Bereich computergestützter Topmanagement-Informationssysteme rekonstruiert und ihre Schwachstellen aus betriebswirtschaftlicher Sicht aufgezeigt.

- Im zweiten Teil werden grundlegende betriebswirtschaftliche Systeme ausdifferenziert: Es wird (a) das Spektrum von Topmanagergruppen über zwei sich diametral gegenüberstehende Typen A (kleine Unternehmen/-seinheiten) und Z (Großkonzerne) abgebildet (der Begriff Topmanager wird fortan sowohl für die männlichen wie auch die weiblichen Mitglieder dieser Zielgruppen verwandt), (b) das Konzept der TIS-Lücke eingeführt, das unterstellt, daß die Potentiale von TIS für eine spezifische Topmanagergruppe mit der für sie typischen Art der Informationsversorgung und des Informationsbedarfs variieren, (c) die Art der Informationsversorgung und des Informationsbedarfs der Typen A und Z modelliert, (d) daraus auf die für A und Z relevanten Funktionsbereiche von TIS inklusive deren unmittelbaren Nutzenpotentiale für diese Gruppen gefolgert, wobei bezogen auf Z ein spezifischer Bedarf an ganzheitlichen Grundinformationen transparent wird.

- Im dritten Teil werden im Hinblick auf diesen spezifischen Bedarf zwei ganzheitlich ausgerichtete Informationsansätze als weiteres Element der betriebswirtschaftlichen Konzeption entwickelt.

- Im vierten Teil werden die parallel zur Theorieentwicklung unternommenen empirischen Untersuchungen vorgestellt.

- Im fünften Teil wird der Befund in einem Fazit zusammengefaßt.

1 Computergestützte Topmanagement-Informationssysteme

1.1 Konzepte und Visionen

Computergestützte Topmanagement-Informationssysteme werden seit den Anfängen der elektronischen Datenverarbeitung diskutiert. Konzepte und Visionen haben damit einerseits eine mehr als vier Jahrzehnte lange Tradition, andererseits führten die Innovationen der Technik fortwährend zu grundlegenden Veränderungen. Nimmt man diese Innovationen als Einstiegsstelle, so sind in Anlehnung an Klotz (1992) vier Phasen zu trennen:

- 50er und 60er Jahre Batch-Systeme
- 70er Jahre   Interaktive Systeme
- 80er Jahre   Desktop-Systeme
- 90er Jahre   Netzwerke, Multimedia, Internet

Computergestützte Systeme wurden in diesen Phasen zunehmend leistungsfähiger, kostengünstiger, benutzerfreundlicher, „bunter". Der Fokus ihrer Anwendung wechselte damit einhergehend von der Automatisierung von Papierarbeit in den 50er und 60er Jahren, über die Entscheidungsunterstützung in den 70er und die Unterstützung kritischer Funktionen und Zielgruppen (incl. Topmanager) in den 80er Jahren, bis hin zur Neugestaltung organisatorischer Strukturen und Prozesse sowie dem Einsatz neuer Medien incl. der Instrumente des Wissensmanagements in den 90er Jahren (vgl. u.a. Rockart, 1991; Gates, 1996; Mertens, Cas, Meier, 1997; Willke, 1998). Die Konzepte und Visionen um computergestützte Topmanagement-Informationssysteme entwickelten sich im Zuge dieses Prozesses im Kern wie folgt (vgl. Abbildung 1.1).

1.1.1 50/60er Jahre

In den 50er Jahren beginnen US-amerikanische Unternehmungen eine neue Technik einzusetzen – Leavitt, Whisler (1958) bezeichnen sie als „Informationstechnik". Sie ist die Plattform erster Überlegungen auf dem Gebiet der **Management Information Systems** (MIS).

	Systeme	IT-Phase	Fokus	Funktionsbereiche	Vision
1950	Management Information System	Batch	Automatisierung „Papierarbeit"	– vorstrukturierte Grundinformation (auf Papier)	Computer substituiert Topmanager
1970	Decision Support System	Time-sharing	Entscheidungsunterstützung	– vorstrukturierte Grundinformationen (via Bildschirm) – Modellanalysen	Topmanager treffen Entscheidungen mit Unterstützung des Computers
1980	Executive Support System	Desk-Top	kritische funktions- bzw. zielgruppenspezifische Anwendungen	– vorstr. Grundinfo. – Modellanalysen – nicht vorstr. Inf. – Büroautomatisierung – Kommunikation	Topmanager reduzieren mit Unterstützung des Computers Stäbe und Linien
1990	Management Support System	Netzwerk, Telematik, Multimedia	Reengineering, Information Highway, Wissensmanagement	– vorstr. Grundinfo. – Modellanalysen – nicht vorstr. Info. – Büroautomatisierung – Kommunikation	Topmanager substituieren mit Unterstützung des Computers Stäbe und Linien
2000					

Abb. 1.1: Zur Entwicklung computergestützter Informationssysteme aus Topmanager-Sicht

Faktisch liegt der Schwerpunkt der Anwendung der neuen Technik in dieser ersten Phase in der Automatisierung bisheriger Papierarbeiten mit Ergebnisausdrucken bzw. Berichten auf Papier, dies vor allem im Bereich des betrieblichen Rechnungswesens. Es werden jedoch mit ihr von Anfang an auch hohe und weitreichende Erwartungen verbunden: Prominent geworden ist das von Leavitt, Whisler (1958) gezeichnete Szenario, nach dem schon relativ kurzfristig das mittlere Management – und längerfristig dann auch das Topmanagement – durch die Informationstechnik substituiert werden würde. In der Zwischenzeit würde sich – so die damalige These der Autoren – die Rolle des Topmanagements wesentlich modifizieren: Topmanager würden in umfangreicherem Maße innovative, planerische und andere „kreative" Funktionen wahrnehmen und zunehmend weniger in tägliche Routineentscheidungen eingebunden sein. Als Langfristvision von Leavitt, Whisler indes ist festzuhalten:

- *Der Computer substituiert Topmanager*

... ein Bild, das in Teilanwendungen bis heute ein Orientierungspunkt der Forschung geblieben ist (vgl. u.a. Luconi, Malone, Scott Morton, 1986; Rich, Knight, 1991).

1.1.2   70er Jahre

In den 70er Jahren rückt – einhergehend mit dem Aufkommen interaktiver Systeme – der Aspekt der Entscheidungsunterstützung in den Vordergrund des Forschungsinteresses. Gorry, Scott Morton (1971) prägen den Begriff **Decision Support Systems** (DSS), wobei sie in Anlehnung an Simon (1960) zwischen semi-/ bzw. unstrukturierten und strukturierten Entscheidungen trennen (im Zusammenhang mit letzteren verwenden sie den Begriff Structured Decision Systems).

Allgemein werden computergestützten Informationssystemen nunmehr zwei Funktionsbereiche zugerechnet: (1) der Zugriff auf vorstrukturierte Grundinformationen – und zwar menuegesteuert via Computerbildschirm –; (2) interaktive Modellanalysen, z. B. im Sinne des Corporate Modelling oder Anwendungen von Verfahren des Operations Research (vgl. Mertens, 1971, 1972; Szyperski, Miller, Rölle, 1971; Szyperski, 1973;

Kirsch, Kieser, 1974; Kirsch, Klein, 1977). Mit dem Aufkommen des Personal Computing wird es im weiteren zudem vermehrt üblich, zwischen personen-, gruppen- und organisationsorientierten Systemen zu differenzieren (vgl. Keen, Hackathorn, 1979). Die mit Decision-Support-Systemen verbundene Vision verändert sich damit in eine neue Richtung: Das Bild „der Computer substituiert Topmanager" wird – wie die Begriffe „Decison" und „Support" bereits indizieren – abgelöst durch die Vorstellung

- *Topmanager treffen Entscheidungen mit Unterstützung des Computers*

... und dies sowohl im operativen wie auch strategischen Bereich.

1.1.3   80er Jahre

Rockart, Treacy (1982) beobachten Ende der 70er/Anfang der 80er Jahre, daß in manchen Unternehmen nunmehr auch „Executives" vermehrt mit dem Computer arbeiten. Als ursächlich hierfür sehen sie u. a. (a) das verbesserte Wissen dieser Zielgruppe über Computer und deren Potentiale, (b) deren Wunsch nach aktuellerer und besserer Information aufgrund des steigenden Drucks und der steigenden Dynamik des Wettbewerbs sowie (c) das zunehmend günstigere Preis-Leistungs-Verhältnis im Bereich der Hard-/Software. Rockart, Treacy (1982) bezeichnen den neuen Systemtyp zunächst als Executive Information Support System („EIS system") – ein Begriff, der im weiteren verschiedentlich modifiziert wird: Friend (1985) etwa verwendet die Bezeichnung Executive Information System (EIS); sein EIS-Konzept ist – wie der Begriff zum Ausdruck bringt – auf den Funktionsbereich „Information" im Sinne des Zugriffs auf vorstrukturierte Grundinformationen konzentriert. Das Forschungsteam um J.F. Rockart am Center for Information Systems Research, Sloan School of Management, MIT, prägt den Begriff **Executive Support System** (ESS), und zwar angeregt durch die neu aufkommenden Möglichkeiten im Bereich der Kommunikation und Büroautomatisierung (vgl. Levinson, 1984). Rockart, DeLong (1988, 26 ff.) gliedern die Funktionsbereiche von Executive-orientierten Systemen zunächst in die Bereiche „status access", „query and analysis" und „communication". Diese sind weiters in folgende bis heute relevante Kategorien zu trennen:

1. vorstrukturierte Grundinformationen
2. Modellanalysen
3. nicht vorstrukturierte Informationen
4. Büroautomatisierung
5. Kommunikation.

Die mit computergestützten Informationssystemen verbundene Vision verändert sich entsprechend weiter fort. Dominante Vorstellung ist nunmehr:

- *Topmanager reduzieren mit Unterstützung des Computers ihre Stäbe und Linien*

... sie können deren Aufgaben mit Hilfe dieses Instruments jetzt – so die Prämisse – selbst effizienter erledigen.

1.1.4 90er Jahre

Die 90er Jahren führen in eine neue technologische Ära (vgl. Scott Morton, 1991). Im Mittelpunkt des Interesses stehen zunächst Vernetzungsaspekte und die damit verbundenen Möglichkeiten des Informationsmanagements und der Reorganisation (vgl. Rockart, Short, 1991). Im weiteren rücken die Stichworte „Information Highway" und „Wissensmanagement" in den Vordergrund, d. h. das Internet und seine Derivate (vgl. Schmid, 1996) bzw. Instrumente des Wissensmanagement, wie Data Warehouse, Data Mining, On-Line-Analytical-Processing oder Group-Systems (vgl. Adler, 1996; Groffmann, 1997; Probst, Raub, Rombart, 1997; Bullinger, Wörner, Prieto, 1997; Willke, 1998; Bock, 1998).
Die Zielgruppe „Executive" bzw. „Topmanager" verliert dabei einerseits an expliziter Aufmerksamkeit. Äußeres Zeichen hierfür ist, daß anstelle des Begriffes „Executive Support System" nunmehr die allgemeinere Bezeichnung „Management Support System" (MSS) gängig wird (vgl. u. a. Scott Morton, 1991; Rockart, 1991; Bullinger, Renner, Dormeier, 1997). Andererseits wird allgemein jedoch weiters unterstellt, daß diese neuen Konzepte auch für Topmanager von unmittelbarer Bedeutung sind (vgl. Adler, 1996; Frackmann, 1996).
Die ESS-Funktionsbereiche bleiben in der MSS-Phase als Sammelbegriff relevant. Aktuelle Vorstellungen einer automatisierten Informationsversorgung, wie sie beispielsweise im Kontext des Internet diskutiert werden, sind

in diesem Raster entweder dem Bereich „vorstrukturierte Grundinformationen", z. B. im Sinne eines Intranets, oder „nicht vorstrukturierte Informationen", z. B. search machines, intelligent agents, information butlers etc. (vgl. Gates, 1996, S. 88 f.), zuzuordnen. Was die mit MSS verbundenen Visionen angeht, so propagiert Arthur D. Little (1992, S. 15) beispielsweise sinngemäß das folgende Bild:

> 1995 – Sie fahren mit Ihrem Gebietsverkaufsleiter über die Autobahn. Das Telephon klingelt. Der Generaldirektor eines Ihrer wichtigsten japanischen Kunden ist persönlich am Apparat. Sie sind Hauptlieferant dieses Unternehmens. Der Generaldirektor berichtet, daß sein größter Produktionsbetrieb durch einen Brand lahmgelegt worden sei. Sämtliche Zulieferungen müßten umgeleitet werden. Außerdem werde eine Notlieferung als Ersatz für die durch den Brand zerstörten Teile benötigt. Sie stoppen auf einem Parkplatz und schalten sich über Ihren Computer in die Datenbank Ihres Unternehmens ein. Sie geben dem System vor, alle Lieferungen – auch die bereits unterwegs befindlichen – umzuleiten und den bestellten zusätzlichen Lieferumfängen nachzukommen. Das System bestätigt – nach kurzer interner Prüfung – die Machbarkeit des Vorganges und weist die zusätzlich entstehenden Kosten aus. Der Generaldirektor ist zur Übernahme dieser Kosten bereit und bittet um Bestätigung der Details des Auftrages um ein entsprechendes Fax. Sie übermitteln ihm dieses Fax direkt von Ihrem Auto aus. Auf der Weiterfahrt freuen Sie sich, daß Sie einem guten Kunden helfen konnten.

Erweitert man dieses Bild um die Erwartungen, die von manchen Seiten aktuell mit den Instrumenten des Wissensmanagements verbunden werden, dann ist die derzeit dominierende Vision:

- *Topmanager substituieren mit Unterstützung des Computers Stäbe und Linien*

... sie profitieren dabei nicht nur von den Potentialen des Information Highway, sondern setzen auch die Instrumente des Wissensmanagements unmittelbar ein.

1.2 Allgemeine Merkmale der Entwicklung

Die Entwicklungslinien computergestützter Topmanagement-Informationssysteme weisen verschiedene übergreifende Merkmale auf. In vorliegendem Zusammenhang werden drei Bereiche als vorrangig eingeschätzt:

- die Treibkräfte der Entwicklung
- die Potentialaussagen
- die Erklärungsmuster der Enttäuschungen.

1.2.1 Treibkräfte

Die zentralen Treibkräfte des Feldes sind in den Innovationen der Technik und den Fortentwicklungen der betriebswirtschaftlichen Theorie zu sehen:

- Das Konzept des Decision Support System von Gorry, Scott Morton (1972) korrespondiert mit dem Aufkommen leistungsfähiger, interaktiver Hard-/Software-Systeme; das Konzept des Executive Information System von Friend (1985) mit einer neuen, benutzerfreundlichen Softwaregeneration; das Konzept des Executive Support System von Rockart, Levinson (1984) bzw. Rockart, DeLong (1988) mit neuen Möglichkeiten im Bereich der Kommunikation und Büroautomatisierung; das Konzept des Management Support System und seine aktuellen Fortschreibungen mit innovativen Vernetzungstechniken, dem Internet und seinen Derivaten und den neuen Instrumenten des Wissensmanagements.
- Zu den Fortentwicklungen auf betriebswirtschaftlicher Seite sind u. a. zu rechnen: das Aufkommen mathematisch-statistischer Entscheidungsverfahren im Rahmen des Management Science (Lineare Programmierung um 1945, Dynamische Programmierung 1957, Netzplantechnik 1959); die Entwicklung entscheidungsorientierter Ansätze (Simon, 1960; Cyret, March 1963; Heinen, 1969), die Hinwendung zu ganzheitlich-systemischen Ansätzen (Beer, 1959; Ulrich, Krieg, 1974; Probst, Gomez, 1992), deren Wurzeln wiederum auf Arbeiten von Wiener (1948); Schannon, Weaver (1949); v. Bertalanffy (1950) und Forrester (1961) zurückgehen (vgl. Brauchlin, 1990); die Ausarbeitung integrierter Konzepte (Bleicher, 1992; Pümpin, 1994).

Festzustellen ist zudem, daß weichenstellende Pionierarbeiten aus dem US-amerikanischen Raum kommen und hierbei wiederum vor allem aus dem Umfeld des Center for Informations Systems Research, Sloan School of Managment, Massachussetts Institute of Technology. Das heißt, sie sind nicht nur durch die Spezifika US-amerikanischer Managementstrukturen und -verhaltensweisen beeinflußt, sondern auch durch die quantitativ-technische Ausrichtung der dortigen Forschungsprogramme, was bei ihrer Übertragung auf andere Kontexte zu beachten ist.

1.2.2   Potentialaussagen

Computergestützten Topmanagement-Informationssystemen werden im Zuge der Entwicklung zahlreiche, oftmals recht weitgehende Potentiale zugerechnet. Aktuelle Aussagen spiegeln diese Einschätzungen in unterschiedlicher Weise wieder:

- Teils umfassen sie aus den 60er und 70er Jahren bekannte Argumente, wie: Der Topmanager erhält nur die Information, die er will. Die Systeme sind auf seinen Bedarf maßgerecht zuzuschneiden (Graphiken, Tabellen, Ausgriffe nach Produkten, Regionen, Gesellschaften etc.). Die Information erreicht den Topmanager schneller (vgl. Dearden, 1966, S. 129).

- Teils betonen sie in den Anfängen der ESS-Phase herausgestellte Stichworte, wie: Verbesserung des Verständnisses der Unternehmung und des Wettbewerbsumfeldes („mental model"); dadurch wiederum besserer Überblick und mehr Sicherheit die Dinge „im Griff" zu haben. Verbesserte Problemdurchdringung und damit auch die Möglichkeit dem eigenen Stab gegenüber gezieltere Fragen stellen zu können. Schnellerer Zugriff auf Daten und schnellere Gewinnung von Anworten als es via Stab möglich wäre. Mehr zeitliche Unabhängigkeit im Zugriff auf Daten, da diese via Computer permanent verfügbar sind. Verbesserte Möglichkeit der Identifikation von Schwachstellen und damit der Punkte, die die höchste Aufmerksamkeit erfordern. Verbesserte graphische Möglichkeiten. Antworten sind oft im Detail verborgen; solche Details sind nun besser zugänglich. Verbesserte Möglichkeit, die über Stab und Linie herangetragenen Informationen zu kontrollieren und in diesem Sinne auch mehr Unabhängigkeit von diesen Bereichen. Verbessertes Verständnis des eigenen Informationsbedarfs und damit des Unternehmens und seines Wettbewerbsumfeldes. Der indirekte Vorteil, innerhalb des Unternehmens zu einer mehr quantitativ ausgerichteter Unternehmungsführung zu kommen und damit deren Qualität insgesamt zu steigern. (vgl. Rockart, Treacy ,1982).

- Teils führen sie die mit ESS seit Mitte der 80er Jahre in den Vordergrund rückenden Aspekte fort, wie: Reduzierung der Stäbe, Erweiterung der Kontrollspanne, Veränderung der Rolle der Stäbe, Veränderung der Rolle der Sekretariate, Veränderungen in der Organisation (vgl. Rockart, DeLong, 1988); oder hoher Bedienungskomfort, geringer Schulungsaufwand, freie Navigation durch umfangreiche Information, drilldown auf nachgeordnete Datenebenen, schnelles Durchrechnen alternativer Lösungen, Möglichkeit zu praxisnahen Trendextrapolationen, rechnen mit Saisonfaktoren, Exception Reporting, farbliche Signalisierung von Planabweichungen, flexible Ortientierung an Benutzerwünschen, schneller Datenaustausch mit anderen PCs oder Host-Anwendungen, kostengünstiges Leistungsspektrum, Rationalisierungseffekte (vgl. MIK, Kundenprospekt).

- Teils stellen sie auf die Vorteile der Innovationen im Bereich der Kommunikation ab, wie: Electronic Mail, Electronic Voice, Video Conferencing etc. (vgl. u. a. Pribilla, Reichwald, Goecke, 1996).

- Teils betonen sie die mit den Instrumenten des Wissensmanagements sich eröffnenden Vorteile, wie: die Möglichkeit der multidimensionalen Analyse großer Datenbestände im Rahmen des On-Line-Analytical-Processing (vgl. u. a. Adler, 1997); oder die Verbindung von Techniken der Künstlichen Intelligenz mit Datenbanktechnologien, Dokumentenmanagement und Information Retrieval im Rahmen des Knowledge Warehouse oder Organizational Memory (vgl. Hinkelmann. Weiss, 1997; Bullinger, Renner, Dormeier, 1997); oder die Analyse großer Datenbestände nach verborgenen Zusammenhängen mit Hilfe statistischer Verfahren oder Methoden der Künstlichen Intelligenz im Rahmen des Data Mining (vgl. u. a. Diebold, 1996); oder die Unterstützung der intelligenten lernenden Organisation durch Work-Flow oder Group Systems.

- Teils werden mit den Innovationen der Technik einhergehende organisatorische Möglichkeiten in den Vordergrund gestellt, wie etwa das

Konzept des Lean Managements oder die mit den Namen von Hammer, Champy (1993) verbundene Vorstellung des „Business Reengineering", oder die Ausdifferenzierung neuer Koordinationsformen, wie etwa im Rahmen virtueller Organisationen (vgl. Picot, Reichwald, 1994).

- Teils wird grundlegend auf die Notwendigkeit der verbesserten Handhabung des kritischen Erfolgsfaktors „Information" abgestellt, was – so die gängige Argumentation – letztlich nur noch mit computergestützten Systemen zu erreichen sei (vgl. u.a. Wagner, 1992; Dorn, 1994).

In der Praxis werden solche Potentialaussagen an Topmanager von verschiedenen Seiten heran getragen: von den Fachvertretern ihres Hauses, von interessierten Gruppen am Markt (Systemanbieter, Berater) oder von Vertretern der Forschung, wie beispielsweise im Rahmen von Konferenzen oder durch die einschlägigen Medien. Abbildungen 1.2 und 1.3 zeigen hierfür Beispiele. Sie geben zugleich Aufschluß über die Erwartungen und Enttäuschungen, die bei Topmanagern auf diese Weise hervorgerufen werden.

1.2.3 Erklärungsmuster der Enttäuschungen

Die Entwicklung computergestützter Topmanagement-Informationssysteme hat viele der ursprünglichen Visionen übertroffen, andere bleiben bis heute enttäuscht, dies insbesondere was Topmanager komplexer Unternehmen angeht. Aus ihrer Perspektive zeigt sich obige Entwicklung ex-post vereinfachend wie folgt:

- Mitte der 80er Jahre: Die neue ESS-Software kommt auf den Markt. Die Benutzerfreundlichkeit und Leistungsfähigkeit der neuen Systeme ist endlich derart, daß sie auch den Anforderungen auf der Topebene gerecht zu werden scheint. Die mit MIS verbundenen Erwartungen leben wieder auf. Man geht davon aus, daß nunmehr auch Topmanager großer Konzerne bald in signifikanter Zahl „hands-on" mit dem Computer arbeiten werden.
- Ende der 80er Jahre: Die neue Software erweist sich als Erfolg. Auf der Topebene großer Unternehmen allerdings kommt sie nicht annähernd in dem erwarteten Umfang zum Einsatz. Im weiteren werden die ursprünglichen Erwartungen teils insofern zurückgenommen, daß es nun-

„Die Vernetzung der Teams. Neuartige PC-Programme – sogenannte Group-
ware – helfen, Manager automatisch mit allen wichtigen Informationen zu
versorgen."   Capital 3/97

„Instant data at managers' fingertips". Financial Times REVIEW, Spring 1994

„Management auf solider Basis. Die neue Generation von Führungsinformationssystemen".   Frankfurter Allgemeine Zeitung, 15.3.1994

„Führung per Maus. Langsam überwinden Vorstände und Geschäftsführer
deutscher Unternehmen ihre Scheu vor computergestützten Systemen".
                                           WirtschaftsWoche Nr. 12, 19.3.1993

„Fundiert entscheiden. Hochkomfortable Chefsysteme. So sorgfältig die Mitarbeiter Entscheidungen vorbereiten – in der Papierflut übersehen Topent-
scheider doch häufig wesentliche Punkte. Spezielle PC-Systeme lassen sie
zügig zu den relevanten Informationen vorstoßen."   Capital, 2/92

„Die Sendung mit der Maus: Ein Computer-Informationssystem der jüngsten
Generation verhilft den Managern der Papierfirma Schickedanz zu nie ge-
kannter Transparenz ihres Zahlenwerks. Kein Einzelfall – die einst geschmäh-
ten Programme werden bald auch als Führungsinstrumente unverzichtbar."
                                                         manager magazin 7/91

„Computers in the Corner Office. They're changing the way top executives
run their companies."   The New York Times, 21. August, 1988

„Computers move from the backroom to the boardroom. Computers are
changing the way companies are run. So-called executive information systems
enable top managers to find out more quickly what is going on in their firms –
and so spend more time solving problems instead of working out what the
problems are."   The Economist, 23. Juli 1988

„Special Systems Make Computing Less Traumatic for Top Executives."
                                         The Wall Street Journal, 20. Juni 1988

Abb. 1.2: Ausgewählte Presseüberschriften

„... Berge von Akten, Briefings und Fachkommentaren türmen sich auf den Schreibtischen und in den Postkörben der elektronischen Systeme.

Eine Inflation von Wichtigkeiten, Dringlichkeiten und Vertraulichkeiten landet in Bearbeitungsmappen und begleitet das Top-Management auf Schritt und Tritt überall hin. Ob während der Autofahrt zu den Kunden, in der Abfertigungshalle des Flughafens oder bis hinein in das Wartezimmer des Zahnarztes, überall werden sie davor bewahrt, auch nur eine Minute in die Verlegenheit der Informationsleere zu geraten.

Trotz dieser Fülle an vielfach graphisch unterstützten Geschäftsergebnissen, Entscheidungsvorbereitungen und Zusammenfassungen wichtiger Ereignisse, bleiben viele Fragen offen. Obwohl dem Management eine Vielzahl von Sekretärinnen, Assistenten und Stabsmitarbeitern zur Seite stehen, um die zur Verfügung stehende Zeit zu optimieren, bleibt der scheinbar endlose Informationshunger vieler Manager ungesättigt.

„Wie reagieren spezifische Kundengruppen, wie reagiert der Wettbewerb auf Prämienerhöhung?", würde der eine oder andere Versicherungsvorstand noch gerne wissen. „Welchen Deckungsbeitrag bringt mir der Kunde Meier, den ich gerade am Telefon habe?" fragt der Chef des Kreditressorts.

Mangelt es den Assistenten und Beratern am nötigen Methodenwissen? Oder ist das Management einfach überfordert und falsch organisiert? Beides ist richtig und falsch zugleich: Niemand zweifelt wohl an der Spitzenqualifikation der Mitarbeiter, geschweige denn der eigenen. Und dennoch wird man das Gefühl nicht los, daß man alles noch ein wenig besser machen könnte.

„Computer in die Chefetagen!" hieß die Devise schon vor rund zwei Jahrzehnten. Seit dieser Zeit arbeiten Wissenschaftler aus aller Welt an elektronischen Werkzeugen, die helfen sollen, mit der Informtionsflut vernünftig umzugehen. Sie beschäftigen sich ernsthaft mit Mangement-Informationssystemen (MIS), die Listen anschaulich und übersichtlich auf die Bildschirme bringen.

Die entscheidende Tatsache ist jedoch, daß bei keinem Bank- oder Versicherungsvorstand der Rechner Signale gibt, um eine Fehlentscheidung zu verhindern. Die Systeme zeigen weder Tendenzen für die Zukunft an, noch halten sie Handlungsalternativen bereit. Bis jetzt ist es kaum gelungen, IS-Lösungen zu schaffen, die wirklich brauchbare Entscheidungshilfen geben, die das Management auch qualitativ bei der Arbeit unterstützen.

... Trotz aller Zweifel und manch berechtigter Kritik an falsch verstandenen MIS ist es an der Zeit, das Thema Mangement-Unterstützung neu in Angriff zu nehmen.

Das gut gemeinte Ziel der Management-Information führte zur Informationsüberflutung in den Unternehmen. Hier sind intelligente Informationssyteme gefordert, die in der Lage sind, aus Informationen Nutzen zu schaffen. Management-Unterstützungssysteme (MUS) müssen an die Stelle von Management-Informationssystemen treten."   (Dorn, 1994, S. 13, 14)

Abb. 1.3: Argumentationsbeispiel eines Softwareanbieters

mehr bereits als Erfolg gewertet wird, daß computergestützte Informationssysteme Topmanagern indirekt nutzen (z. B. wenn deren Stab damit arbeitet), teils werden die Möglichkeiten des Erfolgsausweises durch die technikinduzierte Erweiterung des Funktionsbereichsspektrums der Systeme (Kommunikation und Büroautomatisierung) verbessert.

- 90er Jahre: Die Innovationen der Technik eröffnen neue Möglichkeiten und führen zu neuen Schwerpunktsetzungen. Die Zielgruppe Executive bzw. Topmanager verliert dabei an relativer Aufmerksamkeit, gilt jedoch weiterhin als wichtiges Anwendersegment. Trotzdem bleiben die diesbezüglichen Erwartungen unerfüllt. Topmanager komplexer Unternehmen, die nennenswert mit einem computerstützten System arbeiten, sind die Ausnahme. Die Revolutionen der Mikroelektronik gehen, was ihre persönliche Arbeitssituation angeht, nach wie vor an dieser Zielgruppe vorbei.

Erklärt werden diese und andere Enttäuschungen üblicherweise über drei Argumentationsmuster:

- Die Erwartungen werden im Rückblick als „zu euphorisch" charakterisiert, wobei oftmals zugleich jedoch die Hoffnung zum Ausdruck gebracht wird, diese mit Hilfe zwischenzeitlich zur Verfügung stehender leistungsfähigerer Techniken endlich verwirklichen zu können.
- Es wird auf die kritischen Erfolgsfaktoren der Einführung von TIS in der Praxis verwiesen (vgl. u. a. Grochla, Szyperski, 1971; Rockart, DeLong, 1988; Lindau, 1991; Institute for International Research, 1992).
- Und vor allem: Der „Schwarze Peter" für den Mißerfolg wird bei den Topmanagern selbst gesehen. So reklamiert etwa schon Brady (1967, S. 76) folgende, bis heute immer wieder betonte Defizite:
  - Mangelnde Kenntnisse der Potentiale bzw. der Nutzung des Computers;
  - zögerliche Offenlegung eigener Entscheidungskriterien;
  - die Tendenz, Pionierleistungen und die damit verbundenen Risiken und Kosten umgehen zu wollen.
  Andere Argumente sind:
  - Topmanager würden sich ihre Informationen eben immer noch am liebsten auf dem „Silbertablett" servieren lassen (Aussage eines Softwareberaters);

- Topmanager wären sich ihres Informationsbedarfes zu wenig bewußt und damit auch nicht in der Lage, diesen zu artikulieren, was aber Voraussetzung für eine erfolgreiche Systemgestaltung wäre (vgl. u. a. Lindemann, 1973, Rockart, DeLong, 1988);
- Topmanager würden sich um ihre Informationsversorgung immer noch zu wenig kümmern und „Information" nach wie vor als Bring- und nicht als Holschuld erachten (vgl. u. a. Drucker, 1989, S. 255).
- Topmanagern würden noch immer nicht akzeptieren, daß sie selbst mit einem computergestützten System arbeiten. (Frackmann, 1996, S. 281).

1.3 Defizite aus betriebswirtschaftlicher Sicht

Aus betriebswirtschaftlicher Sicht zeigen sich in den Entwicklungslinien der Forschung um computergestützte Topmanagement-Informationssysteme eine Reihe kritischer Defizite. Ursächlich hierfür sind mehrere sich wechselseitig beeinflussende Faktoren. Sie werden vorliegend vereinfacht in zwei Bereiche gegliedert: allgemeine und konzeptionelle Defizite (vgl. Abbildung 1.4).

Allgemeine Defizite	Konzeptionelle Defizite

• Technikorientiertheit	• Theoriebildung
	  – Begriffe
	  – Referenzsysteme

• Prägung durch US-Kultur	
• Visionen/Potentialaussagen	• Empirie – Fallstudien
• Erklärung des Mißerfolgs	– Stichprobenerhebungen

Abbildung 1.4: Defizite aus betriebswirtschaftlicher Sicht

1.3.1   Allgemeine Defizite

1.3.1.1   Technikorientiertheit

In der Entwicklung um Topmanagement-Informationssysteme bilden die Innovationen der Technik offensichtlich die dominierende Kraft. Äußeres Zeichen hierfür sind die Fortschreibungen der Funktionsbereichskonzepte (vgl. Abbildung 1.1): Mit dem Aufkommen benutzerfreundlicher Softwaresysteme Mitte der 80er Jahre rückt der Topmanager bzw. Executive explizit in den Mittelpunkt des Interesses. Im Zuge der sich anschließenden Innovationen der Technik verlagert sich der Fokus hin zur integrierten, vernetzten und lernenden Organisation. Das Hauptinteresse gilt dem Management Support System. Die Zielgruppe „Executive" tritt in den Hintergrund, bleibt allerdings insofern Teil der Erkenntnisperspektive, als unterstellt wird, daß die neuen Techniken auch für diese relevant sei.

Ob bzw. inwiefern diese neuen Bereiche für „welche" Topmanager tatsächlich signifikant sind, wird nicht differenziert. Die Folge ist, daß die Aufmerksamkeit von den für dieses Nutzersegment relevanten Bereichen ab- und teils auf irrelevante Funktionalitäten umgelenkt wird. Aus betriebswirtschaftlicher Sicht sind hier vermehrt anwenderspezifische Differenzierungen notwendig.

1.3.1.2   Prägung durch US-Kultur

Managementstrukturen und -stile können länderspezifisch signifikant variieren, was letztlich auch Informations- und Systemunterstützungsbedarfe prägt (vgl. u. a. Adler, 1986; Dülfer, 1991; Hofstede, 1992; Brauchlin, Wiesmann, 1993; Perlitz, 1997). Bezogen auf die USA und die Bundesrepublik Deutschland sind etwa u. a. folgende Differenzen zu beachten:

- Stufigkeit der Spitzenorganisationen: In den U.S.A. gilt das einstufige, in Deuschland das zweistufige Modell. Im einstufigen Modell gibt es **ein** Spitzenorgan, das sowohl die Funktion der Überwachung als auch die der Geschäftsführung wahrnimmt. Im zweistufigen Modell sind beide Funktionen getrennt (z. B. Vorstand und Aufsichtsrat einer Aktiengesellschaft). Die Aufgabenschwerpunkte der Mitglieder der einzelnen Organe variieren entsprechend.

- Führungsprinzip: In den U.S.A. dominiert das direktoriale Prinzip mit der starken Stellung des Chief Executive Officers, in der Bundesrepublik hingegen das kollegiale Prinzip, nach dem Organmitglieder gleichberechtigt sind, und Entscheidungen nach dem Einstimmigkeits- oder dem Mehrheitsgrundsatz getroffen werden (vgl. Bleicher, Leberl, Paul, 1989, S. 29). Damit wiederum gehen spezifische Konsequenzen einher: Nach Bleicher, Leberl, Paul (1989, S. 30 f.) liegen die „…Vorteile des Kollegial-Prinzips … in der Möglichkeit der Selbstkontrolle, die das Entstehen einer omnipotenten dominierenden Stellung einer Person im Ansatz verhindert, und in der Möglichkeit, in Zeiten gestiegener Komplexität Entscheidungen in stärkerem Maße arbeitsteilig zu bewältigen. … Nachteilig wirkt sich das Kollegial-Prinzip jedoch aus, indem es Entscheidungen verzögern kann, Ressort-Interessen vor ganzheitlichen Unternehmungsbetrachtungen betont und die Identifikation von Verantwortlichkeiten mit den einzelnen Entscheidungen innerhalb des Spitzenorgans erschwert. … Die Vorteile des Direktorial-Prinzips liegen in (1) der Vereinheitlichung der Willensbildung und damit in eindeutigen Entscheidungen, (2) einer raschen Aktions- und Reaktionsfähigkeit. (3) einer straffen Unternehmensführung sowie (4) der Erleichterung der Beziehungen zwischen Führung und Überwachung. … Als Nachteil läßt sich insbesondere die recht umfangreiche Führungsarbeit nennen, die von einer einzelnen Person zu bewältigen ist. Hinzu tritt, daß einer einzelnen Person an der Spitze der Unternehmung eine zu große Macht eingeräumt wird, die nur sehr schwer ausreichend überwacht werden kann … ."

- Mit dem direktorialen und kollegialen Prinzip korrespondiert ebenfalls, wenn Thurow (1995, S.32) die Gesellschaft der USA als individualistisch und die der Bundesrepublik als communitaristisch bezeichnet („I- versus we-society"), oder wenn Friend (1986, S. 35) Thurow, in dessen Funktion als ehemaligen Dean der Sloan School of Management, M.I.T., wie folgt zitiert: „In the American ideal of management, the best manager is one who knows everything and one who makes every decision. But if this is an ideal, then the business has to be organized so top management gets all of the information it needs to make those decisions."... und anschließend aus EIS-Sicht anmerkt: „Today we are closer to the American ideal of management because Executive Information Systems have come to an age and established themselves as reliable resources for senior management."

Als weitere kulturspezifische Unterschiede mit Einfluß auf den Informations- bzw. Systemunterstützungsbedarf des Topmanagements sind u. a. zu nennen: (a) die Unternehmenspolitik (Kurz- versus Langfristorientierung), (b) die Rechnungslegungsvorschriften (US-GAAP versus deutsches Aktienrecht) oder (c) die Mitbestimmungsregelungen (vgl. u. a. Rechkemmer, 1997). Im Rahmen der vorliegenden Analyse ist nicht abzugrenzen, inwieweit die bisherigen Forschungsbemühungen um TIS durch solche und andere kulturelle Differenzen geprägt sind. Es wird jedoch als notwendig erachtet, die Möglichkeit solcher Prägungen zumindest konzeptionell in Betracht zu ziehen.

1.3.1.3 Visionen und Potentialaussagen

Die Entwicklungslinien von TIS sind durch vielfältige Visionen und Potentialaussagen begleitet. Manche haben sich in einigen Kontexten bestätigt; in anderen Kontexten hingegen nicht – dies vor allem für Topmanager großer Unternehmen. Daß Topmanager dieser spezifischen Art durch Computersysteme substituiert werden könnten, wie es die Vision der ersten Phase war, dürfte inzwischen allgemein nicht mehr als realistisch gelten. Aber auch die Visionen der weiteren Phasen (Topmanager treffen Entscheidungen mit Hilfe des Computer, Topmanager reduzieren mit Hilfe des Computers Stabsbereiche und Linien, Topmanager substituieren mit Hilfe des Computers Stabsbereiche und Linien) sind mit Blick auf diese spezifische Zielgruppe als kritisch zu einzuschätzen und im Sinne von Malik (1997, S. 48 ff.) zu hinterfragen. Hilfreich wäre jedenfalls, wenn mit Visionen dieser Art zugleich expliziert würde, für „welche Segmente" ihre Realisierung „wann" erwartet wird, und was dies an technischen, organisatorischen, personellen und sonstigen Veränderungen voraussetzt, so daß in der Praxis Mythos und Fakt besser zu trennen und die „richtigen" Aktivitäten in der „richtigen" Reihenfolge und zum „richtigen" Zeitpunkt zu erörtern bzw. einzuplanen sind.

Gleiches gilt für die gängigen Potentialaussagen, die nach vorliegender Einschätzung entweder konzeptionelle Defizite aufweisen oder zu offen bzw. unscharf formuliert werden. Aus Topmanagersicht jedenfalls bleibt letztlich unklar, „was" TIS im Normalfall „wem" tatsächlich nutzen kann und soll. Hilfreich wäre hier ein betriebswirtschaftlich fundiertes Konzept, aus dem hervorgeht, welche Funktionsbereiche dieser Systeme für welchen Topmanagertyp als typisch zu betrachten sind, und welche Nutzenpotentiale sich diesem Typ im Normalfall eröffnen, wenn er mit dem Computer persönlich arbeitet (vgl. Kapitel 4.3.).

1.3.1.4   Erklärung des Mißerfolgs

Eine Ursache der bisherigen Mißerfolge von TIS sind ohne Zweifel die kritischen Erfolgsfaktoren der Systemeinführung (vgl. Kapitel 1.2.3. und 4.3.2.). Das oftmals vertretene Topmanagerbild hingegen dürfte, soweit es jemals von allgemeiner Gültigkeit gewesen sein sollte, heute eher untypisch sein. Nach den Erfahrungen des Verfassers jedenfalls sind sich gerade Topmanager der Wichtigkeit einer optimalen Informationsversorgung im Normalfall sehr bewußt und auch bereit, jede sinnvolle Verbesserung nach Kräften zu unterstützen. Viele von ihnen sind jedoch aufgrund der Enttäuschungen der Vergangenheit technikorientierten Visionen gegenüber vorsichtig bzw. skeptisch geworden, zumal diese aus ihrer Perspektive nach wie vor Ungereimtheiten aufweisen, was von technikorientierten Seiten allerdings oftmals ausgeschlossen wird (vgl. u. a. Frackmann 1996, S. 281).

1.3.2   Konzeptionelle Defizite

Die Forschung um computergestützte Informationssysteme bedient sich verschiedener Erkenntnismethoden: Am Anfang der Entwicklung stand die normativ-deduktive Methode naturgemäß im Vordergrund. Mit vermehrtem Einsatz der Systeme in der Praxis – in den USA ab Mitte der 80er Jahre, im bundesdeutschen Raum ab Ende der 80er Jahre – gewannen dann empirisch-induktive Methoden zunehmend an Bedeutung. Aus vorliegender Sicht zeigen sich in beiden Annäherungen kritische Defizite.

1.3.2.1   Defizite in der Theoriebildung

Im Rahmen der normativ-deduktiven Ansätze wird allgemein eine konzeptionelle Fundierung über die Heranziehung präskriptiver Aussagen der Managementtheorie und/oder deskriptiver Aussagen der empirischen Managementforschung versucht, welche dann im Regelfall auch das empirisch-induktive Vorgehen bestimmt. Die konzeptionellen Defizite in diesem Zusammenhang sind nach vorliegender Einschätzung wie folgt:

1.3.2.1.1 Begriffe

Vielfalt und Unschärfen von Begriffen und Definitionen haben im Bereich computergestützter Informationssysteme eine lange Tradition (vgl. u.a. Treacy, 1985; Holthus, Muksch, Reiser, 1995). Drei Segmente sind im gegebenen Zusammenhang im Vordergrund zu sehen: Systembezeichnungen, Nutzenpotentiale und Zielgruppen.

1.3.2.1.1.1 Systembezeichnungen

Die Vielfalt der Systembezeichnungen ist erheblich:

- Teils ist sie auf die Fortschreibung von Kernkonzepten zurückzuführen. So bildet DSS etwa einen eigenständigen, mit den Namen von Gorry, Scott Morton (1972) verbundenen Entwurf. In dieser Form lebt es bis heute fort. DSS geht aber auch in das ESS-Konzept von Rockart, Treacy (1982) ein. Zudem wird DSS mit EIS in Verbindung gebracht, soweit – im Sinne des Ansatzes von Friend (1985) – Entscheidungsunterstützung nicht über die Verbesserung von Prozessen, sondern über die Verbesserung von Informationsinputs geleistet werden soll. Und schließlich ist es auch Bestandteil des MSS und der damit aktuell zu verbindenden Ansätze (vgl. u.a. Mertens, Hagedorn, Fischer, Bissantz, Haase, 1996).
- Teils entsteht sie aus der synonymen Behandlung ursprünglich getrennter Konzepte, wie etwa die Begriffe EIS und ESS: Bezieht sich der Begriff EIS zunächst auf die Informationsfunktion im Sinne von Friend (1985), so verwenden Rockart, Bullen (1986) ESS und EIS bereits als Synonyme im dem weiteren ESS-Verständnis.
- Teils ist sie ein Resultat eigensprachlicher Begriffsbildungen, wie etwa im deutschsprachigen Raum: Management-Unterstützungs- und Informationssystem, Chef-Informationssystem, Vorstandsinformationssystem, Führungsinformationssystem etc. (vgl. u.a. Bullinger, Koll, Niemeier, 1995).
- Teils ist sie durch die Wettbewerbssituation am Markt bedingt, die tendenziell dazu führt, daß aus jedem MIS-Aspekt ein Marketingschlagwort gemacht wird (vgl. Treacy, 1985, Moore, 1997, Mertens, 1995 und 1998).

Kritisch aus betriebswirtschaftlicher Sicht ist weniger die Vielfalt der Be-zeichnungen an sich, sondern die Unschärfe der ihnen zugrunde liegenden Konzepte. So wird im Extrem beispielsweise schon dann von einem ESS gesprochen, wenn das System allein als Kommunikationsinstrument (z.B. über Electronic Mail) genutzt wird, was wesentliche von ESS auf dem Weg in die „Executive-Suite" zu nehmende betriebswirtschaftliche Hürden er-heblich absenkt, da damit zentrale betriebswirtschaftliche Fragen, wie „Was ist der Informationsbedarf eines Topmanagers?" oder „Welche Funktions-bereiche von TIS sind für spezifische Topmanagergruppen relevant und wie sollte TIS in diesen Bereichen jeweils im Normalfall gestaltet sein?" offen bleiben. Hier sind ganz offensichtlich schärfere Trennungen notwendig.

Vorliegend werden computergestützte Topmanagement-Informationssyste-me daher zunächst allgemein als Dialogsysteme im Sinne von Mertens, Griese (1993) verstanden. Was TIS umfaßt und was es "welchen" Topman-agern typischerweise nutzen kann, ist im Zuge des Weiteren zu analysieren.

1.3.2.1.1.2 Nutzenpotentiale

In den Aussagen zu den Nutzenpotentialen von TIS werden gängig unmit-telbare und mittelbare Potentiale durchmengt,

- unmittelbare Nutzenpotentiale, die sich Topmanagern dadurch eröff-nen, daß sie persönlich („hands-on") mit dem Computer arbeiten;
- mittelbare Nutzenpotentiale, die zur Wirkung kommen, gleich ob sie persönlich oder „nur" ihre Mitarbeiter mit dem System arbeiten.

Im Kontext der Zielgruppe Topmanager ist dies insofern problematisch, als damit unklar bleibt, was es einem Topmanager normalerweise nutzen kann und soll, persönlich mit TIS zu arbeiten. Da die Mitglieder dieser Ziel-gruppe allgemein jedoch nur dann persönlich mit einem Computersystem arbeiten werden, wenn ihnen der zusätzliche Nutzen, den sie hieraus bezie-hen, mehr wert ist, als der Aufwand, den sie hierfür – nicht zuletzt in Form von Mühe und Zeit – zu investieren haben, führt obiges Defizit in der Pra-xis einerseits dazu, daß aufwendige TIS-Pilotprojekte durchzuführen – und im ungünstigen Fall erfolglos abzubrechen – sind, um diese Potentiale aus-zutesten. Andererseits resultiert daraus, daß es diesen Pilotprojekten selbst an konzeptionellen Vorgaben fehlt, was für den Projektverlauf kritisch ist (siehe Kapitel 4.3.).

Ob eine solche Differenzierung nach unmittelbaren und mittelbaren Potentialen in anderen Kontexten vernachlässigt werden kann, wie etwa hinsichtlich des Einflusses der Informationstechnik auf Organisationsstrukturen und Kooperationsformen im allgemeinen (vgl. Picot, Reichwald, 1994), wäre an anderer Stelle zu prüfen.

1.3.2.1.1.3 Zielgruppen

Eine weitere zentrale Schwachstelle der bisherigen Theorieentwicklung ist aus vorliegender Sicht die Handhabung des Zielgruppenbegriffs „Topmanager". Problematisch ist dabei erneut weniger die auch diesbezüglich anzutreffende Vielfalt der Begriffe (Executive, Vorstand, Geschäftsführer, Chef, etc.), sondern ihre mangelnde Abgrenzung. Bezeichnungen wie Executive oder Vorstand können unter Informationsaspekten für ausgesprochen inhomogene Gruppen stehen, wobei sowohl zwischen Hierarchie als auch Unternehmensgröße zu differenzieren ist:

- Hierarchie: Ein Executive ist nach US-amerikanischem Sprachgebrauch zwar hierarchisch über dem Manager anzusiedeln. Der Begriff Manager steht in einer solchen Gegenüberstellung jedoch für eine nachgeordnete operative Ebene. Umgekehrt reicht der Begriff Executive nach „oben" über alle weiteren Hierarchieebenen (Senior Executive, Top Executive etc.) hinweg. Ähnliche Unschärfen gelten für Begriffe wie Chef oder Geschäftsführer.
- Unternehmensgröße: Der Geschäftsführer eines mittelständischen Unternehmens etwa wird allgemein genauso als Executive oder Topmanager bezeichnet wie der Vorstandsvorsitzende eines Großkonzerns. Beide unterscheiden sich bezüglich ihres Informationsbedarfs und der Bedeutung, die computergestützte Informationssysteme für sie und ihre Arbeit haben können, jedoch signifikant.

Nach vorliegender Einschätzung ist diese mangelnde nachhaltige Ausdifferenzierung homogener Topmanagementgruppen die zentrale, auf andere Bereiche durchwirkende Schwachstelle der Theoriebildung um TIS:

1.3.2.1.2   Referenzsysteme

Die bislang herangezogenen Referenzsysteme beziehen sich im wesentlichen auf (a) den Bedarf und (b) die Versorgung von Topmanagern mit Informationen und Systemen.

1.3.2.1.2.1   Informationsbedarf

Es sind zwei grundlegende Konzepte vorherrschend: Das eine ist an den präskriptiven Aussagen der Managementtheorie und/oder den deskriptiven Aussagen der empirischen Managementforschung zu den Aufgaben und der Aufgabenwahrnehmung von Managern orientiert, woraus schlußendlich auf Informationsbedarfe und die Potentiale des Computers geschlossen wird. Das andere trennt zwischen allgemeinen Informationsbedarfskategorien und trifft Aussagen zu deren situativen Bestimmung im Detail (siehe unten).

Was die Aufgaben von Topmanagern angeht, so werden diese üblicherweise in verschiedener Hinsicht beschrieben. Vorliegend werden drei Dimensionen untergliedert: Aufgabenarten, Aufgabenmerkmale und Aufgabenwahrnehmung.

1.3.2.1.2.1.1   Aufgabenarten

In der betriebswirtschaftlichen Managementlehre wird die komplexe Aufgabe der Führung von Unternehmungen gängig in vereinfachenden, sich auf dominierende Bereiche konzentrierenden Modellen abgebildet. Ist die Zahl solcher Systeme heute auch kaum noch überschaubar (vgl. u.a. Steinmann, Schreyögg 1997), so hat sich im Zuge der Zeit doch ein Grundverständnis entwickelt, das sich auch im Kontext computergestützter Informationssysteme wiederfindet. Abbildung 1.5 faßt einige der gängig herangezogenen Modelle zusammen:

(1) Der auf Gulick (1937) und Koontz, O'Donnel (1955) zurückgehende „Fünfer-Kanon" von Managementaufgaben mit den Bereichen „Planung, Organisation, Personaleinsatz, Führung und Kontrolle" (vgl. u.a. Rockart, DeLong, 1988).

(2) Das auf dem Modell von Anthony (1965) basierende System von Dearden (1966) mit den Aufgabenbereichen: (a) Strategische Planung: Festlegung der Unternehmenspolitik und der Unternehmensziele; (b) Management

(1)	(2)	(3)	(4)	(5)
Planung	Strategische Planung	interpersonal – figurehead	Problemerfassung	Büroorganisation
Organisation		– leader		– Post
	Managementkontrolle	– liason	Problembearbeitung	– Kommunikation
Personaleinsatz		informational		
	Operative Kontrolle	– monitor	Entscheidung	– Terminplanung
Führung		– disseminator		
		– spokesman		
Kontrolle	Personalplanung	decisional – entrepreneur		
	Persönliche Auftritte	– disturbance handler – resource allocator – negotiator		

Abb. 1.5 Ausgewählte Aufgabenmodelle

Kontrolle: Umsetzung der strategischen Pläne in logische Teileinheiten, Zuordnung von Kapazitäten und Zuständigkeiten, Verfolgung der Entwicklung; (c) Operative Kontrolle: spezifische und detaillierte Zuordnungen, Kontrolle im Vergleich von Soll-Ist-Werten, sowie (d) Personalplanung und (e) persönliche Auftritte (vgl. auch Dearden, 1964).

(3) Das Rollen-Modell von Mintzberg (1973), das zwischen drei Rollenkategorien unterscheidet: (1) Interpersonal Roles: figurehead, leader, liasion; (2) Informational Roles: monitor, disseminator, spokesman; (3) Decisional Roles: entrepreneur, disturbance handler, resource allocator, negotiator (vgl. Bullinger, Huber, Koll, 1991; Zwass, 1992).

(4) Das mit dem Namen von Simon (1960) verbundene „Aufgaben-Meta-System" des Entscheidens mit den Kategorien: Problemerfassung, Problembearbeitung und Entscheidung (vgl. u.a. Gorry, Scott Morton, 1972; Levinson 1984; Krallmann, 1996).

(5) Weniger unter dem Aspekt des Informationsbedarfs sondern hinsichtlich des Systemunterstützungsbedarfs werden zudem gängig die Tätigkeiten im Rahmen der Büroorganisation thematisiert, wozu im engeren Sinne

Bereiche wie die Postbearbeitung (Eingang, Ausgang, Ablage) oder die Terminplanung (vgl. Rockart, DeLong, 1988), im weiteren Sinne die Telekommunikation, Work-Flow- und Group-Ware-Systems etc. zu rechnen sind (vgl. Zwass, 1992; Pribilla, Reichwald, Goecke, 1996).

Die Elemente dieser Modelle, für die im Kontext computergestützter Topmanagement-Informationssysteme üblicherweise Potentiale gesehen werden, sind in Abbildung 1.5 durch Fettdruck hervorgehoben. Aus betriebswirtschaftlicher Sicht indes sind Bezüge dieser Art als problematisch einzuschätzen und zwar mit folgender Überlegung:

Die präskriptiven Aufgabenmodelle sind allgemeiner Natur. Hier ist einerseits mit Schreyögg, Hübl (1991, S. 41) darauf hinzuweisen, daß die Managementlehre über solche Aussagen in erster Linie zeigen will, ... „wie die Managementtätigkeit effektiv ausgefüllt werden soll. Sie beansprucht keine deskriptive Gültigkeit in dem Sinne, daß sie zugleich ein zuverlässiges Bild der tatsächlich vorfindbaren Verhaltensweisen von Managern liefern würde."

Andererseits ist mit Luhmann (1976) die Notwendigkeit der sorgfältigen Unterscheidung von Systemreferenzen zu betonen. Aus allgemein gehaltenen Abbildungen sind letztendlich auch nur allgemeine Aussagen abzuleiten. Ob diese als signifikante Handlungsempfehlungen für spezifische Systemreferenzen gelten können, ist situativ zu prüfen. In ungünstigen Fällen ist nicht auszuschließen, daß solche Aussagen, was spezifische Systemreferenzen, d.h. Zielgruppen, angeht, von dem Wesentlichen ab- und Perspektiven in nicht relevante Richtungen umlenken.

Kommen gängige Ansätze, beispielsweise ausgehend von dem Fünferkanon oder dem Meta-System des Entscheidens, zu dem Schluß, Topmanagement-Informationssysteme könnten vor allem für Planungs- und Kontrollaufgaben sowie für die Entscheidungsfindung nützlich sein, so mag dies für spezifische, vornehmlich operativ eingebundene Managergruppen gelten, nicht aber für Topmanager generell. Für Topmanager komplexer Konzerne beispielsweise bedeuten Planung, Kontrolle und Entscheidung vielschichtige Prozesse; Topmanageraufgaben sind in diesem Kontext von spezifischer Art, was bezüglich des potentiellen Beitrages computergestützter Systeme zu berücksichtigen ist. Bislang gängige Aussagensysteme sind hier unzutreffend und bedürfen weiterer Differenzierung.

1.3.2.1.2.1.2   Aufgabenmerkmale

Die Aussagen zu den Merkmalen der Topmanagementaufgaben sind zwei Bereichen zuzuordnen: Aufgabenprozess und Aufgabeninhalte (vgl. Abbildung 1.6).

Was den Aufgabenprozess angeht, so wird im TIS-Kontext allgemein unterstellt, daß Topmanager viele ad-hoc-Aufgaben und einen bruchstückhaften und hektischen Arbeitsalltag hätten. Was die Aufgabeninhalte angeht, so wird überwiegend angenommen, daß Topmanagementaufgaben weitgehend unstrukturiert, nicht prognostizierbar und sehr umfangreich seien. Beides zusammen würde – so die übliche Folgerung – einen hohen Bedarf an ad-hoc-Entscheidungen bzw. ad-hoc-Wissen nach sich ziehen, der letztlich nur mit computergestützen Systemen zu befriedigen sei (vgl. u.a. Frackmann, 1996).

Problematisch an diesen Modellen ist, daß sie auf Erhebungen bei Topmanagern kleiner bzw. mittlerer Unternehmenseinheiten basieren, deren Relevanz für andere Topmanagergruppen ungeprüft bleibt. So umfaßt die prominent gewordene Studie von Mintzberg (1973) beispielsweise eine Erhebung bei folgenden 5 Managern (A bis E): A ist Chairman einer Beratungsfirma; B ist Präsident eines Unternehmens mit US$ 60-70 Mio. Umsatz; C leitet ein Krankenhaus; D ist Präsident eines Unternehmens mit über US$ 100 Umsatz; E leitet eine Vorortschule (vgl. Mintzberg, 1973, S. 239 ff.). Entsprechendes gilt für Folgeuntersuchungen, wie sie beispielsweise von Breyer (1992) oder Schreyögg, Huber (1992) zusammengefaßt bzw. durchgeführt werden. Wird als Befund solcher Untersuchungen überwiegend die Unstrukturiertheit bzw. Bruchstückhaftigkeit sowie die vergleichsweise hohen Anteile an ungeplanten Aufgaben in den Vordergrund gestellt (vgl. u.a. Steinmann, Schreyögg, 1991, S. 12), so ist dieses Ergebnis aus vorliegender Perspektive jedoch keineswegs zu verallgemeinern. Zu berücksichtigen sind

Aufgabenprozess	Aufgabeninhalte
– bruchstückhaft	– unstrukturiert
– hektisch	– nicht prognostizierbar
– viele ad-hoc-Aufgaben	– sehr umfangreich

Abb. 1.6: Gängig herausgestellte Aufgabenmerkmale

vielmehr die durch die Größe eines Unternehmens bestimmten Besonder-
heiten, wozu auch Mintzberg (1973, S. 130) wie folgt Stellung nimmt:
„The larger the overall organization, the more time the top manager spends
in formal communications (memos, scheduled meetings), the less brief and
fragmented his activities, the greater the range of external contacts, the
more developed his formal communications network (ceremony, external
board work), the less his involvement with internal operations, and the less
time he spends substituting for subordinates. Managers of small firms spend
more time on the roles of specialists and substitute operators." Auch diesbezüglich sind offensichtlich differenziertere Modellbildungen anzustreben.

1.3.2.1.2.1.3 Aufgabenwahrnehmung

Die Aussagen zu computergestützten Topmanagement-Informationssystemen stützen sich auf verschiedene Modelle der Aufgabenwahrnehmung. Sie
sind in zwei Bereiche zu gliedern: allgemeine und situative Merkmale (vgl.
Abbildung 1.7).

Als allgemeine Merkmale werden herangezogen:

- Das u.a. von Isenberg (1984) thematisierte Konstrukt des „mentalen
  Modells", das auf der Vorstellung beruht, daß Manager sich – wie jeder
  Mensch – ein vereinfachtes Abbild ihrer Welt machen, was ihnen hilft,
  sich in ihrer Welt besser zurecht zu finden, und die sie konfrontierende

Allgemeines		Situatives		
Mentales Modell	Reisetätigkeit	Führungsstil	Verantwor-tungsbereich	Computer-akzeptanz
	umfangreich	– analytisch/ visionär	– Gesamtverant-wortung gezwungen	– verklärt/ überzeugt/
		– Change Agent Commander/ Communicator/ Coach/	– Funktionale Verantwortung o Vertrieb o Finanzen o Betriebs- wirtschaft etc.	resistent

Abb. 1.7: Aufgabenwahrnehmungsmodelle

Komplexität besser zu bewältigen (vgl. Rockart, De Long, 1988; Senge, 1994; Drucker, 1994).

- Die Reisetätigkeit von Topmanagern, die allgemein als sehr umfangreich angenommen wird. Weitere Differenzierungen sind beispielsweise bei Reichwald, Goecke (1996) zu finden, die neben dem Grad der Mobilität zudem nach der Zahl der Bürostandorte trennen und auf diese Weise zur Unterscheidung von vier Managertypen kommen: ortsfest, pendelnd, mobil und nomadisierend.

Als situative Merkmale werden herausgestellt:

- Der Führungsstil von Topmanagern: Rockart, DeLong (1988) beispielsweise trennen analytisch-zahlenorientierte und visionär-ganzheitliche Ansätze; Boone (1991) grenzt Kategorien ab wie Commander, Communicator, Coach und Change Agent.
- Der Verantwortungsbereich von Topmanagern: Nach Rockart, DeLong (1988) ist davon auszugehen, daß Topmanager, die für zahlennahe Bereiche wie Finanzen oder Vertrieb, verantwortlich sind, eher mit computergestützten Systemen arbeiten.
- Die individulle Computerakzeptanz: Müller-Böhling, Ramme (1990) etwa unterscheiden u.a. verklärte, überzeugte, gezwungene und resistente Benutzertypen.

Auffällig und zugleich kritisch einzuschätzen ist, daß die Mißerfolge computergestützter Topmanagement-Informationssysteme bislang primär über die individuellen Merkmale der Aufgabenwahrnehmung erklärt werden. Nun ist der Einfluß solcher Merkmale natürlich zu beachten. Zentral ist allerdings, daß im Vorfeld situativer Analysen hinreichend signifikante allgemeine Aussagesysteme entwickelt werden. Ansonsten besteht die Gefahr, daß grundlegende Belange verdeckt bleiben und falsche Schlüsse gezogen werden.

1.3.2.1.2.2 Informationsversorgung

Die Seite der Informationsversorgung von Topmanagern wird in den Beiträgen um computergestützte Topmanagement-Informationssysteme im Regelfall nicht weiters differenziert. Orientierungspunkt ist das Ideal des „Informationsselbstversorgers".

Einerseits dominiert die Vision, daß Topmanager mit Unterstützung des Computers ihre Stäbe und/oder Linien reduzieren oder gar substituieren können. Andererseits wird davon ausgegangen, daß Topmanager ihre Informationsversorgung an sich via Computer verbessern sowie ihr Kommunikationsverhalten und ihre Büroorganisation weiter zu optimieren in der Lage sind. Beide Bilder erweisen sich bei weiterer Differenzierung der Zielgruppe als kritisch:

- Was "Stäbe und Linien etc," angeht, so ist bei Kenntnis der Praxis eindeutig, daß diese auf der obersten Ebene komplexer Konzerne auch in Zukunft nicht substituierbar sind. Und was deren Reduktion betrifft, so sind Einsparungs- und Rationalisierungsmöglichkeiten zwar auf jeder Topmanagementebene relevant. Trotzdem sind auch diesbezüglich zielgruppenspezifische Unterschiede zu machen: Topmanager komplexer Unternehmen entscheiden über Investitionen in Milliarden-Höhe. Die personelle und materielle Ausstattung der ihnen zuarbeitenden Linien und Stäbe ist in Relation zu solchen Größenordnungen zu sehen und in Ausgewogenheit mit ihnen zu entwickeln.

- Das Bild der Verbesserung der Informationsversorgung via Computer wiederum rekurriert teils auf die oben angemerkte These bezüglich nicht prognostizierbarer bzw. ad-hoc aufkommender Informationsbedarfe, denen via Computer nunmehr besser nachzukommen sei: teils wird auf die besondere Leistungsfähigkeit computergestützter Informationssysteme abgestellt, wie beispielsweise vergleichsweise schneller und einfacher Zugriff auf umfangreiche Datenbestände hoher Aktualität; teils auf die These, daß Topmanager über elektronische Medien schneller und flexibler kommunizieren und ihre Büroorganisation optimieren könnten. Zielgruppenspezifisch nicht weiters differenzierte Vorstellungen dieser Art sind aus betriebswirtschaftlicher Sicht jedoch kritisch, solange der relative Systemnutzen in qualitativer und quantitativer Hinsicht unbestimmt bleibt. Mögen Topmanager kleiner Einheiten beispielsweise tatsächlich einen relevanten Anteil ihres Informations- und Kommunikationsbedarfs mit Hilfe des Computers abdecken können, so ist dieser Anteil für Topmanager komplexer Konzerne hingegen wesentlich geringer einzuschätzen. Computergestützte Systeme konkurrieren auf dieser Ebene mit organisatorischen Informationsversorgungssystemen (siehe unten). Dies ist bezüglich der Art ihres Beitrages zu berücksichtigen und von Einfluß, gibt aber über ihren absoluten Nutzen angesichts der Bedeutung des Informationsfaktors auf dieser Ebene allein noch keine Hinweise.

1.3.2.1.2.3 Informationskategorien und -bedarfsermittlung

Die für Topmanager relevanten Informationskategorien werden im Zuge der Entwicklungslinien computergestützter Topmanagement-Informationssysteme vielfältig diskutiert (vgl. u.a. Mertens, 1970; Kirsch, Klein, 1977; Bullinger, Huber, Koll, 1991). Wechselseitige Befruchtungen mit der betriebswirtschaftlichen Managementlehre haben dabei eine lange Tradition (vgl. u.a. Aguilar, 1971; Mellerowicz, 1981; Ulrich, 1987, Bleicher, 1992). Von einigen Ansätzen werden zunächst sowohl Angebots- wie auch Nachfrageaspekte mit in die Betrachtung aufgenommen, die Informationsangebotsseite dabei aber nur insofern differenziert, daß zwischen computergestützten und organisatorischen (Linien, Stäbe etc.) Informationsangebotssystemen unterschieden wird. Kirsch, Klein (1977) etwa trennen in diesem Sinne in Anlehnung an Berthel (1975) zunächst zwischen dem subjektiven Informationsbedarf, den sie mit der Informationsnachfrage gleichsetzen, und dem objektiven Informationsbedarf. Anschließend stellen sie diesen beiden Kategorien das Informationsangebot gegenüber, womit sich 7 Konstellationen ergeben (siehe Abbildung 1.8): Objektiv notwendige Informationen, die (1) weder angeboten noch nachgefragt werden; (2) angeboten, aber nicht nachgefragt werden; (3) nachgefragt, aber nicht angeboten werden; (4) angeboten und nachgefragt werden; sowie objektiv nicht notwendige Informationen, die (5) angeboten und nachgefragt werden; (6) angeboten, aber nicht nachgefragt werden; (7) nachgefragt, aber nicht angeboten werden.

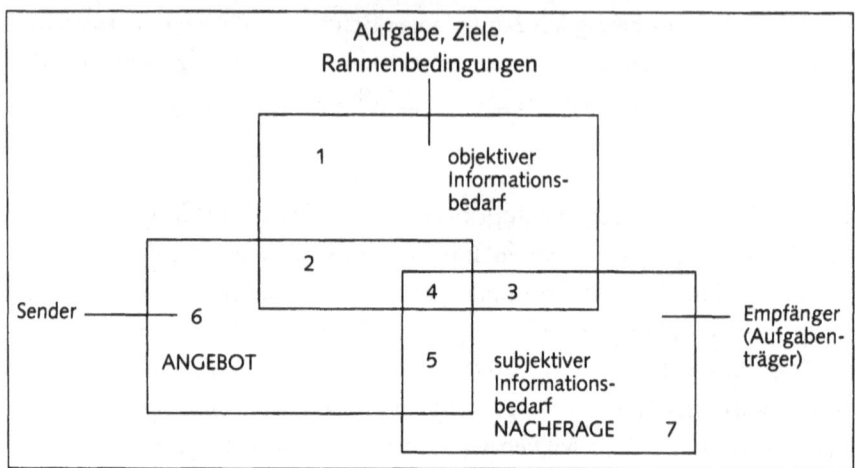

Abb. 1.8: Informationsnachfrage: objektiver versus subjektiver Informationsbedarf

Die mit solchem Bezug zu gewinnenden Erkenntnisse geben nun allerdings wenig Aufschluß bezüglich des Informationsbedarfs von Topmanagern an sich. Dieser Bedarf an sich wird im weiteren Verlauf der Entwicklung indes zunehmend als der Hauptschlüssel zu den Nutzenpotentialen computergestützter Systeme gesehen:

- Teils werden dabei allgemeine Abgrenzungen vorgenommen, wobei oftmals die mit Abbildung 1.9 dargestellte Dreiecksform gewählt wird, um spezifische Informationsbedarfskategorien (extern/intern, aggregiert/ detailliert etc.) mit bestimmten Managementebenen (Topmanagement, mittleres Management, operative Ebene) in Zusammenhang zu bringen.
- Teils werden spezifische Schwerpunkte gebildet, wie etwa in Form des mit dem Namen von Rockart (1979) verbundenen Konzeptes der kritischen Erfolgsfaktoren.

Was die inhaltliche Füllung dieser allgemeinen Kategorien angeht, so wird zu Beginn der MIS-Diskussion in den 50er Jahren noch überwiegend unterstellt, ... „daß derjenige, der für bestimmte Führungsaufgaben verantwortlich ist und diese in der Vergangenheit auch zufriedenstellend gelöst hat, „natürlich" auch wissen müsse, welche Informationen er für seine Arbeit benötigt." (Kirsch, Klein, 1977, S. 42). Zwischenzeitlich wird davon ausgegangen, daß die detaillierte Definition von Informationsbedarfen auf

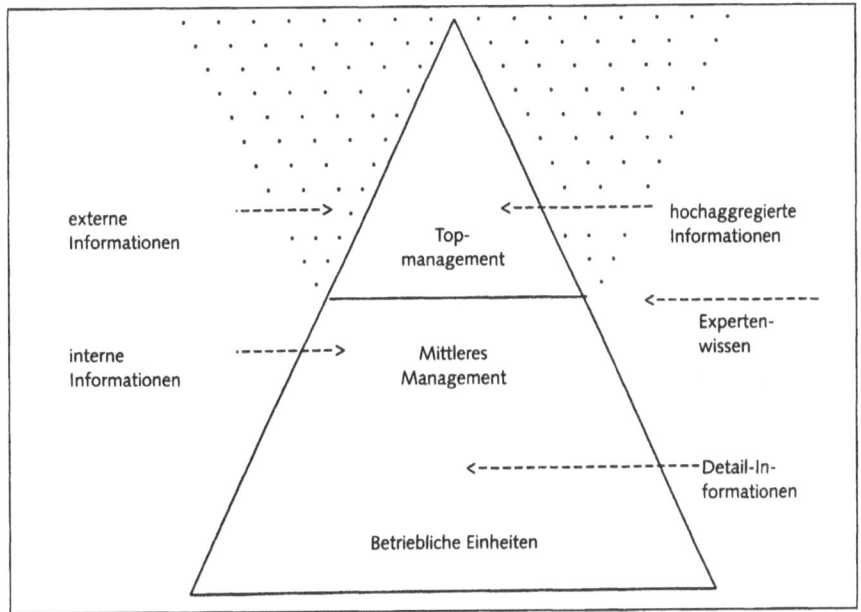

externe
Informationen

Top-
management

hochaggregierte
Informationen

Experten-
wissen

interne
Informationen

Mittleres
Management

Detail-In-
formationen

Betriebliche Einheiten

Abb. 1.9: Informationskategorien nach Management-Ebenen

der Anwenderseite in der Regel einem iterativen Lernprozeß gleichkommt, zu dessen Unterstützung spezifische Methoden vorgeschlagen werden, wie etwa das Prototyping als Element einer schrittweisen Systementwicklung (vgl. u.a. Rockart, DeLong, 1988). Im Zuge eines solchen Prozesses werden die als relevant herausgearbeiteten Informationskategorien zu einem Bezugssystem, das Perspektiven vorgibt und damit auch Ergebnisse prägt. Aus vorliegender Sicht sind die bislang gängigen Kategorisierungsversuche dieser Art indes nicht unproblematisch:

- Die für Topmanager als relevant erachteten Informationskategorien sind vergleichsweise allgemein gehalten. Für spezifische Topmanagergruppen relevante Kategorien werden – wie auch homogene Topmanagergruppen an sich – nicht weiters differenziert.
- Die Kategorisierung ist auf Informationsbedarfe fokussiert. Informationsversorgungsaspekte bleiben außer Betracht, was damit in Verbindung zu bringen ist, daß Topmanagergruppen nicht hinreichend ausdifferenziert werden. Die Folge ist, daß die Bedarfsseite nicht unter Versorgungsaspekten betrachtet und damit auch nicht analysiert wird, welche

Bedarfe auf welche Weise (z.B. via Computer oder via Linien und Stäbe) bestmöglich zu befriedigen sind.

Das heißt im Umkehrschluß: in den gängigen Ansätzen erfolgt bislang implizit eine Einengung der Betrachtung auf nachgeordnete Topmanagersegmente, die ihren Informationsbedarf – jetzt oder in absehbarer Zukunft – über computergestützte Systeme abdecken.

Zu diesem Befund paßt letztlich auch die von manchen technikorientierten Seiten propagierte Vorstellung, daß es für Topmanager wertvoll wäre, mit Hilfe von computergestützten Systemen im Sinne einer „gläsernen Unternehmung" auf ein praktisch unbegrenztes Meer an Daten in nicht vorstrukturierter Weise zugreifen zu können, womit im Grunde das Problem der Prädetermination des Informationsbedarfs obsolet sei. Auch diese Vorstellung zeigt sich aus betriebswirtschaftlicher Sicht als kritisch und bedarf weiterer zielgruppenspezifischer Differenzierung.

1.3.2.1.3 Ganzheitliches Konzept

Sieht man von den Defiziten der oben vorgestellten Referenzsysteme ab, so wäre aus betriebswirtschaftlicher Sicht schlußendlich anzustreben, die Teilmodelle in ein Gesamtkonzept einzubinden und integriert auszuwerten. Wird bislang der Hauptschlüssel zu computergestützten Systemen auf der Bedarfsseite gesehen und werden Zielgruppenspezifika der Informationsversorgung nicht hinreichend thematisiert, dann macht eine solche ganzheitlich-integrierte Analyse deutlich, daß sich die Betrachtung implizit auf einen Sonderfall reduziert, nämlich auf denjenigen Topmanagerkreis, für den Planung und Kontrolle konkrete Aktivitäten im operativen Sinne bedeuten, der einen bruchstückhaften, nicht vorhersehbaren und hektischen Arbeitsablauf hat und dessen herkömmliche Informationsversorgung derart ist, daß sie zur Beurteilung der Potentiale computergestützter Systeme vernachlässigt werden kann. Dieses enge Vorgehen führt ganz offensichtlich zu Defiziten, die im Rahmen eines ganzheitlichen Ansatz transparent werden und aufzulösen sind.

1.3.2.2 Empirie

Die empirischen Untersuchungen umfassen entweder Fallstudien oder Stichprobenerhebungen:

1.3.2.2.1 Fallstudien

Im US-amerikanischen und deutschsprachigen Raum liegen eine Reihe von Fallstudien vor. Teils werden sie im Rahmen umfassender Darstellungen vorgestellt (vgl. u.a. Rockart, De Long, 1988; Dorn, 1994; Pribilla, Reichwald, Goecke, 1996) oder in Sammelbeiträgen von Beispiellösungen (vgl. u.a. TÜV Rheinland GmbH, 1991; Hichert, 1995), teils werden sie auf ESS-Benutzerkonferenzen oder -Kongressen präsentiert.

Einige der Fallbeispiele betreffen Mitglieder der obersten Führungsebene großer Konzerne, wie beispielsweise David Kearns, Chairman, Paul Allaire, President, Xerox Corporation, und Ben Heinemann, President und CEO, Northwestern Industries (vgl. Rockart, DeLong, 1988) oder Ralf Larson, CEO, Johnson & Johnson, und Paul Allaire, CEO, Xerox (vgl. M.I.T., 1993); in jüngerer Zeit werden u.a. Bill Gates, Microsoft, oder Jürgen Schrempp, Daimler Benz, genannt (vgl. Gates, 1996; Bess, Franke, 1997). Die überwiegende Mehrzahl der Fallstudien bezieht sich hingegen auf einen eher operativ eingebundenen Personenkreis. Fallstudien haben unter dem Aspekt der Zielgruppendifferenzierung den Vorteil, daß der Systemanwender entweder benannt oder zumindest gut beschrieben wird. Ihre Schwachstelle ist:

- Sie sind nicht repräsentativ. Ob die Beispiele auf der Topebene lediglich Ausnahmen computerbegeisterter Einzelpersonen oder indikativ für den aktuellen oder künftigen Normalfall sind, bleibt letztlich ungewiß.
- Die Befunde auf der Topebene großer Konzerne bleiben bislang relativ unscharf, was mit der eingeschränkten Zugänglichkeit dieses Personenkreises in Zusammenhang stehen dürfte. Letztlich bleibt überwiegend unklar, „wie", „in welchem Umfang" und zur Unterstützung „welcher Aufgaben" im Einzelfall mit dem Computer gearbeitet wird.
- Die Nachhaltigkeit der Erfolgsmeldungen ist nicht gewährleistet. So wurde etwa anfangs der 90er Jahre der Daimler-Benz-Konzern oftmals als ein Paradebeispiel für den Erfolg computergestützter Systeme auf der Vorstandsebene eines Großkonzerns genannt. Nicht beachtet wurde dann allerdings, daß das Projekt anschließend wegen verschiedenen Mängeln gestoppt wurde (siehe Kapitel 4.3.), was unterstreicht, daß aus der Praxis stammende Aussagen – seien sie von Systemvertreibern oder von Anwendern – vor ihrer Übernahme in die Theoriebildung immer wieder kritisch zu hinterfragen sind.

- Fallstudien aus dem US-amerikanischen Raum auf andere Managementkulturen – wie etwa die des deutschsprachigen Raumes – zu übertragen, kann kritisch sein, wenn die kulturellen Differenzen im internationalen Kontext nicht hinreichend berücksichtigt werden (siehe oben).

1.3.2.2.2 Stichprobenerhebungen

Zum Einsatz computergestützter Topmanagement-Informationssysteme liegen eine Reihe von Stichprobenerhebungen vor (vgl. u.a. DeLong, Rockart, 1986; Harvey, Meiklejohn, 1988; Müller-Böhling, Klautke, Ramme, 1989, bzw. Müller-Böhling, Ramme, 1990; Wagner, 1992; The Economist Intelligence Unit, 1994, Frackmann, 1996). Kritisch aus betriebswirtschaftlicher Sicht ist auch hier die mangelnde Differenzierung von Begriffen: Die Analysen belegen zwar, daß computergestützte Systeme in der Praxis zunehmend erfolgreich eingesetzt werden. Letztlich bleibt jedoch unbestimmt, in welcher Verteilung unterschiedliche Topmanagementgruppen in der Stichprobe repräsentiert sind, und „welche" unmittelbaren Nutzenpotentiale für „welche" dieser Gruppen als typisch ermittelt wurden. Kritisch ist aus vorliegender Sicht weiters, daß oftmals unklar bleibt, von welchen Personen die Informationen erhoben wurden – ob beispielsweise von den Topmanagern unmittelbar oder von deren Stab oder von Vertretern der Technik etc., obwohl die Einschätzungen und Aussagen dieser Gruppen sich in der Praxis oft diametral gegenüberstehen.

1.3.3   Folgerungen

Die Analyse macht deutlich:

- Die Entwicklungslinien der Forschung um computergestützte Topmanagement-Informationssysteme weisen aus betriebswirtschaftlicher Sicht zentrale konzeptionelle Defizite auf. Diese Defizite sind – neben den kritischen Erfolgsfaktoren der Systemeinführung – als die primäre Ursache der bisherigen Mißerfolge von TIS zu sehen. Mertens (1998, S. 1) merkt korrespondierend hierzu in erweiterten Kontext an:

...",im Tagesgeschäft" der Wirtschaftsinformatik (WI) [werden] sowohl von Forschern als auch von Praktikern immer wieder [ökonomische Sachverhalte in Verbindung mit dem Zielsystem des Unternehmens] übersehen. Die Ursache hierfür kann in „routine- oder gewohnheitsmäßigen Reaktionen" liegen oder auch darin, daß modische Werbe- botschaften aufgesogen und unreflektiert wiedergegeben werden.

In der Wissenschaft führt dies zu Aussagen, denen es an der nötigen Differenzierung mangelt, so daß unterschiedliche Sachverhalte gleich behandelt werden. In der Praxis werden von den IV-Fachleuten Maßnahmen empfohlen und ergriffen, die die Ziele des Unternehmens nicht so nachhaltig unterstützen, wie es möglich wäre.

Verglichen mit der BWL, der VWL, dem Operations Research, der Soziologie oder der Rechtswissenschaft hat die WI bei der Diskussion der ihr zugrundeliegenden Ziele und bei dem praktischen Umgang mit diesen Zielen einen Nachholbedarf."

- Den bisherigen TIS-Konzepten mangelt es primär an der Differenzierung der Zielgruppe „Topmanager". Das ihnen zugrunde gelegte Ziel-
  gruppenbild ist in erster Linie für Topmanager kleinerer Unterneh-
  men(seinheiten) signifikant. Nach Topmanagergruppen anderer Art
  wird nicht bzw. nicht hinreichend getrennt.

Damit stellt sich die Frage, was für die sonstig relevanten Topmanagergrup- pen im Kontext von TIS zu unterstellen ist? Diese Frage steht im Mittel- punkt der weiteren Untersuchung. Da ihr in dem gegebenen Rahmen nicht für alle Topmangerkategorien nachgegangen werden kann, ist die weitere Analyse auf die zwei an den äußeren Rändern des Zielgrppenspek- trums anzusiedelnden Topmanagergruppen A und Z konzentriert, so daß das Potentialfeld computergestützter Topmanagement-Informationssysteme von seinen Extremen her ausgeleuchtet werden kann.

2 Betriebswirtschaftliche Differenzierungen

Die betriebswirtschaftlichen Differenzierungen setzen an dem obigen Befund unmittelbar an: Als erstes wird ein ganzheitliches Bezugssystem definiert. Als zweites werden die Topmanangergruppen A und Z abgegrenzt. Als drittes werden Bezugssysteme bezüglich des Informationsbedarfs und der Informationsversorgung von Z entwickelt. Als viertes wird auf Basis dieser Systeme auf die unmittelbaren TIS-Potentiale im Kontext von Z gefolgert.

2.1 Ganzheitliches Bezugssystem

Grundlage der weiteren Differenzierungen ist das Bezugssystem gemäß Abbildung 2.1:

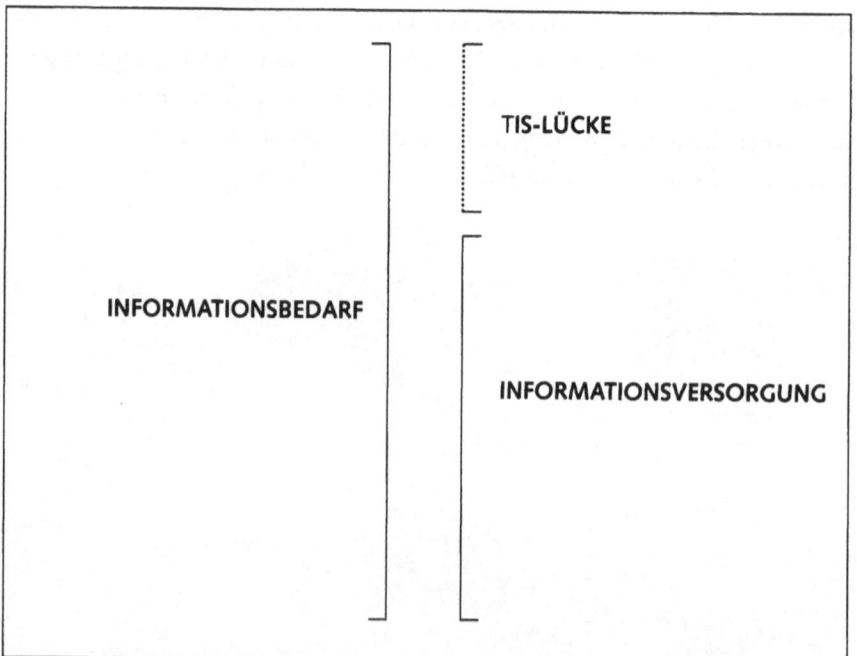

Abb. 2.1: Konzept der TIS-Lücke

Die unmittelbaren Nutzenpotentiale computergestützter Topmanagement-Informationssysteme sind im Rahmen dieses Systems, von technischen Aspekten abgesehen, von zwei Seiten her bestimmt: (1) dem Informationsbedarf eines Topmanagers und (2) seiner Informationsversorgung. Sind Informationsbedarf und Informationsversorgung – wie häufig der Fall – nicht deckungsgleich, dann öffnet sich hier eine Lücke, die über computergestützte Topmanagement-Systeme möglicherweise einzuengen, vielleicht sogar zu schließen ist – vorliegend auch TIS-Lücke genannt. Hat ein Topmanager Informationslücken, dann ist dies aus dem Blickwinkel der TIS-Lücke im Kern auf drei Fälle zurückzuführen: (1) er arbeitet noch nicht persönlich mit TIS; (2) er arbeitet persönlich mit TIS, aber sein TIS ist suboptimal gestaltet und/oder (3) seine sonstigen Informationsversorgungssysteme sind suboptimal. Einstiegspunkt der weiteren Analyse ist Fall (1).

A priori ist zu unterstellen: je „geringer", je „schlechter" die Informationsversorgung ceteris paribus ist, desto mehr Raum öffnet sich für TIS. Daß die bisherigen Konzepte und Visionen um computergestützte Topmanagement-Informationssysteme sich vorrangig auf operativ eingebundene Topmanagergruppen beziehen, ist aus dieser Sicht einerseits dadurch zu erklären, daß auf der Informationsversorgungsseite der Beitrag von Stäben und Linien vernachlässigt wird, so daß sich der Raum der TIS-Lücke ceteris paribus erweitert, was in der Verallgemeinerung auf andere Topmanagergruppen zu einer Überschätzung der Potentiale der Technik führt. Andererseits werden auf der Informationsbedarfsseite Aufgabenmodelle herangezogen, die die erweiterte TIS-Lücke deshalb füllen, weil sie gerade für diejenige Topmanagerkategorie typisch sind, die ohne Stäbe und Linien auskommen können bzw. auszukommen haben.

Geht man davon aus, daß für einzelne Topmanagergruppen typische Konstellationen von Bedarf und Versorgung gelten, dann variiert die TIS-Lücke folgerichtig zielgruppenspezifisch. Ihre Ausprägung ist in solchen Fällen allgemein in vier Schritten zu bestimmen:

- Festlegung der Zielgruppenkategorie
- zielgruppenspezifische Abbildung der Informationsbedarfs- und -/versorgungsseite auf Basis signifikanter Referenzmodelle

- Abgleich von Informationsbedarf und Informationsversorgung unter Einbeziehung der Leistungsfähigkeit der Technik auf Basis geeigneter Informationskategorien
- Bestimmung der TIS-Lücke.

Was die Leistungsfähigkeit der Technik angeht, so stellt das vorliegend zugrunde gelegte Bezugssystem primär auf die inhaltlichen Aspekte des Bedarfs ab, was hinsichtlich des Kommunikationsbereiches insofern von Bedeutung ist, als dort weitestgehend auf eine Differenzierung von Einzelinstrumenten verzichtet und für vorliegende Zwecke vereinfachend unterstellt wird, daß die der Informationsversorgung dienenden Kommunikationsinstrumente auch für die aktive Information eingesetzt werden. Angestrebt wird über diese Vereinfachung eine Fokussierung auf die im betriebswirtschaftlichen Kontext kritischen inhaltlichen Aspekte, was die Relevanz des Kommunikationsbereiches jedoch nicht tangieren soll. Gemäß dieser Fokussierung stehen die folgenden Fragen im Mittelpunkt der weiteren Analyse:

- Welche der Funktionsbereiche computergestützter Systeme sind für die betrachtete Topmanagergruppe relevant
    - vorstrukturierte Grundinformationen
    - Modellanalysen
    - nicht vorstrukturierte Informationen
    - Büroautomatisierung
    - Kommunikation (vgl. Abbildung 1.1)?
- Welche unmittelbaren Nutzenpotentiale kann TIS den Mitgliedern der betrachten Topmanagergruppe typischerweise in diesen Bereichen eröffnen?
- Welchen Anteil an der Infomationsversorgung insgesamt hat TIS damit im Kontext der betrachteten Topmanagergruppe
    - quantitativ
    - qualitativ?
- Wie hoch ist damit der Nutzen von TIS im Kontext der betrachteten Topmanagergruppe einzuschätzen
    - relativ zu deren sonstigen Versorgungssystemen
    - absolut?

2.2 Topmanager A und Z

2.2.1 Merkmalsdimensionen

Zur Bestimmung der TIS-Lücke werden vorliegend drei zielgruppenspez-
fische Merkmalsdimensionen im Vordergrund gesehen: Unternehmen,
Hierarchie und länderspezifische Managementkultur. Sonstige Einflüsse,
vor allem die der individuellen Aufgabenwahrnehmung (siehe oben), werden im Rahmen der Analyse als Sonderfaktoren eingestuft. Weicht die TIS-
Lücke eines Topmanagers von der für seine Gruppe ermittelten Norm ab,
so ist dies aus Modellsicht auf diese Sonderfaktoren zurückzuführen.

2.2.2.1 Unternehmen

Unternehmen werden in der Betriebswirtschaftslehre in verschiedener Weise abgegrenzt. Gängig ist die Unterscheidung nach kleinen, mittleren und
großen Unternehmen und zwar orientiert an der Anzahl der Mitarbeiter:
z.B. kleine Unternehmen mit weniger als 100, mittlere 100 bis 5000, große
über 5000 Mitarbeiter. Diese einfache Gliederung ist in erster Annäherung
auch für vorliegende Zwecke hinreichend.

In zweiter Annäherung wäre eine Gliederung nach dem Grad der Unter-
nehmenskomplexität lohnenswert, da die an der Mitarbeiterzahl gemessene
Größe eines Unternehmens nicht direkt mit dessen Komplexität korrespondieren muß, dessen Komplexität jedoch die TIS-Lücke des Topmanagements maßgeblich bestimmt. Problematisch an der Maßgröße „Komplexität" ist allerdings, daß sie in Grenzbereichen nicht eindeutig zu ermitteln
und damit die Trennlinie zwischen Unternehmen hoher, mittlerer und geringer Komplexität nicht immer scharf zu ziehen ist. So kann ein nach der
Anzahl der Mitarbeiter als mittleres Unternehmen einzustufendes System
beispielsweise hoch komplex sein, etwa weil es einen hohen Internationali-
sierungsgrad hat oder weil es mit einer Vielzahl externer Partner kooperiert
– und umgekehrt.

Im Rahmen der vorliegenden Analyse ist diese Problematik insofern ohne
Bedeutung, da Topmanager A für einen Personenkreis steht, der allgemein geringe Komplexität zu verantworten hat; und Topmanager Z eine Zielgruppe
repräsentiert, die definitionsgemäß sehr hohe Komplexität zu bewältigen hat.

Anmerkung: Nach Ulrich (1987, S. 187) wird ein Sachverhalt in der Umgangssprache als komplex bezeichnet, … „wenn er schwierig zu erfassen und vielschichtig ist und unter verschiedenen Aspekten betrachtet werden kann, die jeweils eine andere Seite der Angelegenheit beleuchten." Ulrich, Probst (1990, S. 58 ff.) bezeichnen ein System als komplex, wenn es …"in kurzen Zeiträumen eine große Zahl von verschiedenen Zuständen annehmen" … kann, wobei die mögliche Anzahl der verschiedenen Zustände zum einen abhängig ist von der „Anzahl und Verschiedenheit der Elemente" des Systems, sowie der „Anzahl und Verschiedenheit der Beziehungen" zwischen diesen Elementen (Kompliziertheit des Systems) und zum anderen von der „Vielfalt der Verhaltensmöglichkeiten" dieser Elemente und der „Veränderlichkeit der Wirkungsverläufe" zwischen ihnen. Maßgröße der Komplexität ist die Varietät (vgl. Brauchlin (1990, S. 131; Ashby, 1971; Krieg, 1971).

2.2.1.2   Hierarchie

In der hierarchischen Dimension wird die Zielgruppe Topmanager für vorliegende Zwecke nach der Art der Organmitgliedschaft differenziert, was vor allem im Kontext komplexer Konzerne von Bedeutung ist, und zudem weitere Einblicke in Aufgaben und Prozesse ermöglicht. Hierbei spielt einerseits eine Rolle, daß diese Aufgaben und Prozesse auf der Organebene in unternehmensexternen und -internen Regelungen (Unternehmensverfassungen, Geschäftsordnungen etc.) festgelegt sind (vgl. Bleicher, Leberl, Paul, 1989). Hinzu kommt andererseits, daß mit der Mitgliedschaft in solchen Spitzenorganisationen typische Aktivitätsmerkmale und Informationsversorgungsprozesse einhergehen.

Zu den Mitgliedern der relevanten Spitzenorgane komplexer Unternehmen sind nach deutscher Unternehmungsverfassung beispielsweise zu zählen: die Mitglieder des Gesamtvorstandes oder der Gesamtgeschäftsführung oder des Vorstands- oder Geschäftsführungsgremiums eines Tochterkonzerns oder des Vorstands- oder Geschäftsführungsgremiums einer wichtigen Tochter- oder Enkelgesellschaft oder auch der Aufsichtsgremien wichtiger Tochter-, Enkel- oder sonstiger Beteiligungsgesellschaften.

2.2.1.3   Länderspezifische Managementkultur

Finden computergestützte Topmanagement-Informationssysteme in den USA weitere Akzeptanz als in der Bundesrepublik Deutschland, so kann dies auch auf Spezifika der dortigen Managementkultur zurückzuführen sein. Im Rahmen der vorliegend entwickelten Konzeption wird dieser Überlegung dadurch Rechnung getragen, daß Topmanager zudem nach der sie prägenden Managementkultur unterschieden werden, wobei insbesondere auf den deutschsprachigen und den US-amerikanischen Kulturkreis abgestellt und von der Annahme ausgegangen wird, daß die Topmanager des US-amerikanischen Raums allgemein eher und umfassender mit computergestützten Topmanagement-Informationssystemen arbeiten – ihre die TIS-Lücke größer ist – als ihre Kollegen im deutschsprachigen Raum. Ob bzw. wie Topmanager in anderen Kulturen, wie etwa im asiatischen Raum, sich wiederum von diesen beiden Typen unterscheiden, wird vorliegend nicht geprüft, aber als wahrscheinlich unterstellt.

2.2.2 Abgrenzungen und Thesen

Die Topmanagergruppen A und Z werden in den obigen Merkmalsdimensionen wie folgt abgegrenzt:

- Topmanager A ist in einem kleinen Unternehmen(sbereich) bzw. in einem Unternehmen(sbereich) geringer Komplexität tätig. Er gehört der obersten Führungsebene dieses Systems an, ist im Normalfall aber nicht Mitglied einer institutionalisierten Spitzenorganisation. Sein Aufgabenfeld ist überwiegend durch operative Belange geprägt. Kulturelle Differenzen sind für seine Abgrenzung unter vorliegenden Aspekten sogesehen ohne Belang. In komplexen Konzernen wie Daimler-Benz dürfte es – um eine Größenordnung zu nennen – ungefähr 1000 Topmanager diesen Typs geben (Teamleiter, Geschäftsfeldleiter, Prozessgeschäftsführer, Bereichsleiter etc.). Das Jahresgehalt solcher Topmanager mag in der Bundesrepublik Deutschland aktuell in der Größenordnung zwischen DM 100.000.- und 200.000.- liegen, was nicht heißt, daß jeder, der in dieser Gehaltsspanne liegt, als Topmanager zu bezeichnen ist. Geht man davon aus, daß im Daimler-Benz-Konzern derzeit rd. 300.000 Mitarbeiter beschäftigt sind, so ist das Verhältnis der Topmanager des Typs A zur Gesamtmitarbeiterzahl rd. 1/300, was als ein ungefährer Anhaltspunkt für weitere Einordnungen dienlich sein mag.
- Topmanager Z ist in einem Großkonzern tätig, dessen Komplexität – nimmt man die Kenngrößen Umsatz und Bruttoinlandsprodukt als Indikator –, dem Prinzip nach mit der von Staaten wie Dänemark, Norwegen oder Griechenland vergleichbar ist (vgl. Wirtschaftswoche,

1994). Er gehört den relevanten Spitzenorganisationen seines Konzerns an. Unterstellt werden für Z die Merkmale und Regelungen der Bundesrepublik Deutschland. In komplexen Konzernen dürfte es – um eine Größenordnung zu nennen – rd. 200 Topmanager des Typs Z geben. Im deutschsprachigen Raum mögen vielleicht 5.000 oder 10.000 Topmanager dieser Kategorie aktiv sein. Das Jahresgehalt solcher Topmanager dürfte aktuell mit mindestens DM 600.000.- zu veranschlagen sein.

Topmanager A und Z unterscheiden sich über obige Merkmale hinaus wie folgt signifikant:

- Topmanager A ist eng in das Tagesgeschäft der Operative eingebunden. Seine Aufgabenprozesse sind bruchstückhaft, hektisch und mit vielen ad-hoc-Aufgaben durchsetzt. Seine Aufgabeninhalte sind vielfach unstrukturiert, nicht prognostizierbar, sehr umfangreich und qualitativ derart, daß computergestützte Systeme ihm bei Aufgabenarten wie Planung, Kontrolle, Entscheiden oder Büroorganisation wertvolle unmittelbare Nutzenpotentiale bieten. Allgemeine Charakteristika seiner Aufgabenwahrnehmung sind die mentale Modellbildung und eine umfangreiche Reisetätigkeit. Seine Informationsversorgung erfolgt überwiegend nach dem computergestützten „Selbstversorger-Prinzip". Arbeiten ihm Linien und/oder Stäbe zu, so kann er diese durch persönliches Arbeiten mit TIS im Regelfall weitgehend rationalisieren oder gar substituieren.
- Topmanager Z steht als Mitglied der relevanten Spitzenorganisationen seines Unternehmens weitgehend außerhalb des operativen Tagesgeschäftes. Seine Kernaufgabe ist die Bewältigung von Komplexität. Bestimmend für seinen Informationsbedarf und seine Informationsversorgung ist: (1) die organisatorische Aufarbeitung der Komplexität seines Unternehmens durch Differenzierung und Integration; (2) seine Organmitgliedschaft und damit die für Spitzenorganisationen geltenden Aufgaben und Prozesse (Einzel- versus Gremienentscheider).

Vor diesem Hintergrund werden bezüglich des Informationsbedarfs und der Informationsversorgung von A und Z – und damit deren TIS-Lücke – im weiteren folgende Thesen analysiert:

- Der Informationsbedarf von Topmanager Z ist – im Gegenteil zu A – allgemein gut strukturiert und gut prognostizierbar, was den mit computergestützten Systemen verbundenen Vorteil, mit ihnen gerade auch nicht vorhersehbare Bedarfe abdecken zu können, – von der besonderen inhaltlichen Beschaffenheit dieses Bedarfs abgesehen – relativiert.

- Topmanager Z ist zur Abdeckung seines Informationsbedarfs auf die umfassende Unterstützung von Stäben und Linien angewiesen. Ein computergestütztes Topmanagement-Informationssystem kann ihm folgerichtig, falls überhaupt, nur in Teilsegmenten seines Bedarfs unmittelbare Nutzenpotentiale bieten.
- Die Informationsversorgung von Topmanager Z erfolgt – im Gegenteil zu dem für A geltenden „Selbstversorgerprinzip" – gleichsam nach dem „Bienenköniginnenprinzip" rund um die Uhr und weltweit.
- Die für Topmanager Z typische TIS-Lücke unterscheidet sich wesentlich von der von A. Sie bezieht sich auf Teilsegmente, zu deren Identifikation adaequate Informationsbedarfskategorien herauszubilden sind.

Das Ziel im weiteren ist es, die Merkmale von Topmanager Z entsprechend herauszuarbeiten.

2.3 Bezugssysteme für Z

2.3.1 Informationsbedarf

Die zentralen Determinanten des Informationsbedarfs von Topmanager Z werden vorliegend in zwei Bereichen gesehen: (a) der Komplexität seines Verantwortungsbereiches und der Art wie diese Komplexität organisatorisch aufgearbeitet wird; (b) in dessen Organmitgliedschaft und damit in den für Spitzenorganisationen geltenden Aufgaben und Prozessen. Geregelt sind diese Aufgaben und Prozesse teils durch die unternehmensexterne Unternehmensverfassung, teils durch unternehmensinterne Vorgaben (Geschäftsordnungen, Richtlinien etc.).
Die externen Vorgaben betonen im wesentlichen die Aufgabenschwerpunkte (Führung, Überwachung und Vertretung) und bestimmen die Aufgabenverteilung je nach Stufigkeit des Systems (ein- oder mehrstufig) sowie die Aufgabenwahrnehmung (kollegial oder direktorial) (vgl. Bleicher, Leberl, Paul, 1989). Die internen Vorgaben konkretisieren diese Vorgaben

- Die Geschäfte des Unternehmens werden durch den Vorstand gemeinschaftlich geführt (Kollegialprinzip). Unbeschadet der Gesamtverantwortlichkeit führt jedes Vorstandsmitglied sein Ressort in eigener Verantwortung.
- Bei der Beschlußfassung des Vorstandes ist Einstimmigkeit anzustreben. Der Vorstand kann jedoch mit einfacher Mehrheit der ihm angehörenden Mitglieder entscheiden.
- Wenn in grundsätzlichen oder wesentlichen Fragen die gemeinsame Beratung nicht zur Beseitigung von Meinungsverschiedenheiten führt, hat der Vorsitzende des Vorstandes alle Möglichkeiten zur Herbeiführung einer einheitlichen Entscheidung auszuschöpfen. Sofern dies nicht zu einem Ergebnis führt, ist die Angelegenheit durch den Vorsitzenden des Vorstandes dem Vorsitzenden des Aufsichtsrates zu unterbreiten, der entscheidet, unter welchen Gesichtspunkten eine erneute Behandlung im Vorstand erfolgen soll.
- Diejenigen Angelegenheiten, in denen eine Abstimmung erfolgen muß, werden durch den Vorstand festgelegt. Wird in einem abstimmungspflichtigen Vorgang keine Einigung zwischen Funktionalvorstandsmitgliedern und Unternehmensbereich erzielt, so entscheidet der Vorstand. Zu den abstimmungsbedürftigen Angelegenheiten gehören:
  - Abschluß von Betriebsvereinbarungen mit möglichen Auswirkungen auf andere Konzerngesellschaften oder von grundsätzlicher Bedeutung
  - Führungskräfteplanung und Stellenbesetzung für obere Führungskräfte
  - Grundsätze der Datenverarbeitungspolitik, insbesondere DV-Standards und DV-Strukturen etc. ...
- Für besonders wichtige Angelegenheiten der Unternehmensbereiche kann sich der Vorstand die Zustimmung vorbehalten. Zu den zustimmungsbedürftigen Angelegenheiten gehören:
  - operative (mittel- und kurzfristige) und strategische Planungen der Teilkonzerne und der Unternehmens- bzw. Geschäftsbereiche
  - Forschungsprogramme und -budgets
  - aus Konzernsicht wesentliche Veränderungen von Geschäftsfeldern, sowie Erzeugnis- oder Produktprogrammen
  - Sonstige Maßnahmen und Geschäfte von außergewöhnlichem Umfang oder grundsätzlicher Bedeutung
- Information und Abstimmung erfolgen auf der Basis des wechselseitigen Vertrauens
- Jedes Vorstandsmitglied hat seine Vorstandskollegen über die Vorgänge, die deren Aufgabenbereich berühren, zu informieren und sich mit ihnen über die Behandlung abzustimmen.
  - Die umfassende gegenseitige Information erfolgt im Rahmen des für den Konzern verbindlich festzulegenden Berichtswesens, umfaßt aber darüber hinaus sonstige Daten, Fakten und Hinweise, deren Kenntnisse für die Erfüllung der jeweiligen Aufgaben von wesentlicher Bedeutung sein kann.

Abb. 2.2: Geschäftsordnungspassagen eines Vorstandsgremiums am Beispiel Daimler-Benz AG

und setzen sie in Anweisungen um, die die Spitzenorganisation letztlich erst arbeitsfähig machen. Abbildung 2.2 faßt beispielhaft einige diesbezügliche Passagen der Geschäftsordnung des Vorstandes der Daimler-Benz AG zusammen (vgl. Führungsorganisation, Daimler-Benz AG, Stand 1989). Zusammen mit der Komplexität seines Verantwortungsbereiches und der zur Bewältigung dieser Komplexität gegebenen Erfordernisse führen diese Vorgaben zu Bedarfsspezifika, die vorliegend anhand der für Z typischen Termine herausgearbeitet werden sollen und zwar – analog zu den Managementaufgaben (siehe Kapitel 1.3.2.1.2.1.) – unter den Aspekten: Terminarten, Terminmerkmale und Terminwahrnehmung.

2.3.1.1.1 Terminarten

Die Termine von Topmanager Z werden für vorliegende Zwecke in drei Arten getrennt: Sitzungskalendertermine, Programmtermine und Einzeltermine (vgl. Abbildung 2.3):

Sitzungskalender-termine	Programmtermine	Einzeltermine
Aufsichtsrats-sitzungen*	Periodische Programme	Einzelaufgaben
Vorstands-sitzungen*	Situative Programme	Bürorganisation
		Mentale Modell-bildung
Sonstige		Sonstige
* im Falle von Aktiengesellschaften nach deutschem Recht		

Abb. 2.3: Terminarten von Topmanager Z

2.3.1.1.1 Sitzungskalendertermine
Jedes komplexe Unternehmen führt einen die zentralen Termine des laufenden Geschäftsjahres ausweisenden und dabei rollierend zunehmend auch in das Folgejahr hinein reichenden „Sitzungskalender". Kernelemente dieses Kalenders sind die Termine der Sitzungen der Spitzenorgane des Unternehmens. In der Praxis bilden diese Sitzungen zusammen mit den damit

verbunden Vor- und Nachbereitungen die zentralen Termine von Topmanager Z. Der Sitzungskalender ordnet diese Termine in zeitlicher und inhaltlicher Hinsicht.

Hat das Unternehmen von Z beispielsweise die Rechtsform einer Aktiengesellschaft nach deutschem Aktienrecht, dann sind die Eckpunkte seines Sitzungskalenders die Termine der Aufsichtsrats- und Vorstandssitzungen.

a) Aufsichtsratssitzungen

Der Aufsichtsrat kommt innerhalb eines Geschäftsjahres periodisch zu ordentlichen Sitzungen zusammen. Die von ihm anläßlich dieser Sitzungen behandelten Tagesordnungspunkte folgen normalerweise einem festen Muster. Es kann beispielsweise wie folgt aussehen:

- 1. Sitzung im Januar: Behandlung der Kurz- und Mittelfristplanung
- 2. Sitzung im April: Behandlung des Jahresabschlusses
- 3. Sitzung im Mai: Sitzung anläßlich der Hauptversammlung
- 4. Sitzung im November: Information über das laufende Geschäft und die Erwartungen bis zum Ende des Geschäftsjahres

Sind die Tagesordungspunkte der ordentlichen Aufsichtsratssitzungen auf diese oder andere Weise festgelegt, sind damit auch die für die Behandlung der Tagesordnungspunkte relevanten Informationsbedarfe (Berichte, Pläne etc.) bekannt, was bereits eine Vielzahl zentraler unternehmensinterner Abläufe vorbestimmt:

Wird im Aufsichtsrat – wie im obigen Beispiel – im Januar die Kurz- und Mittelfristplanung behandelt, dann ist diese Planung vorab im Gesamtvorstand der Konzernmutter zu verabschieden, wobei über Einzelpläne wiederum, bevor sie dort zur Vorlage kommen, in den jeweils nachgeordneten Gremien zu befinden ist – eine Kette, die sich je nach Konzernstruktur über mehrere Stufen nach „unten" fortsetzen kann (Tochter- und Enkelgesellschaften, Bereiche, Sparten etc.).

Das heißt, in komplexen Konzernen sind die in Sitzungskalendern festgeschriebenen Aufsichtsratstermine zunächst einmal durch das Datum der Hauptversammlung der Konzernmutter und die Sitzungstermine deren Aufsichtsrates bestimmt; und anschließend weiter durch die Versammlungen bzw. Sitzungen der relevanten Tochter- und Enkelgesellschaften etc., die für

Topmanager Z ebenfalls relevant sein können, wozu neben den Sitzungsterminen selbst dann jeweils eine Reihe von Vor- und Nachbereitungsterminen einzuplanen sind.

Was die Teilnahme von Topmanager Z an Aufsichtsratssitzungen angeht, so ist zu unterscheiden zwischen (1) den Sitzungen seines „eigenen" Aufsichtsrates: hier hat die Teilnahme für ihn selbstverständlich höchste Priorität; (2) den von ihm selbst wahrgenommenen Aufsichtsmandaten. Im Falle konzerninterner Mandate beispielsweise ist es die Praxis, daß er sich bei weniger relevanten Sitzungen – sei es bezogen auf die Gesellschaft, sei es bezogen auf die Tagesordnung – im Falle wichtiger anderer Aufgaben vertreten läßt.

b) Vorstandssitzungen

Vorstandssitzungen haben in komplexen Unternehmungen oftmals den Charakter eines jour fix: Sie finden periodisch, z.B. wöchentlich oder vierzehntägig, an einem fixen Tag zu einem fixen Zeitpunkt und oftmals auch einem fixen Ort statt. Die Teilnahme an Vorstandssitzungen ist für Topmanager Z eine zentrale Pflicht. Bezüglich der Entbindung von dieser Pflicht wird er nur in Ausnahmefällen vorstellig. Daß Topmanager Z auch aus entferntem Ausland eigens zu Vorstandssitzungen anreist, um anschließend sofort wieder in dieses Ausland zurückzukehren, ist – wenn auch nicht die Regel – so doch möglich.

Die im Rahmen der Vorstandssitzungen zu behandelnden Punkte sind teils durch die Aufsichtsratssitzungen vorgegeben, überwiegend jedoch durch die Geschäftssituation bestimmt. Welche Punkte zur Behandlung kommen, wird im Zuge eines mit hoher Dichte geregelten Prozesses festgelegt, und zwar mit angemessenem zeitlichen Vorlauf, so daß ihre Behandlung sachgerecht vorbereitet und alle Sitzungsteilnehmer sich – unterstützt durch im Vorfeld verteilte Unterlagen – umfassend auf die Sitzung vorbereiten können.

c) Sonstige Sitzungskalendertermine

Sonstige im Sitzungskalender eines Unternehmens ausgewiesene Termine können andere periodische bzw. schon weit im Vorfeld absehbare, außerordentliche Aktivitäten von übergreifender Bedeutung sein, wie z.B.:

- Klausurtagungen des Vorstandes
- unternehmensexterne Ereignisse, wie Verkaufsausstellungen, Messen

etc., anläßlich derer die Mitglieder der Spitzenorganisation des Unternehmens möglichst persönlich vertreten sein sollten.

- unternehmensinterne Kongresse, Topmanagement-Tagungen, Informationsveranstaltungen etc.

Topmanager Z übernimmt die Sitzungskalendertermine inklusive der mit ihnen verbundenen Vor- und Nachbereitungsaktivitäten in seine Terminplanung und richtet seine weiteren Aktivitäten an diesen aus.

2.3.1.1.2 Programmtermine

Topmanager Z ist in verschiedene, sich über kürzere oder längere Perioden erstreckende Programme außerhalb des Sitzungskalenders eingebunden. Diese sind teils periodischer, teils situativer Natur:

a) Periodische Programme

Periodische Programme sind aufgrund ihrer regelmäßigen Wiederkehr frühzeitig bekannt, wie beispielsweise ressortinterne Planungsrunden, Jahresabschlußgespräche oder Topmanagementtreffen. Da ihre Inangriffnahme und Abarbeitung normalerweise nach bewährten Regeln und Mustern erfolgt, werden sie von Topmanager Z – ähnlich der Sitzungskalendertermine – mit relativ langem zeitlichen Vorlauf in der Terminplanung berücksichtigt.

b) Situative Programme

Situative Programme resultieren aus der Geschäftsentwicklung. Manche dieser Projekte sind mit relativ langem zeitlichen Vorlauf absehbar, wie etwa ein Reorganisationsvorhaben. Andere werden oftmals erst kurzfristig konkret, wie beispielsweise ein Akquisitionsprojekt. Die mit solchen Programmen verfolgten Ziele können teils klar formuliert, teils noch unscharf gehalten sein. In beiden Fällen erfolgt ihre Abarbeitung jedoch in typischen Schritten, wie: Definition des Auftrages, Festlegung von Zuständigkeiten und Kapazitäten, Heranziehung von Mitarbeitern und Experten, Abgrenzung von Arbeitspaketen, Abarbeitung der Arbeitspakete unter Fortschreibung bzw. Konkretisierung von Zielen, Aufgaben und Methoden. Situative Projekte besonderer Bedeutung können zudem, was in der Geschäftsordnung des Unternehmens festgelegt ist, die Einbindung dessen Spitzenorganisation erfordern, wofür wiederum spezifische Abläufe einzuhalten sind.

Topmanager Z ordnet die von ihm im Rahmen solcher Projekte wahrzunehmenden Termine in seine sonstigen Verpflichtungen ein. Sich dabei ergebende Überschneidungen, die sich im Normalfall auf die nächsten zwei bis sechs Wochen konzentrieren, werden nach Priorität durch die Verschiebung eines Termins oder durch eine Stellvertreterregelung gelöst.

2.3.1.1.3 Einzeltermine

Im Terminkalender von Topmanager Z sind neben den obigen Verpflichtungen im Rahmen übergreifender Programme weiters eine Reihe von Einzelterminen eingetragen. Vorliegend werden vier Arten unterschieden: Termine für Einzelaufgaben, für die Büroorganisation, für Aktivitäten der mentalen Modellbildung und für sonstige Aktivitäten.

a) Einzelaufgaben

Topmanager Z hat neben den obigen Verpflichtungen eine Reihe von Einzelaufgaben wahrzunehmen, wie beispielsweise das Führen von Personalgesprächen oder die Teilnahme an internen und externen Veranstaltungen. Teils sind diese Termine mit langem zeitlichen Vorlauf bekannt, teils kommen sie relativ kurzfristig auf und sind dann in dem noch möglichen Rahmen wahrzunehmen.

b) Büroorganisation

Topmanager Z hat im Rahmen der Büroorganisation vielfältige und umfangreiche Aufgaben wahrzunehmen. Im Vordergrund steht die Bearbeitung des Posteingangs und die Erstellung bzw. das Diktieren des Postausgangs. Hinzu kommen vielfältige Telephonate und sonstige organisatorische Tätigkeiten. Teils werden zur Wahrnehmung dieser Aufgaben eigene Termine eingeplant, teils werden sie in noch offene bzw. ungeplant sich ergebende Freiräume eingeschoben.

Wenn Topmanager Z im Tagesablauf nicht genügend Zeit hat, erledigt er die dringensten Büroaufgaben oftmals am späten Abend des gleichen oder am frühen Morgen des nächsten Tages und gibt den Rest auf Wiedervorlage, z.B. für das Wochende oder für eine Reise. Ansonsten füllt bzw. nutzt er Leerzeiten, wie z.B. im Auto – er hat in aller Regel einen Fahrer – oder im Firmenflugzeug.

c) Mentale Modellbildung

Topmanager Z macht sich – wie alle Manager – ein ganzheitlich vereinfachtes Bild von seinem Verantwortungsfeld. Auf Basis dieses Bildes entscheidet er über die Relevanz der ihm vorgelegten Informationen und Empfehlungen. Zum einen wird dieses Bild durch die von ihm wahrgenommenen Termine geprägt. Zum anderen wird ihm hierzu von seinen Mitarbeitern oftmals ein auf seinen Bedarf speziell zugeschnittenes Tabellenwerk, z.B. in Form eines kleinen, wöchentlich oder monatlich aktualisierten Handbuches, erstellt, das er permanent bei sich führen und, z.B. auf Reisen oder auch während Sitzungen, immer wieder zur Hand nehmen kann, um sich aktuelle Strukturen zu internalisieren. Zudem ist gängig, daß er eigens Termine vorhält, um sein mentales Modell fortzuschreiben bzw. zu aktualisieren, was etwa das nachstehende Beispiel des US-Präsidenten Clinton deutlich macht:

„The most significant advance in Clinton's management came when his aides carved out three hours of „private time" late each afternoon. During this unstructured segment, he can read, write, nap or hit the putting green on the South Lawn – anything but go to meetings. ... Most important, the afternoon free time has given Clinton a chance to do what White House officials call „processing and synthesizing" the data he is constantly gathering on big decisions." (Time International, February 1994, S. 16)

d) Sonstige

Zu den sonstigen Aktivitäten von Topmanger Z sind vor allem seine informellen Termine zu rechnen, wie ein spontan anberaumtes Mittagessen mit einem Kollegen oder ein zufällig sich ergebendes längeres Gespräch mit einem Mitarbeiter etc.

2.3.1.2 Terminmerkmale

Die Terminmerkmale von Topmanager Z sind analog zu den Aufgabenmerkmalen von Topmanager A (vgl. Abbildung 1.5) in zwei Bereiche zu gliedern: Terminprozess und Termininhalte (vgl. Abbildung 2.4).

Terminprozeß	Termininhalte
– durchgängig, konzentriert und normalerweise ungestört – ruhig und kontrolliert – kaum ad-hoc-Aufgaben	– gut strukturiert – gut prognostizierbar – quantitativ: sehr umfangreich – qualitativ: überwiegend politisch-komplexe Sachverhalte

Abb. 2.4: Terminmerkmale von Topmanager Z

2.3.1.2.1 Terminprozeß

Der Terminablauf von Topmanager Z ist nicht bruchstückhaft wie bei A, sondern im Gegenteil durchgängig, konzentriert und wird – von Sonderereignissen abgesehen, wie z.B. sehr wichtige kurzfristig aufkommende Verpflichtungen, Terminabsagen durch Dritte, Flugverschiebungen etc. – normalerweise strikt eingehalten. Die Termine folgen in aller Regel zwar eng aufeinander, sie werden im Normalfall jedoch keineswegs hektisch abgearbeitet wie bei A, sondern ruhig und kontrolliert, wozu auch eine vergleichsweise lange Termindauer beiträgt: Sitzungskalendertermine etwa sind im Regelfall mehrstündig oder gar ganztägig angesetzt, für viele sonstige Termine wird zumindest eine Stunde eingeplant. Störungen oder Unterbrechungen sind normalerweise nur dringenden Fällen vorbehalten. Ad-hoc-Aufgaben sind vergleichsweise selten.

2.3.1.2.2 Termininhalte

Wie der Terminprozess, so sind auch die Termininhalte von Topmanager Z im Regelfall gut strukturiert. Die Ziele und Inhalte der Termine sind normalerweise bekannt bzw. im Vorfeld abgeklärt und festgelegt. Was Einzeltermine angeht, so würde anders kein Termin vereinbart werden. Im Rahmen von Sitzungskalender- oder Programmterminen sind die Aufgaben von Topmanager Z vorgegeben und deren Inhalte durch Linien und Stäbe aufbereitet, was im Regelfall auch für Sonderprojekte gilt, die auf der Ebene von Z aufgrund der dort geltenden Komplexität normalerweise nur über eine mehrstufige Projektorganisation und ein sitzungsgesteuertes Vorgehen zu bewältigen sind: Topmanager Z gehört dann naturgemäß dem Spitzengremium der Projektorganisation an. Die nachgeordnete zweite Ebene ist häufig mit ausgewählten Vertretern des Topmanagements aus den für das Projekt relevanten Fach- bzw. Unternehmensbereichen besetzt. Auf allen weiteren Ebenen sind im Regelfall Experten bzw. Manager höherer oder niedrigerer Rangstufe tätig. Dem Spitzengremium obliegt üblicherweise die Federführung in der Gestaltung und Lenkung des Projekts sowie dessen konzerninterne und -externe Repräsentation; die zweite Ebene unterstützt die erste Ebene in ihrer Aufgabe und fungiert als Bindeglied zu den nachfolgenden Ebenen; auf diesen nachfolgenden Ebenen wiederum werden die top-down gestellten Vorgaben abgearbeitet und dabei auch Empfehlungen zum weiteren Vorgehen bottom-up gegeben.

Die Abstimmung zwischen den Ebenen erfolgt teils in Einzel- oder Gruppengesprächen, vor allem aber via ordentlicher Sitzungen. Die Planung dieser Sitzungen erfolgt nach dem obigen Muster: die Sitzungstermine sind oftmals mit relativ langem Vorlauf bekannt: nicht nur die Abarbeitung der für diese Sitzungen in Auftrag gegebenen Aufgabenpakete braucht normalerweise entsprechenden zeitlichen Vorlauf; es wäre bei den üblicherweise sehr gedrängten Terminkalendern der Mitglieder der ersten und zweiten Ebene oft auch nicht möglich, die Teilnehmer kurzfristiger zusammenzubekommen. Die Kernpunkte der Tagesordnung sind durch die vereinbarten Ziele vorgegeben. Die Ergebnisse der Arbeitsgruppen werden zu den Sitzungen in Form von Vorlagen eingereicht; in der Sitzung selbst werden die Ergebnisse von dem für den Tagesordnungspunkt jeweils Verantwortlichen vorgestellt, im Gremium diskutiert und über das weitere Vorgehen entschieden.

Da die Termine von Topmanager Z mit relativ langem zeitlichen Vorlauf bekannt und inhaltlich festgelegt sind, sind diese Inhalte folgerichtig generell auch gut prognostizierbar, zumal der Anteil der vereinbarten Termine an der Arbeitszeit insgesamt für den Regelfall als relativ hoch anzusetzen ist (vgl. Abbildung 2.5).

Entsprechendes gilt für die Wocharbeitszeit von Topmanager Z, für die siebzig und mehr Stunden als Normalfall zu unterstellen sind. Trotz dieses Einsatzes kann Topmanager Z typischerweise nur einem Teil der an ihn herangetragenen Terminwünsche bzw. -notwendigkeiten nachkommen. Qualitativ sind die Termine von Topmanager Z derart, daß computergestützte Systeme ihm nur in engen Teilbereichen unmittelbar nutzen können. Die von ihm zu vertretenden bzw. durch ihn zu entscheidenden Sachverhalte sind überwiegend politisch gefärbt und hoch komplex. Um dieser Verant-

Folgewoche	Vereinbarte Termine (Anteile an Wochenarbeitszeit in %, eigene Schätzung)
1	90 – 100
2	80 – 100
3	80 – 95
4	75 – 95
5	75 – 95
6	70 – 95

Abb. 2.5: Terminplanung von Topmanager Z

wortung adaequat nachkommen zu können, ist er auf die umfassende Zuarbeit von Stäben und Linien angewiesen, was vor allem im Bereich der Sitzungskalender- und Programmtermine mit hoher Regelungsdichte erfolgt. Den Zeitaufwand, den allein die Bearbeitung des Posteinganges beanspruchen kann, soll folgendes Beispiel deutlich machen:

Beispiel:
Topmanager Z ist Mitglied eines wöchentlich tagenden Konzernvorstandes sowie Mitglied in den Aufsichtsgremien von 9 Tochtergesellschaften, die – wie auch sein „eigener" Aufsichtsrat – jeweils viermal im Jahr zu Sitzungen zusammenkommen. Innerhalb seines Verantwortungsfeldes hält er zudem wöchentlich eine ähnlich der Vorstandssitzung organisierte Bereichssitzung ab. Weiters ist er in verschiedene Projektsitzungen mit entsprechendem Tagesordnungsprogramm eingebunden. Insgesamt hat er auf diese Weise durchschnittlich pro Jahr – Sommer und Weihnachtspausen eingerechnet – ein Programm von 200 derartigen Sitzungsterminen abzuarbeiten:

Vorstandssitzungen	45
Ausichtsratssitzungen	40
Bereichssitzungen	45
Projektsitzungen	70
Sitzungen gesamt	**200**

Nimmt er an der einen oder anderen Sitzung nicht teil, arbeitet er zumindest die Unterlagen zur Sitzung durch. Durchschnittlich werden in jeder dieser Sitzungen 5 Tagesordnungspunkte abgearbeitet. Zu jedem Tagesordnungspunkt wird im Durchschnitt eine 5 DIN A4 Seiten umfassende Vorlage vorab verteilt. Über das Jahr hinweg bringt er 100 eigene Tagesordnungspunkte in diese Sitzungen ein, für die er im Vorfeld jeweils rd. 10 Entwurfsseiten zusätzlich durchzuarbeiten hat. In Vorbereitung der Sitzung erhält er aus seinem eigenen Bereich pro Tagesordungspunkt eine Seite mit einem zusammenfassenden Kommentar und einer Empfehlung. Schließlich ist für Protokoll und Veranlassung pro Sitzung in etwa mit 5 weiteren Seiten zu rechnen. Als erste Zwischensumme ergibt sich:

		DIN A4 Seiten
– 200 Sitzungen pro Jahr:		
– 5 Tagesordnungspunkte pro Sitzung		
– pro Tagesordnungspunkt eine Vorlage mit durchschnittlich 5 Seiten		
Summe		5000
– Zusammenfassender Kommentar und Empfehlung	1	
– Veranlassung und Protokokoll	9	
Summe		2000
100 eigene Tagesordnungspunkte mit jeweils 10 zusätzlichen Entwurfsseiten	10	
Summe		1000
Summe: Posteingang bzgl. Sitzungstermine		**8.000**

Neben diesem sitzungsbezogenen Volumen erhält der Topmanager folgenden Posteingang in direktem Bezug zu den in seinem Terminkalender ausgewiesenen Einzelaktivitäten. Durchschnittlich nimmt er zusätzlich 4 umfangreichere Einzelaktivitäten pro Tag bzw. rund 800 Termine pro Jahr wahr, für die er im Vorfeld jeweils eine vorbereitende Vorlage mit durchschnittlich (gemittelt über Reden, Gutachten, Empfehlungen etc.) rund 5 Seiten erhält. Als zweite Zwischensumme ergibt sich:

– 800 Termine pro Jahr mit Vorlage
– 5 Seiten pro Vorlage

Summe: Posteingang bzgl. Einzelaktivitäten	**4.000**

Sein sonstiger Posteingang umfaßt durchschnittlich 30 Vorgänge pro Arbeitstag bzw. rund 6000 Vorgänge pro Jahr mit jeweils durchschnittlich etwas mehr als 3 Seiten pro Vorgang (18000 Seiten pro Jahr). Hinzu kommen die täglichen Presseauszüge mit jeweils rd. 40 Seiten (etwa 9000 Seiten pro Jahr). Umfangreiche Gutachten oder Berichte sollen in diesen Durchschnittszahlen enthalten sein.

– 6000 sonstige Vorgänge pro Jahr mit durchschnittlich etwas mehr als 3 Seiten, pro Vorgang	18000
– Presseauszüge	9000
Summe: Sonstiges	**27.000**

Insgesamt gehen dem Topmanager damit in obigem Beispiel **39000 Seiten pro Jahr** zu. Das sind rund **200 Seiten pro „offiziellem" Arbeitstag** (Anmerkung: In Deutschland ist vereinfachend mit 200 Arbeitstagen pro Jahr zu rechnen.) Vieles davon wird er nur überfliegen. Manches wird er schon bei erster Betrachtung weglegen, anderes wiederum wird er intensiv durchgehen. Nimmt man an, der Topmanager wollte pro Tag durchschnittlich 50 Seiten intensiv durcharbeiten (also ein Viertel seines Posteingangs) und er würde hierzu rund zwei Minuten pro Seite brauchen für

- Durchlesen und Verarbeitung des Vorgangs
- handschriftlicher Kommentierung und/oder Weiterleitungs- bzw. Verarbeitungsanweisung am Papierrand und/oder
- Diktieren eines kurzen Antwortschreibens bzw. einer Antwortnotiz,

dann würde ihn diese Tätigkeit über die in seinem Terminplan festgelegten Aktivitäten hinaus mit weiteren 100 Minuten pro Tag in Anspruch nehmen.

2.3.1.3 Terminwahrnehmung

Die Terminwahrnehmung von Topmanager Z ist analog zu Abbildung 1.7 in zwei Merkmalsbereiche zu gliedern: allgemeine und situative Merkmale (vgl. Abbildung 2.6):

Allgemeines			Situatives
Unterstützung durch Stäbe und Linien	mentale Modellbildung	Reisetätigkeit	

– umfassend
– unverzichtbar
		– umfangreich	– Führungsstil
			– Verantwortungs-
			  bereich
			– Computer-
			  akzeptanz

Abb. 2.6: Terminwahrnehmung von Topmanager Z

Im Unterschied zu A ist festzustellen, daß Topmanager Z umfassend durch Stäbe und Linien unterstützt wird, und daß diese Zuarbeit für ihn unverzichtbar ist. Analog zu A ist für Topmanager Z weiters anzunehmen, daß die mentale Modellbildung für ihn ein wichtiger Aspekt seiner Aufgabenwahrhmung ist und seine Termine eine umfangreiche Reisetätigkeit erfordern.

Daß die Art der Terminwahrnehmung von Topmanager Z darüber hinaus durch eine Reihe situativer Faktoren geprägt ist, ist zu unterstellen, wird jedoch vorliegend aus den oben ausgeführten Gründen nicht weiter differenziert.

2.3.1.4 Folgerungen

Die Orientierung an der für Topmanager Z typischen Terminplanung macht deutlich: Der Informationsbedarf von Z

- ist – im Gegensatz zu bislang dominierenden Aussagen – gut strukturiert und gut prognostizierbar
- ist in quantitativer Hinsicht sehr umfangreich und in qualitativer Hinsicht vornehmlich politisch geprägt und hoch komplex
- erfordert zu seiner Abdeckung die Unterstützung durch Stäbe und Linien etc.

Ein computergestütztes Topmanagement-Informationssystem kann Z folgerichtig, falls überhaupt, nur in Teilsegmenten seines Bedarfs unmittelbare Nutzenpotentiale bieten – und zwar dort, wo es über die Versorgung durch Stäbe und Linien etc. hinaus Vorteile schafft.

2.3.2 Informationsversorgung

2.3.2.1 Systemarten

Gemäß des Konzeptes der TIS-Lücke werden die Informationsversorgungssysteme von Topmanager Z vorliegend vereinfachend in zwei Arten gegliedert: computergestützte Topmanagement-Informationssysteme und Informationsmaschinerien (vgl. Abbildung 2.7).

Computergestütztes Topmanagement-Informationssystem	Informationsmaschinerie
? relevante Funktionsbereiche	? Merkmale des Systems
? unmittelbare Nutzenpotentiale	? Charakteristika der Versorgung

Abbildung 2.7 Informationsversorgungssysteme

Der Begriff Informationsmaschinerie soll die herkömmlichen Versorgungssysteme von Z im weitesten Sinne umfassen (Stäbe, Linien, Gespräche, Berichtsysteme etc.). Er wurde in Analogie zu der in der Regierungslehre gängigen Bezeichnung „machinery of government" gewählt, da diese Regierungsmaschinerie nach vorliegender Einschätzung der Management- bzw. Informationsmaschinerie von Z sehr ähnlich ist.

Die Analogie geht selbstverständlich nicht soweit, die Spezifika einer beamteten Bürokratie als beispielhaft für privatwirtschaftliche Unternehmungen betrachten zu wollen. Ihr Grundgedanke ist vielmehr, daß

- die Komplexität von Staaten unter vorliegend relevanten Aspekten mit der von Topmanager Z zu bewältigenden Komplexität vergleichbar ist,
- die Restriktionen des Menschen in der Handhabung von Komplexität typische Grundmuster bezüglich des Aufbaus und der Funktionsweise solcher „Maschinerien" bedingen, d.h. Komplexität auf Regierungs- und Topmanagementseite letztlich in analoger Weise bewältigt wird,
- die Struktur und Arbeitsweise der „machineries of government" in der Regierungslehre relativ umfangreich dokumentiert und analysiert sind, so daß hier signifikante Erkenntnisse übernommen werden können (vgl. u.a. Bartelsperger, Boldt, Umbach, 1979; Blank 1970; Brauswetter 1976; Car- stens 1971; Ellwein 1967, 1968, 1968a und 1983; Haungs 1986 und 1989; Hennis 1964 und 1965; König 1990).

Diese Informationsmaschinerien sind es, mit denen computergestützte Topmanagement-Informationssysteme bei gegebenem Informationsbedarf von Z zu konkurrieren haben, was letztlich die TIS-Lücke determiniert. Was also sind ihre Merkmale und wie wird Topmanager Z durch sie typischerweise mit den Informationen seines Bedarfs versorgt?

2.3.2.2 Merkmale der Informationsmaschinerie

Die Merkmale der Informationsmaschinerie von Z werden vorliegend in zwei Bereiche gegliedert: Elemente und Prozesse (vgl. Abbildung 2.8).

Elemente	Prozesse
– Spitzenorganisation – Zentralsekretariat – Persönlicher Stab – Sonstige	– hohe Regelungsdichte – Stäbe als Schaltzentralen

Abb. 2.8: Merkmale der Informationsmaschinerie von Topmanager Z

2.3.2.2.1 Elemente

Die Elemente der Informationsmaschinerie von Topmanager Z sind die seiner Spitzen- und sonstigen Führungsorganisation.

a) Spitzenorganisation

Die Spitzenorganisation ist das zentrale Gremium im Rahmen der Informationsmaschinerie von Z. Sie kann durch die externe Unternehmensverfassung (z. B. Vorstand) oder durch unternehmensinterne Differenzierungen (z. B. Geschäftsführungsgremium einer Division) konstituiert sein. Die Mitglieder der für Topmanager Z relevanten Spitzenorganisation(en) ergeben sich aus der Aufbauorganisation des Unternehmens (vgl. u. a. Steinmann, Schreyögg, 1991). Topmanager Z kann „seiner(en)" Spitzenorganisation(en) vorstehen oder lediglich Mitglied sein.

b) Zentralsekretariat

Das Zentralsekretariat ist die Schaltzentrale einer Spitzenorganisation. Es ist dem Vorsitzenden oder Sprecher dieser Organisation direkt unterstellt. Seine Kernaufgaben sind die Vorbereitung, Begleitung und Nachbereitung der Organsitzungen. Im Regel besteht es aus seinem Leiter sowie einigen Referenten und Sekretariatskräften. Die hierarchische Position des Leiters ist der Aufgabe entsprechend und kann bis zur der ersten Ebene unterhalb der Spitzenorganisation reichen.

c) Persönlicher Stab

Der persönliche Stab von Topmanager Z leitet dessen Sekretariatsgeschäfte und arbeitet ihm in allen sonstig relevanten Bereichen unmittelbar zu. Er kann sich aus mehreren Mitarbeitern zusammensetzen, wie Sekretariatskräfte, Assistenten oder sonstige für Sonderaufgaben zuständige Mitarbeiter (Redenschreiber, Öffentlichkeitsarbeiter etc.). Die hierarchische Position des Leiters des Stabes kann in Unternehmen wie Daimler-Benz beispielsweise bis zur zweiten Ebene unterhalb des Konzernvorstandes reichen.

Gehört Topmanager Z mehreren Spitzenorganisationen an, so kann die Konstellation „Zentralsekretariat/persönlicher Stab" für ihn in mehreren Ausprägungen vorhanden sein. Generell dürfte dem beispielsweise so sein, wenn Z in der „oberen Spitzenorganisation" (z. B. Konzernvorstand) als Mitglied, in der „unteren" als Vorsitzender (z. B. Vorstandsvorsitzender eines Tochterkonzerns) tätig ist. Bezogen auf seine Funktion als Mitglied des Vorstandes der Konzernmutter arbeitet sein persönlicher Stab mit dem Zentralsekretariat der Konzernmutter zusammen. In seiner Funktion als Vorsitzender des Vorstandes der Konzerntochter übt sein persönlicher Stab entweder zugleich die Funktion des Zentralsekretariats der Konzerntochter aus, oder es ist ihm zusätzlich ein organisatorisch eigenständiges Zentralsekretariat in dieser Funktion zugeordnet. Die persönlichen Stäbe der Vorstandsmitglieder der Konzerntochter arbeiten dann wiederum mit dem jeweiligen Zentralsekretariat, aber natürlich auch untereinander, eng zusammen. Zudem können solche Konstellation innerhalb eines Unternehmens gleichermaßen für entsprechend gestaltete Produktbereiche, Divisions etc. ohne gesellschaftsrechtliche Abgrenzung gelten.

d) Sonstige

Die sonstigen Elemente der Informationsmaschinerie von Z sind (1) die weiteren Elemente seiner Organisation (Linien, Stäbe, Teams etc.), die ihm entweder direkt oder indirekt zuarbeiten und mit Informationen versorgen – eine Sicht, die an das kybernetische Verständnis von Information als Entität unserer Welt anschließt, sowie (2) letztlich auch alle seine externen Verbindungen und Informationsquellen (Freunde und Kollegen in anderen Unternehmen, Partner in Verbänden etc.)

Anmerkung: Die Analogie zur Regierungsmaschinerie ist bezüglich dieser Elemente bezogen auf einen Vorstandsvorsitzenden einer Aktiengesellschaft nach deutschem Recht und dem Bundeskanzlers der Bundesrepublik Deutschland beispielsweise u.a. wie folgt:

- Bundeskanzler – Vorstandsvorsitzender
- Bundeskanzleramt – Zentralsekretariat
- Persönlicher Stab – Persönlicher Stab
- Bundeskabinett – Vorstandsgremium
- Minister – Vorstandsmitglied
- Ministerium – Vorstandsressort
- Abteilungen, Referate etc. – Direktionen, Fachbereiche etc.

2.3.2.2.2 Prozesse

Die für die Informationsmaschinerie von Z geltenden Prozesse zeichnen sich unter vorliegend relevanten Aspekten durch zweierlei aus: hohe Regelungsdichte und Stäbe als Schaltzentralen.

a) Hohe Regelungsdichte

Die Informationsversorgung von Topmanager Z ist mit hoher Dichte geregelt und zwar über alle seine Termine hinweg (vgl. Abbildung 2.3). Teils sind die Regelungen explizit vorgegeben, wie etwa durch die Unternehmensverfassung, durch Geschäftsordnungen, Aufgabenbeschreibungen oder die Definition von Berichtswegen, teils sind sie schlicht praxisbewährter Usus. Geregelt werden u. a. Punkte wie: Art und Zeitpunkt der Einberufung zur Sitzung des Spitzenorgans, Festlegung und Versand der Tagesordnung, Vorsitz der Sitzung, Abstimmungsmodus, Minderheitsvotum, Protokollführung, Redezeit, Berichterstattung, Geschäftsführung zwischen den Sitzungen etc. (vgl. Gabler Wirtschaftslexikon, 1993).

Anmerkung: Die Analogie mit der Regierungsmaschinerie der Bundesrepublik Deutschland führt diesbezüglich zu allgemeinen Gegenüberstellungen wie: (a) Unternehmensverfassung und Grundgesetz oder (b) Geschäftsordnung eines Vorstandsgremiums und Geschäftsordnung der Bundesregierung. Im Detail bestimmt die vom Bundespräsidenten genehmigte Geschäftsordnung der Bundesregierung beispielsweise [GOBReg, Stand Juli 1988, §§ 15ff.], über „was" das Kabinett – und damit auch der Bundeskanzler, der diesem Kabinett als primus inter pares vorsteht – zu informieren ist und in welcher Form; daß alle Angelegenheiten, die dem Kabinett unterbreitet werden im Vorfeld zwischen den beteiligten Ministerien zu beraten sind; daß bei diesen Beratungen strittig gebliebene Punkte mit einem Vorschlag zur Lösung incl. kurzer Begründung aufzuführen sind; daß Meinungsverschiedenheiten unter den Bundesministern ihm erst dann zu unterbreiten sind, wenn ein persönlicher Verständigungsversuch ohne Erfolg geblieben ist etc.

b) Stäbe als Schaltzentralen

Wichtige Schaltzentralen der Informationsmaschinerie von Z sind das Zentralsekretariat der Spitzenorganisation sowie seine persönlichen Stäbe. Beiden kommt eine kaum zu überschätzende Rolle im Versorgungsprozeß zu. Werden Stäbe vielfach als Ausdruck von Fehlorganisationen gewertet (vgl. u. a. Schreyögg, Steinmann, 1997), so ist dies außerhalb des vorliegenden Kontextes anzusiedeln.

Kernaufgabe des Zentralsekretariats ist die Koordination der Sitzungskalendertermine. Bezogen auf Vorstandssitzungen etwa wird es wie folgt tätig: Es frägt bei den persönlichen Stäben der Mitglieder des Vorstandes aktuelle

Beiträge oder Vorhaben ab; prüft die eingereichten Unterlagen zu den Tagesordnungspunkten auf Vollständigkeit und Entscheidungsreife; macht dem Vorsitzenden gegenüber Vorschläge zur Tagesordnung; protokolliert die Sitzung und gibt das verabschiedete Protokoll an die Mitglieder zur Veranlassung weiter; überwacht die Durchführung der Veranlassungen und macht auf zurückgestellte oder in Zwischenschritten zu realisierende Tagesordnungspunkte zeitgerecht aufmerksam.

Analog zu den Vorgaben in der Geschäftsordnung der Bundesregierung ist auch im Kontext von Topmanager Z zu unterstellen, daß keine Vorlage auf die Tagesordnung einer Spitzenorganisation kommt, die nicht im Vorfeld mit allen tangierten Ressorts abgestimmt worden wäre. Im Zuge dieses Abstimmungsprozesses arbeiten die Informationsmaschinerien der einzelnen Topmanager eng zusammen, um die Meinung ihrer Bereiche in den Entscheidungsfindungsprozeß einzubringen und um eine von allen zu tragende Lösung herbeizuführen. Für die Informationsmaschinerien ist es dabei sehr wichtig, möglichst frühzeitig über anstehende Tagesordnungspunkte informiert zu sein. Je früher dies der Fall ist, desto mehr Zeit haben sie, um aus Sicht „ihres" Topmanagers erforderliche Stellungnahmen, Empfehlungen, Kommentare etc. innerhalb ihres Bereiches zu initiieren bzw. zusammenzutragen. Das Zentralsekretariat ist für sie unter diesem Aspekt ihr wichtigster Ansprechpartner, da sie über es die anstehenden Tagesordnungspunkte in Erfahrung bringen können.

In der Sitzung des Spitzenorgans protokolliert üblicherweise der Leiter des Zentralsekretariats die Vorträge der ihre Tagesordnungspunkte vorstellenden Mitglieder sowie die sich anschließende Diskussion und Beschlußfassung. Bevor das Protokoll in der Folgesitzung zur Verabschiedung gebracht wird, stimmt er den Textentwurf vorab mit den Sitzungsteilnehmern in kritischen Punkten ab. Parallel hierzu faßt er die getroffenen Entscheidungen, die ja von erheblicher strategischer Tragweite sein können, in einer sich auf das Wesentliche beschränkenden Veranlassung zusammen. Diese wird umgehend an die Gremiumsmitglieder verteilt, um die schnellstmögliche Umsetzung der getroffenen Entscheidungen zu gewährleisten.

Ist Topmanager Z selbst nicht Vorsitzender der Spitzenorganisation, gehört die Abstimmung und Koordination mit dem Zentralsekretariat zu den zentralen Aufgaben seines persönlichen Stabes. Dies beinhaltet, daß sich der persönliche Stab frühzeitig über die Tagesordnungspunkte der anstehenden

Sitzungen informiert bzw. Tagesordnungspunkte aus dem eigenen Ressort avisiert; zu den das Ressort tangierenden Punkten ressortintern die Erstellung von Kommentaren, Stellungnahmen, Empfehlungen etc. initiiert und zusammenträgt, sowie abschließend dem Topmanager alle Unterlagen in einer Gesamtmappe rechtzeitig vor der Sitzung zur Vorbereitung zuleitet. Hinzu kommen Aufgaben im Sinne des persönlichen „briefings" des Topmanagers, dies gegebenenfalls zusammen mit anderen diesem direkt unterstellten Mitarbeitern (Ressort- oder Bereichsleiter etc.).

Zu den sonstigen Aufgaben des persönlichen Stabes gehört die Bearbeitung des Posteingangs: er beantwortet diesen entweder eigenständig oder gibt ihn an die unternehmsintern zuständigen Bereiche weiter, legt das Übrige dem Topmanager vor, teils mit einer Zusammenfassung und Kommentierung des Inhalts, teils mit Bearbeitungsvorschlägen oder Antwortentwürfen; klärt die mündlich – per Telefon oder im persönlichen Gespräch – vorgebrachten Anliegen soweit möglich schon im Vorfeld; koordiniert Gesprächstermine, bereitet diese vor und steuert dem Topmanager rechtzeitig vor dem jeweiligen Termin die notwendigen Unterlagen/Informationen zu. Bezüglich des Posteingangs sorgt er weiters dafür, daß dieser dem Topmanager bei passender Gelegenheit im Zugriff ist: Hat Z tagsüber nicht genügend Zeit, wird ihm die Post am Abend mit auf die Fahrt vom Büro nach Hause oder zu einem anderen Ziel mitgegeben; ist er auf Reisen, werden ihm dringende Unterlagen „zugefaxt" und, wenn möglich, andere über Mitarbeiter oder Kollegen zugeleitet, die während der Reise zu ihm stoßen. Gleiches gilt, wenn Z von einer Reise, z. B. am Flughafen, durch seinen Fahrer abgeholt wird, oder wenn er auf einer Reise zwischenlandet und dabei – wie auch immer – erreichbar ist, sei es, daß ihm ein Fahrer die Post eigens bringt, oder daß ein Mitarbeiter auf ihn am Flughafen wartet um ihm die wichtigsten Vorgänge aus dem Posteingang zu übergeben.

Ähnlich zur Postversorgung steuert der persönliche Stab auch die sonstige Informationsversorgung des Topmanagers in zentraler Weise. Er vereinbart Gesprächs- oder Sitzungstermine, führt die Telefonliste, organisiert Reisen und Reiseprogramme etc. Von außerhalb des Unternehmens via Post oder Telefon heran getragene Anliegen werden aufgenommen und dem Topmanager entweder zur Kenntnis gegeben oder von vornherein „abgeblockt". Wer schon einmal, z. B. als Student, versucht hat, einen Topmanager telefonisch zu erreichen, kennt das Verfahren. Ist der Topmanager an einem Austausch interessiert, nimmt er entweder direkt Kontakt auf oder veranlaßt die Vereinbarung eines Termins über sein Sekretariat. Geleitet werden die Sekretariatsgeschäfte häufig durch den persönlichen Assistenten des Topmanagers. Dessen Wirkungsbreite kann von eher operativen bis hin zu Stellvertreteraufgaben reichen.

Anmerkung: Die Analogie zu Regierungsmaschinerien ist auch diesbezüglich fortzuschreiben: Schaltzentrale der Prozesse innerhalb des Regierungssystems der Bundesrepublik Deutschland ist das Bundeskanzleramt. Es wirkt als das Sekretariat des Kabinetts, koordiniert die Arbeit der Ministerien und versorgt den Bundeskanzler mit den für ihn wichtigen Informationen. Übertragen auf die Regierungssysteme anderer Länder wäre seine Funktion beispielsweise vergleichbar mit dem Executive Office des US-Präsidenten, dem Cabinet Office in England oder dem Büro des Präsidenten des Ministerrates in Frankreich:

- In seiner Sekretariatsfunktion bereitet es die Kabinettsitzungen vor: fragt bei den Ministerien nach geplanten Vorlagen; prüft die Vorlagen auf Entscheidungsreife, legt die Tagesordnung in Einvernehmen mit dem Kanzler fest (was nicht auf der Tagesordnung steht, kann im Kabinett auch nicht beschlossen werden, der Punkt „Verschiedenes" läßt keine Vorlagen zu), lädt die Minister zur Sitzung ein, protokolliert die Sitzung und gibt das verabschiedete Protokoll an die Kabinettsmitglieder zur Veranlassung weiter.
- In seiner Koordinationsfunktion versucht es die Aktivitäten in den einzelnen Ressorts möglichst frühzeitig aufeinander abzustimmen – beispielsweise indem es an den Abteilungsleiterbesprechungen in den Ministerien vertreten ist.
- In seiner Informationsfunktion sammelt und filtert es die relevanten Informationen des Tages und leitet sie an den Kanzler weiter; bearbeitet die von außen an den Kanzler gerichteten und ihm über dessen persönliches Sekretariat weiter geleiten Schreiben: leitet sie selbst entweder an andere Bereich weiter oder bereitet eigene Stellungnahmen vor; faßt die aus den Ministerien kommenden Kabinettsvorlagen zusammen: skizziert ein Problem, weist auf entgegenstehende Argumente hin, gibt Handlungsempfehlungen etc.

Eine wichtige Rolle in diesem Kontext spielt weiters der persönliche Stab des Bundeskanzlers (seine Sekretärinnen, Assistenten etc.). Dieser Stab ist es, der die Informationen (Berichte, Notizen, Schriftwechsel, sonstige Unterlagen), die der Bundeskanzler zur Vorbereitung bzw. Wahrnehmung bestimmter Aktivitäten/Termine braucht, zusammenträgt und diesem zeitgerecht übergibt bzw. zuleitet. Daneben ist er in üblicher Weise für sonstige Sekretariatsgeschäfte verantwortlich: Vorbearbeitung des Posteingangs, Vorklärung mündlich (per Telefon oder im persönlichen Gespräch) vorgebrachter Anliegen, Erstellung bzw. Koordination von Reden, Führung des Terminkalenders, Organisation von Reisen, Besprechungen, Treffen etc.

2.3.2.3 Wahrnehmung der Informationsversorgung

Wie wird Topmanager Z wird durch seine Informationsmaschinerie mit den Informationen seines Bedarfs versorgt? Vorliegend wird auf diese Frage unter zwei Aspekten eingegangen: Allgemeines und situatives (vgl. Abbildung 2.9).

Allgemeines	Situatives
– Bienenköniginnen-Prinzip – Unschärfen – Executive Sponsor	– Organisationsfigur – Versorgungsqualität

Abb. 2.9: Zur Wahrnehmung der Informationsversorgung von Z durch dessen Informationsmaschinerie

2.3.2.3.1 Allgemeines

a) Bienenköniginnen-Prinzip

Topmanager Z wird durch seine Informationsmaschinerie umfassend mit den Informationen seines Bedarfs versorgt – und dies termingerecht rund um die Uhr und weltweit – gleichsam nach dem "Bienenköniginnen-Prinzip".

Den im unmittelbaren Umfeld von Z arbeitenden Stäben und Linien sind damit Anforderungen gestellt, die in vielfacher Hinsicht über das normale Maß hinausgehen und zwar sowohl in qualitativer als auch in quantitativer Hinsicht. Der auf diesem Personenkreis lastende Druck ist groß. Trotz seiner in aller Regel sehr hohen Qualifizierung fordern ihm die von ihm zu bewältigenden Aufgaben ihrem Umfang und ihrer Bedeutung nach hohe Anstrengungen ab.

b) Unschärfen

Topmanger Z ist damit konfrontiert, daß die Anliegen und Empfehlungen, die an ihn im eigenem oder fremden Interesse heran getragen werden, meist sehr plausibel sind – denn nur so können sie bis auf seine Ebene vordringen. Trotzdem können sie zu ihm von anderer Seite vorgebrachten Argumenten und Hinweisen im Widerspruch stehen. Für Z ergeben sich daraus Unschärfen in der Beurteilung, und eine seiner schwierigsten Aufgaben besteht darin, aus der Vielzahl von Argumenten diejenigen heraus zu filtern, die nicht nur isoliert betrachtet überzeugend sind, sondern der Sache insgesamt am besten gerecht werden – ein Aspekt, der sich von der unterstellten Unstrukturiertheit bzw. Ambiguität von Managementaufgaben im Sinne von Steinmann, Schreyögg (1997) wesentlich unterscheidet (vgl. Kapitel 1.3.2.1.2.1.2).

Anmerkung: Kissinger (1979, S. 48) führt in diesem Zusammenhang in seinen Memoiren beispielsweise aus:

„Vor meiner Tätigkeit als Berater Kennedys hatte ich wie die meisten Akademiker geglaubt, der Entscheidungsprozeß sei in erster Linie eine intellektuelle Sache und man brauche nur in das Büro des Präsidenten zu gehen und ihn von der Richtigkeit der eigenen Auffassung zu überzeugen. Sehr bald aber erkannte ich, daß diese Auffassung ebenso gefährlich unreif wie verbreitet ist. Es ist eine Tatsache, daß in unserem System der Präsident die Vollmacht hat, endgültige Entscheidungen zu treffen; er hat eine größere Entscheidungsfreiheit als die Regierungschefs aller anderen großen Länder – und das schließt wahrscheinlich sogar die Sowjetunion ein. Aber der Arbeitsplan eines Präsidenten ist so hektisch, daß er für abstrakte Überlegungen nur wenig Zeit hat. Fast jeder der ihn besucht, kommt mit seinen Anliegen in eigenem oder fremdem Interesse, und meist sind diese Anliegen sehr plausibel – denn nur dann können diese Leute bis zum ovalen Zimmer vordringen. Deshalb besteht eine der schwierigsten Aufgaben des Präsidenten darin, aus der Vielzahl von Argumenten die herauszufinden, die auch überzeugend sind. Er findet sie aber nicht selbst; sie werden auf niedriger Ebene ausgearbeitet. Daher gründet ein Präsident seine Entscheidungen während seiner Amtszeit außer in extrem kritischen Situationen immer mehr auf das Vertrauen, das er seinen Beratern entgegenbringt." ..., wobei er im direkten Anschluß ergänzt: ... „Die Entscheidung des Präsidenten ist immer das Ergebnis einer Mischung aus eigenem Urteil, Vertrauen zu seinen Mitarbeitern und an einem gewissen Zweifel an ihrer Moral."

c) Executive Sponsor

Auch für Topmanager Z ist Information insofern eine Holschuld (vgl. Drucker, 1989, S. 255), als er für die Führung und Gestaltung seiner Informationsmaschinerie im Sinne des Executive Sponsors von Rockart, DeLong (1988) verantwortlich ist. Hier ist sein persönliches Engagement gefordert, zumal die diesbezüglichen Handlungsräume in der Praxis nicht uneingeschränkt und Kompromisse im Hinblick auf Budget, Strukturen und Personen etc. zu schließen sind. Hinzu kommen Abhängigkeiten von der Loyalität und Interessenslage der Apparate, die Führung erfordern.

Zukunftsweisend mag sein, daß Topmanager Z Teile dieser Führungsaufgabe an den Leiter eines ihm direkt zugeordneten Bereiches delegiert und diesem andere Stabsbereiche (Strategische Planung, Controlling, Volkswirtschaft, Öffentlichkeitsarbeit etc.) unterstellt. Hierarchisch kann der Leiter eines solchen Bereiches entweder auf der dem Topmanager direkt nachgeordneten Ebene angesiedelt sein, oder, soweit dies die Stellung seines Chefs zuläßt, selbst zum Topmanagerkreis gehören.

Anmerkung: Der Leiter des Bundeskanzleramtes der Bundesrepublik Deutschland hatte in früheren Legislaturperioden den Rang eines Staatssekretärs; in jüngster Zeit Ministerrang.

An die Kompetenz und Akzeptanz des Leiters eines solchen Bereiches sind vielfältige Anforderungen gestellt: uneingeschränkte Loyalität gegenüber dem Topmanager und der Unternehmung, die Fähigkeit Apparate zu führen, breite Fachkenntnisse, diplomatisches Geschick, Intrigenfestigkeit etc. Er sollte das „richtige" Gespür für die wesentlichen Stimmungen und Entwicklungen innerhalb und außerhalb des Unternehmens haben, sich dabei in die Lage seines Chefs versetzen und ihm über alles Wichtige berichten können, ohne ihn in Details zu ersticken. Zudem muß er im ungünstigen Fall willens und fähig sein, die Interessen des Topmanager gegen den Widerstand des Apparates „durchzuboxen" – was in einer komplexen Organisation erhebliches „Standvermögen" erforderlich machen kann (vgl. u. a. Carstens: 1971, S. 191 ff.).

Anmerkung: Im Rahmen der Bundesrepublik Deutschland hatte bislang nahezu jeder Bundeskanzler seinen eigenen Führungsstil. Als Meister des Regierungsapparates gelten Adenauer, Schmidt und Kohl. Demgegenüber wird Erhard, Kiesinger und Brandt diesbezüglich weniger ausgeprägtes Talent nachgesagt. Interessanterweise gelten erstere allgemein als gut, letztere vergleichsweise als schlechter informiert, und waren bzw. sind auch vergleichsweise lange an der Macht – eine Korrelation, die jedoch auch nicht überstrapaziert werden sollte.

2.3.2.3.2 Situatives

a) Organisationsfigur

Das Unternehmenssystem von Topmanager Z kann unterschiedliche Organisationsfiguren haben. Dementsprechend kann auch die Ausgestaltung der Informationsmaschinerie von Z situativ unterschiedlich sein (vgl. u. a. Mintzberg, 1989). Unabhängig davon ist zu unterstellen, daß es für Topmanager Z typisch ist, gemäß obigen Musters mit den Informationen seines Bedarfs durch eine Informationsmaschinerie versorgt zu werden – und dies unabhängig von situativ geltenden Mustern.

b) Versorgungsqualität

Wenn die Qualität der Informationsversorgung von Topmanager Z variiert, so kann dies auf verschiedene Faktoren zurückzuführen sein, wie beispielsweise eine suboptimale Ausgestaltung der Informationsmaschinerie in personeller und/oder materieller Hinsicht oder eine suboptimale Informationskultur oder eine besondere Umfelddynamik etc.

2.3.2.4 Folgerungen

Die Analyse zeigt:

- Topmanager Z wird durch eine leistungsfähige Informationsmaschinerie mit den Informationen seines Bedarfs versorgt – und dies termingerecht rund um die Uhr und weltweit. Für Z ist die Unterstützung durch eine solche Maschinerie unverzichtbar. Letztendlich wird er erst durch sie arbeitsfähig.
- Computergestützte Topmanagement-Informationssysteme können diese Informationsmaschinieren auch mit weitem Blick in die Zukunft nicht ersetzten.

Die unmittelbaren Nutzenpotentiale von TIS für Topmanager Z müssen sich folgerichtig, wenn überhaupt, auf Teilsegmente seiner Versorgung bzw. seines Bedarfs beziehen.

Da in den bisherigen Beiträgen auf dem Gebiet computergestützter Topmanagement-Systeme die Segmentierung des Bedarfs vornehmlich über die Aufgaben von Managern und/oder situative Faktoren vorgenommen wurde (vgl. Kapitel 1.3.2.1.2.1), dies im Kontext von Z aber offensichtlich problematisch ist, wird nachstehend versucht, hier neue eigene Wege zu gehen. Hierzu werden spezifische, an den Potentialen computergestützter Topmanagement-Informationssysteme orientierte Informationskategorien abgrenzt.

2.3.3 *Informationskategorien*

2.3.3.1 Grundarten

Die Kategorisierung der für Topmanager Z relevanten Informationen geht von drei Überlegungen aus:

- Topmanager Z braucht aus Sicht seines Terminkalenders Informationen für zwei grundlegende Zwecke: (1) um auszuwählen, welche Termine er wahrnehmen will und wann, sowie (2) um diese Termine wahrzunehmen.
- Die Informationsversorgung von Topmanager Z ist vereinfachend in zwei Typen zu trennen: (1) Informationen, die er schon **hat** und (2) Informationen, die er für obige Zwecke zusätzlich braucht bzw. **bekommt.** Zu den Informationen, die er „hat" ist sowohl das in seinem

Gedächtnis abgespeicherte Erfahrungs- und Faktenwissen zu rechnen, das sich bei ihm über die Jahre hinweg angesammelt hat und das er immer wieder neu aktualisiert und verfeinert, wie auch alle externen Informationen, auf die er unmittelbar zugreifen kann (Berichte, Handbücher etc.). Die Informationen, die er „bekommt" aktualisieren und/oder ergänzen die Informationen, die er bereits hat, für obige Zwecke.

- Betrachtet man die Informationen, die Topmanager Z bekommt, so ist vereinfachend zwischen zwei Arten zu unterscheiden: Grund- und Sonderinformationen (vgl. Abbildung 2.10).

a) Grundinformationen

Grundinformationen werden als diejenigen unternehmensinternen und -externen Informationen verstanden, die Topmanager Z periodisch und ohne spezifischen Aktivitätsbezug in standardisierter Form, z. B. als Wochen- oder Monatsberichte, bekommt. Topmanager Z ist damit die Möglichkeit gegeben, aktuelle Entwicklungen zu verfolgen, im Zuge bestimmter Aktivitäten, z. B. bei Durchsicht von Unterlagen oder in Vorbereitung eines Termins, schnell und einfach auf spezifische Grunddaten zugreifen zu können, sowie sein mentales Modell auf Basis solcher Berichte fortzuschreiben bzw. zu verfeinern.

Grundinformationen	Sonderinformationen
– periodisch	– situativ
– standardisierte Berichte etc.	– spezifisch angefertigte Stellungnahmen etc.
– Papier	– Papier, Gespräche etc.

Abb. 2.10: Grund- und Sonderinformationen

Der Bedarf von Topmanager Z an solchen vorstrukturierten Grundinformationen variiert je nach persönlicher Präferenz und Führungsstil. Für manche dürften sie unverzichtbar sein. Andere wiederum dürften ihren Stellenwert geringer einschätzen, z.B. weil sie ihre Aufgabenstellung mehr im langfristig-strategischen als im kurzfristig-operativen Bereich sehen, oder weil ihnen ihm Rahmen ihres Verantwortungsfeldes solche Grundinformationen weniger nutzen (z.B. Forschung und Entwicklung versus Finanz- und Rechnungswesen oder Vertrieb). Gängiges Berichtsmedium vorstrukturierter Grundinformationen ist bislang das Papier.

b) Sonderinformationen

Sonderinformationen werden als diejenigen Informationen verstanden, die Topmanager Z über diese Grundinformationen hinaus braucht und bekommt, also beispielsweise gesondert angefertigte Stellungnahmen, Gutachten oder Hinweise. Die Versorgung mit Sonderinformationen erfolgt gängig entweder via Papier (z. B. kurzgefaßte Notizen, umfangreichere Berichte etc.) oder via Sprache (z. B. in Form eines Vieraugengespräches, eines mündlichen Lageberichtes, einer Bereichssitzung etc.).

Schriftliche und mündliche Informationen können sich zumindest in Teilen überlappen, da davon auszugehen ist, daß Z die Kernelemente seines Bedarfs immer auch in schriftlicher Form zugehen und zwar unabhängig davon, ob sie vorab bereits oder anschließend noch mündlich vermittelt wurden bzw. werden.

Die von Topmanager Z als optimal erachtete Länge solcher Schriftstücke hängt von dessen Vorlieben ab. Mancher mag sich Zusammenhänge lieber mündlich erläutern lassen und ist nicht bereit, sich vorab durch umfangreiches Papierwerk durchzuarbeiten. Ein anderer mag es bevorzugen, sich gerade in komplexe Themen zunächst auf schriftlicher Basis alleine und in Ruhe einzuarbeiten. Die schriftlichen Ausarbeitungen, die er hierzu braucht, werden allgemein dann detaillierter sein. Auch solche detaillierteren Unterlagen sind jedoch im Normalfall auf die Kernanliegen fokussiert und möglichst kurz und präzise gefaßt. Manche Topmanager mögen mit relativ wenigen schriftlichen Unterlagen auskommen, keiner jedoch kann auf die intensive Kommunikation mit seinen Kollegen, Mitarbeitern oder Beratern verzichten: sei es um verschiedene Meinungen zu hören und zwischen diesen abwägen zu können, sei es um sich bestimmte Sachverhalte differenziert erklären zu lassen und dabei die Gelegenheit zu haben, persönlich und unmittelbar nachfragen zu können, sei es um sich über Hintergründe oder Zusammenhänge „verdeckt" informieren zu können, sei es um die Meinung von Kollegen zu hören und sich mit diesen im Vorfeld bestimmter Programme auf ein gemeinsames Vorgehen zu einigen etc.

Schließt man von den Terminen von Topmanagern Z auf dessen Informationsbedarf, so ist dabei folgerichtig zu berücksichtigen, daß viele dieser Termine gerade den Zweck der Versorgung mit Information haben (Besuchsprogramme, Vieraugengespräche etc.). Der Informationsaustausch erfolgt dann naturgemäß mündlich – wenn auch oftmals auf Basis schriftlicher Unterlagen, was den Kreis zu obigem schließt.

Anmerkung: Im Kontext des Wissensmanagements werden "Information" u. a. als "systemisch relevante Daten" und "Wissen" als "Einbau von Informationen in Erfahrungskontexte" (vgl. Willke, 1998, S. 13) abgegrenzt. In diesem Sinne sind Grundinformationen allgemein als "relevante Daten" und Sonderinformationen überwiegend als "relevantes Wissen" zu verstehen.

2.3.3.2 Informationszeitpunkt

Wichtig sowohl für Grund- als auch für Sonderinformationen ist, daß Topmanager Z die richtigen Informationen zum richtigen Zeitpunkt bekommt und zwar derart, daß er sie in der ihm zur Verfügung stehenden Zeit in adaequater Weise verarbeiten kann und dabei über das für ihn Relevante informiert ist.

Richtiges „timing" heißt mit Blick auf Grundinformationen zuallererst richtige Periodisierung. Allgemein ist davon auszugehen, daß Topmanager Z aufgrund der Natur seiner Aufgaben auf eine sehr kurzfristige Aktualisierung seiner Grundinformationen verzichten kann. Ein wöchentlicher oder gar monatlicher Rythmus mag für ihn in vielen Fällen hinreichend sein. Im Detail kann dies mit dem Aufgabengebiet und Arbeitsstil variieren. Ist die Perspektive von Z vermehrt langfristig-strategisch ausgerichtet, ist sein Bedarf an kurzfristiger Aktualisierung ceteris paribus eher geringer; ist sie eher kurzfristig-operativer Natur, ist sein Bedarf an solchen Informationen sicherlich höher. Von zusätzlichem Einfluß ist die Dynamik des jeweiligen Handlungsfeldes sowie die Situation des Unternehmens: je höher diese Dynamik bzw. je kritischer die Situation seines Unternehmens, desto höher der Bedarf an kurzfristigen Aktualisierungen und umgekehrt.

Richtiges „timing" mit Blick auf Sonderinformationen heißt, daß Topmanager Z alle Information zeitgerecht zur Verfügung stehen, die er zur Wahl bzw. Ausübung seiner Termine braucht. Da diese Termine in aller Regel mit relativ langem zeitlichen Vorlauf eingeplant und damit gut prognostizierbar sind, ist der Zeitpunkt, zu dem Topmanager Z spezifische Sonderinformationen braucht, im wesentlichen durch folgende Faktoren bestimmt:

- Termin der Aktivität,
- Umfang und Qualität der Information (wieviel Zeit braucht er um die Information durchzuarbeiten, muß Raum für Rückfragen oder Korrekturen sein etc.),
- Sonstige zwischenzeitlich von ihm wahrzunehmende Aufgaben (geht er beispielsweise vorher auf Reisen und kommt erst direkt zum Termin zurück, hat er Zeit über das Wochenende etc.).

Die Taktung des Informationszuflusses an Topmanager Z ist dementsprechend zu steuern.

2.4. Folgerungen

Was ist aus obiger Analyse hinsichtich der TIS-Lücke von Topmanager Z unter Einbeziehung der Leistungsfähigkeit computergestützter Topmanagement-Informationssysteme zu folgern? Wie unterscheidet sich Z diesbezüglich von A, und welche Thesen ergeben sich darüber hinaus?

2.4.1. TIS-Lücke von Topmanager Z

Nach vorliegendem Befund ist die TIS-Lücke von Topmanager Z allgemein dadurch determiniert, daß (a) sein Informationsbedarf gut strukturiert und gut prognostizierbar, dabei aber politisch geprägt, qualitativ anspruchsvoll und hoch komplex ist; und (b) er durch seine Informationsmaschinerie gleichsam nach dem Bienenköniginnen-Prinzip mit den Informationen seines Bedarfs versorgt wird. Die Überlegung, daß die Ableitung der unmittelbaren Nutzenpotentiale computergestützter Systeme für Z vor diesem Hintergrund eine geeignete Kategorisierung seines Informationsbedarfs erfordert, führte weiters zu der Differenzierung nach Grund- und Sonderinformationen. Ergänzt man diese beiden Informationssegmente um die Bereiche Büroorganisation und Kommunikation, so ergibt sich die mit den Funktionsbereichen computergestützter Systeme korrespondierende Darstellung gemäß Abbildung 2.11. In ihrem Raster wird der Beitrag der Informationsversorgungssysteme von Z vorliegend wie folgt eingeschätzt:

2.4.1.1 Relevante Systeme und Bereiche

Das zentrale Informationsversorgungssystem von Topmanager Z ist und bleibt seine Informationsmaschinerie. Sie unterstützt und versorgt ihn umfassend über alle Bedarfssegmente hinweg. Computergestützte Topmanagement-Informationssysteme sind für Z im Normalfall lediglich in zwei Bereichen von unmittelbarer Relevanz:

- vorstrukturierte Grundinformationen
- Kommunikation.

Grund-informa-tionen	Sonder-informa-tionen	Büro-organi-sation	Kommuni-kation	
30				vorstrukturierte Grundinformationen
				Modellanalysen
				nicht vorstrukturierte Informationen T I S
				Büroautomatisierung
			10	Kommunikation
70	100	100	90	**INFORMATIONSMASCHINERIE**
100	100	100	100	

Abb. 2.11: TIS-Lücke von Topmanager Z: Anteile der Informationsversorgung über die Funktionsbereiche von TIS an der Versorgung insgesamt (in %, eigene Schätzung)

Die sonstigen Funktionsbereiche bieten ihm keine unmittelbaren, natürlich aber mittelbare Nutzenpotentiale im Falle ihrer Anwendung durch dessen Informationsmaschinerie:

- Für hinreichend komplexe Modellanalysen hat Z weder die Zeit noch im Regelfall die notwendige Detailkenntnis. Zudem kann er über solche Modelle, wenn überhaupt, nur ein Teilsegment seiner oftmals politisch geprägten Entscheidungen abdecken.

- Anwendungen im Bereich nicht vorstrukturierte Informationen sind bislang nicht annähernd hinreichend benutzerfreundlich. Jeder der in diesem Bereich gearbeitet hat, kennt die vielfältigen Hemmnisse auch modernster Systeme (vgl. u. a. Österle, Muschter, 1996)
- Die beste Büroautomatisierung für Z ist und bleibt ein gut funktionierendes Sekretariat.

Anwendungen in diesen Bereichen sind im Normalfall Sache der Informationsmaschinerie von Z. Deren Aufgaben an den Chef zurück zu delegieren, kann nicht Sinn des technischen Fortschritts sein.

2.4.1.2 Unmittelbare Nutzenpotentiale

a) Vorstrukturierte Grundinformationen

Der Funktionsbereich wird für Topmanager Z zu einer Art „elektronischer Handbibliothek", die sich automatisch aktualisiert und derer sich Z bei Bedarf in vertrauter Weise schnell und einfach bedienen kann. TIS vereinigt dabei zwei Vorteile: (a) die Vorteile des Computers in der Informationsverarbeitung im allgemeinen: sind die Verarbeitungs- und Auswertungsschritte definiert, und ist der elektronische Datenfluß realisiert, dann ist selbst umfangreichstes Datenmaterial schnell, einfach und zuverlässig aufzubereiten und darzustellen; (b) der spezifische Vorteil moderner Softwaresysteme, mit Hilfe derer durch umfangreiche Information schnell und einfach zu navigieren ist, entweder:

- um eine bestimmte Information schnell abzurufen, z. B. während eines Gesprächs oder bei Durchsicht von Unterlagen (und zwar schneller, und für den Topmanager selbst einfacher, als dies von seiner Informationsmaschinerie zu leisten wäre: ohne TIS müßte er vielleicht erst seinen Assistenten rufen, dieser wiederum müßte erst die richtigen Unterlagen heraussuchen etc.)
- um nach erster Information schnell weitere Informationen abzufragen, z. B. weil die erste Information den Topmanager noch nicht zufriedenstellt oder bei ihm neue Fragen aufwirft (oft präzisiert sich seine Fragestellung im Zuge eines solchen Prozesses schrittweise, so daß er, wenn er an die Grenzen von TIS stößt, die Fragen, mit denen er sich an seine Informationsmaschinerie wendet, bereits fokussiert formulieren kann)

- um durch diesen umfangreichen Grundbestand insgesamt schnell und einfach navigieren zu können, z.B. um sein mentales Modell zu aktualisieren oder zu verfeinern.

Z kann auf diese Weise mit Hilfe des Computers die Komplexität, mit der er konfrontiert ist, besser bewältigen als ohne diesen. Was den Beitrag zu einzelnen Managementaufgaben angeht, so ist – im Unterschied zu gängigen Ansätzen, die vornehmlich auf Planungs-, Kontroll- oder Entscheidungsaspekte abstellen – davon auszugehen, daß ein computergestütztes System dieser Art Topmanager Z in allen Funktionen und Aufgaben unterstützen kann:

- weil er diese im Zeitablauf in Form bestimmter Termine wahrnimmt, und er in Vorbereitung und/oder Ausübung dieser Termine immer wieder Bedarf an Grundinformationen hat, auf die er mit TIS schnell und einfach zugreifen kann;
- weil er alle Aufgaben auf der Grundlage seines mentalen Modells wahrnimmt, und TIS ihn in der Aktualisierung und Verfeinerung dieses Modells unterstützt.

In Einzelfällen mag weiters von Relevanz sein:

- TIS kann Topmanager Z das Leistungsvermögen und die Schwerpunktsetzungen seiner Informationsmaschinierie über eine nur mit dem Computer erreichbare Spanne hinweg verdeutlichen und dabei gegebenenfalls auf Suboptimalitäten aufmerksam machen. Stellt Z via TIS Informationslücken fest, weiß er, welche wichtigen Aspekte oder Aufgaben in seinem Bereich möglicherweise nur unzureichend wahrgenommen werden, bzw. wo er korrigierend einzugreifen hat.
- TIS mag für solche Topmanager – im Sinne eines automatisierten und insofern tendenziell objektiven Informationssystems – zudem von zusätzlichem Nutzen sein, die nicht nur die Leistungsfähigkeit ihrer Informationsmaschinerie, sondern auch deren Loyalität als problematisch einschätzen und daher nach einem Instrument suchen, das sie aus ihrer Abhängigkeit gegenüber dieser Maschinerie zumindest teilweise herauszulösen verspricht.
- Und schließlich kann ein für Topmanager Z implementiertes und auf den Bereich vorstrukturierte Grundinformationen fokussiertes TIS auch

zur Straffung von Informationsprozessen, der Verbesserung der Daten-
qualität und/oder zu Rationalisierungseffekten etc. führen (vgl. u.a.
Rockart, DeLong, 1988)). Inwieweit diese Effekte alternativ auch unmittelbar dadurch zu erreichen wären, daß Topmanager Z die ihm direkt unterstellten Mitarbeiter veranlaßt, mit TIS zu arbeiten, wäre fallweise zu prüfen.

b) Kommunikation

Die modernen Möglichkeiten der Kommunikationstechnik erschließen ein
weites Feld neuer Anwendungsmöglichkeiten, die offensichtlich auch für
Topmanager Z relevant sind (vgl. Pribilla, Reichwald, Goecke, 1996). Dessen ungeachtet ist diesbezüglich im Kontext von Z von spezifischen Merkmalen auszugehen: Daß Z seine Post künftig etwa umfassend und persönlich
via Electronic Mail erledigt, wird auch in Zukunft nicht ökonomisch sein.
Hierfür hat er sein Sekretariat. Als typisch ist in diesem Zusammenhang
vielmehr zu erwarten, daß er – etwa im Zuge einer Anwendung im Bereich
„vorstrukturierte Grundinformationen" – kurze Fragen oder Kommentare
auf elektronischem Wege in seine Informationsmaschinerie hinein gibt und
die Antworten dann entweder auf dem gleichen oder anderen Wege erhält.

2.4.1.3 Anteile an Informationsversorgung insgesamt

Die Anteile der Informationsversorgung von Z über obige Funktionsbereiche an dessen herkömmlichen Versorgung insgesamt sind im Rahmen des
vorliegenden Befundes als relativ gering anzusetzen. Im Falle der vorstrukturierten Grundinformationen mögen es – um eine Größenordnung zu
nennen – vielleicht 30% der Gesamtversorgung sein, im Falle der Kommunikation vielleicht 10% (vgl. Abbildung 2.11).
Sind diese Anteile auch gering, so sind sie für Z doch signifikant. Angesichts
seiner besonderen Verantwortung und der Bedeutung, die der Informationsfaktor auf seiner Ebene hat, ist jede sinnvolle Verbesserung seiner Informationsversorgung wertvoll und nützlich – zumal die Kosten der Systeme (Hard- und Software) zwischenzeitlich in einer für die Topebene nicht
mehr relevanten Größenordnung sind.
Entsprechendes gilt für die Kosten der Systementwicklung und des System-
betriebs unter der Voraussetzung, daß das Unternehmen von Z bereits über

leistungsfähige herkömmliche Berichtssysteme verfügt. Sind Neubedarfe durchzusetzen, so ist dies nicht allein auf das Konto der Systemeinführung zu buchen, sondern anteilig auch auf das der Verantwortung für den Informationsfaktor insgesamt.

2.4.2   TIS-Lücke von A bis Z

Bilden A und Z die Extreme des als typisch zu betrachtenden Anwendungsspektrums von TIS, so stellt sich die Frage, wie diese Anwendungen typischerweise von A bis Z variieren? Im Rahmen der vorliegenden Analyse sind hierzu lediglich Vermutungen anzustellen: Unterscheidet man zwischen drei Anwenderkategorien, nämlich Topmanager mit Verantwortungsbereichen geringer, mittlerer und hoher Komplexität (bzw. kleiner, mittlerer und großer Bereiche/Unternehmen), so könnten beispielsweise folgende Thesen zu prüfen sein:

- Die Anwendungsprofile von A und Z bilden zwei Standards, die jeweils bis in den mittleren Bereich hinein reichen und dort aufeinandertreffen. In anderen Worten: Es wird vermutet, daß Topmanager, die mit mehr Funktionsbereichen arbeiten als Z, umfassend mit TIS arbeiten.
- Die Topmanager von A bis Z unterscheiden sich im Rahmen dieser beiden Standards dadurch, daß die Anteile ihrer Informationsversorgung über die Funktionsbereiche von TIS in dieser Reihung abnehmen (vgl. Abbildung 2.12)

Topmanagergruppe	A ...					... Z
Komplexität des Verantwortungs- bereiches	gering	...	mittel	...		hoch
vorstrukturierte Grundinformationen	100	...	a	...	b	... 30
Modellanalysen	100	...	a	...		
nicht vorstruktu- rierte Informationen	100	...	a	...		
Büroautomatisierung	100	...	a	...		
Kommunikation	x	...	y	...	z	... 10
	mit 100 > a > b und x > y > z					

Abb. 2.12: TIS-Lücke von A bis Z: Anteile der Informationsversorgung über die Funktionsbereiche von TIS an der Versorgung insgesamt (in %, eigene Schätzung)

2.4.3 Inhaltliche Herausforderungen

Nach vorliegendem Befund ist der Bereich vorstrukturierte Grundinformationen für Topmanager Z von vorrangigem Stellenwert. Damit ergeben sich in mehrfacher Hinsicht „neue" inhaltliche Herausforderungen, wobei vor allem folgende Aspekte im Vordergrund zu sehen sind:

- Notwendigkeit der Prädetermination von Informationsbedarfen/-angeboten: War diese Notwendigkeit in technikorientierten Beiträgen mit der Überlegung in den Hintergrund gerückt, daß über nicht vorstrukturierte Zugriffe – jetzt oder in absehbarer Zukunft – beliebige Bedarfe hinreichend schnell und komfortabel befriedigt werden könnten, so wird sie mit der Fokussierung auf Z erneut zu einem kritischen Erfolgsfaktor der Systemgestaltung.
- Bedarf an ganzheitlich-übergreifenden Informationen: Die moderne Technik verschiebt bisherige durch das Medium Papier determinierte Grenzen der Informationsversorgung. Einerseits eröffnet sie damit neue Potentiale („icons", „drill downs" etc.), andererseits macht sie auf diese Weise auch bisherige konzeptionelle Schwachstellen vermehrt transparent: Wird von manchen Beiträgen beispielsweise darauf hingewiesen,

daß mit den modernen Informationssystemen der Vorteil verbunden sei, daß ihre Anwender nun auch auf nachgeordnete Informationsebenen im Sinne der „gläsernen Unternehmung" durchgreifen könnten, so mag dies vielleicht für Topmanager A relevant sein. Aus Sicht von Topmanager Z und ihm ähnliche Gruppen hingegen ist hierin kein Nutzen zu sehen. Schließlich ist man auf dieser Ebene nicht daran interessiert, mit noch mehr Details konfrontiert zu werden, sondern hat eher Bedarf an ganzheitlich-übergreifenden Informationen, die helfen, Komplexität besser zu bewältigen, dabei Überblick verschaffen und der allgemeinen Datenüberladung auf dieser Ebene entgegenwirken.

- Schwachstellen von Lösungen wie Exception Reporting oder Farbcodierungen im Sinne von Warnsignalen (rot, gelb, grün): Die Möglichkeiten der Technik in dieser Hinsicht sind auch im Kontext von Z wertvoll. Sie erhöhen die Transparenz und machen übergreifende Informationen besser transportierbar. Inhaltlich sind ihnen bezogen auf Z allerdings in zweierlei Hinsicht Grenzen gesetzt: (1) Die Funktionalität wird gängig mit der Aufgabe der operativen Kontrolle in Verbindung gebracht, was für Z bezogen auf TIS von nachgeordneter Bedeutung ist. (2) Die Ergebnisse können auf operativer Ebene überzeugend sein. In komplexen Systemen hingegen ist es schwierig, signifikante Überblicksausweise zu erreichen und gleichzeitig das Ziel zu verfolgen, Probleme auf nachgeordneten Ebenen aufzuzeigen, da mit der Komplexität des Systems auch die Wahrscheinlichkeit von Problemen in Teilsegmenten wächst.

- Grenzen quantitativer Rechnungslegungssysteme: Den herkömmlichen betrieblichen Kennzahlensystemen sind aus der Perspektive von Z, was solche übergreifende Bedarfe angeht, Grenzen gesetzt. Hinzu kommen ihre bekannten sonstigen Nachteile: Sie sind bottom-up-orientiert, was tendenziell zu einer Überbetonung operativer Aspekte führt (Sachbearbeiterperspektive); auf Ebene von Topmanger Z sind jedoch vor allem übergeordnete politisch-strategische Aspekte von Relevanz. Sie sind komplex und relativ inflexibel, was Veränderungen in zeitlicher und sonstiger Hinsicht aufwendig macht (vgl. Davenport, 1994); auf Ebene von Topmanager Z werden jedoch vor allem schnell anpaßbare, der zunehmend hohen In-/Umfelddynamik gerecht werdende Instrumente gebraucht. Sie generieren vergangenheitsorientierte Berichtsdaten, und dies oftmals mit erheblichem zeitlichem Nachlauf; auf der Ebene von Z werden indes möglichst aktuelle und zukunftsorientierte Informationen gebraucht.

In anderen Worten:

- Mit der Konzentration auf Topmanager Z geht nicht nur eine Fokussierung auf den Funktionsbereich vorstrukturierte Grundinformationen einher, mit dieser Fokussierung kommt auch kritischen inhaltlich-konzeptionellen Fragen wieder vermehrte Relevanz zu, die außerhalb der Schwerpunktsetzung technikorientierter Beiträge liegen.
- Verbesserungen der Informationsversorgung von Topmanager Z im Bereich der Grundinformationen sind nicht durch die Weiterentwicklung bestehender Systeme „nach unten" in vermehrte Details zu erreichen, sondern durch deren Erweiterung „nach oben" in eine vermehrte Ganzheitlichkeit.

Wäre Topmanager Z auf Basis einer solchen Fortentwicklung die Möglichkeit gegeben, sich in erster Approximation auf das übergeordnete Ganze zu konzentrieren, könnte er zunächst Überblick gewinnen und anschließend – soweit erforderlich – seinem Bedarf an Detailinformationen zu bestimmten Feldern in fokussierter Weise nachgehen, was den Umfang der von ihm aufzunehmenden und zu verarbeitenden Daten wesentlich reduzieren würde. Hier setzen die im folgenden vorgestellten Systeme an. Sie sollen bisherige Konzepte nicht ersetzen, sondern diese ergänzen und zwar bezogen auf Topmanager Z und diesem ähnliche Gruppen.

3 Ansätze ganzheitlicher Grundinformationen

3.1 Grundlagen

Die im folgenden vorgestellten Ansätze basieren vor dem Hintergrund der bisherigen Analyse auf zwei Feststellungen: Erstens, bezüglich der Fortentwicklung bisheriger Informationskonzepte sind im Einklang mit obigem in der einschlägigen Literatur zweierlei Forderungen zu finden: (a) Ergänzung der quantitativen Daten des betrieblichen Rechnungswesens um ganzheitlich-qualitative Informationen (vgl. u. a. Bleicher, 1992, S. 32 ff.); (b) vermehrte Orientierung an Mustern, Strukturen und Prozessen etc. (vgl. u. a. Klotz, 1991, S. 42; Drucker, 1993, S. 118). Zweitens, Topmanager Z agiert definitionsgemäß in einem Unternehmenssystem, dessen Komplexität unter vorliegend relevanten Aspekten mit der von Volkswirtschaften vergleichbar ist (vgl. Kapitel 2.2.2). Hat Z vermehrt Bedarf an Informationen, die ihm helfen, die Komplexität seines Verantwortungsfeldes im obigen Sinne besser zu handhaben, dann liegt nahe, entsprechende Konzepte in Analogie zu auf volkswirtschaftlicher Ebene bewährten Verfahren zu entwickeln.

Mit diesen Überlegungen werden im weiteren zwei Ansätze zur Diskussion gestellt: Zunächst ein Konzept qualitatitiver Grundinformationen, das an den qualitativen Wirtschaftserhebungen des Ifo-Institut für Wirtschaftsforschung, München, orientiert ist (vgl. u. a. Oppenländer, Poser 1989; Rechkemmer 1991 und 1998); anschließend ein Konzept struktureller Grundinformationen, das in Analogie zu einem makroökonomischen Prozeßmodell entwickelt wird (vgl. Rechkemmer, 1986 und 1990). Daß Übertragungen anderer makroökonomischer Verfahren gleichfalls lohnenswert sein könnten, wird vermutet, vorliegend jedoch nicht weiters untersucht. Sogesehen dürften beide Ansätze in Folgearbeiten noch fortzuschreiben bzw. zu ergänzen sein.

Weder der qualitative noch der strukturelle Ansatz sollen herkömmliche quantitative Grundinformationen substituieren, sondern diese komplementieren, wobei mit den Potentialen im Funktionsbereich vorstrukturierte Grundinformationen (icons, drill down etc.) auch ein integriertes Informationsangebot in drei oder mehr Schichten (qualitativ, strukturell, ?, quantitativ) sinnvoll sein mag.

3.2 Qualitative Grundinformationen

3.2.1 Bezugssystem

Das Bezugssystem des qualitativen Ansatzes sind die qualitativen Wirtschaftserhebungen des Ifo-Institut für Wirtschaftsforschung, München (vgl. Oppenländer, Poser, 1989). Das in 1949 gegründete Ifo-Institut hat nicht nur wesentliche Pionierarbeiten auf diesem Gebiet geleistet, sondern nimmt auch heute noch eine Führungsrolle in diesem Bereich ein; so ist ihm u. a. seit 1971 das Center for International Research on Economic Tendency Surveys (CIRET) angegliedert, dem derzeit rd. 500 Institutionen und Personen in nahezu 50 Ländern als Mitglied angehören.

Auf volkswirtschaftlicher Ebene dienen die qualitativen Ifo-Erhebungen in erster Linie der Konjunkturanalyse und -prognose. Typisch für die Art der Abfragen ist der mit Abbildung 3.1 dargestellte Fragenkatalog. Auffällig und kennzeichnend ist seine Einfachheit: das Instrument soll nicht überstrapaziert werden; sein Ziel ist die Erhebung der ganzheitlichen Einschätzungen der Entscheidungsträger und nicht die buchhalterisch exakte Abbildung im Detail.

Das Ifo-Institut erhebt die Konjunkturdaten monatlich in allen volkswirtschaftlich relevanten Sektoren in Form von Stichproben. Die qualitativen Rückmeldungen werden quantifiziert und in Beurteilungs-, Erwartungs- und Klimaindizes übergeführt (vgl. Abbildung 3.2). Was die Quantifizierung der qualitativen Daten angeht, so hat sich in der Praxis die einfache Saldenmethode durchgesetzt (vgl. u .a. Anderson, Naggl, 1989). Das Ifo-Institut verfährt nach dieser Methode wie folgt: Die gemeldeten Antworten werden zunächst in eine „-1, 0, +1"-Skala umgesetzt; als nächstes werden diese Skalenwerte entsprechend der Größe der jeweiligen Unternehmung innerhalb des betrachteten Segmentes gewichtet; anschließend werden die gewichteten Skalenwerte über die Meldungen des betrachteten Segmentes hinweg saldiert; schließlich werden die dabei ermittelten Salden als Indizes ausgewiesen und zwar einfach in Form des Prozentanteiles gegenüber dem jeweils maximal zu erreichenden Wert (vgl. u.a. Lindelbauer, 1989, S. 121 ff.).

Beurteilung und Entwicklung im Monat ....

Wir beurteilen unsere Geschäftslage für XY z. Z. als
- gut
- befriedigend bzw. saisonüblich
- schlecht

Unser Auftragsbestand für XY ist z.Z. gegenüber dem Vormonat
- höher
- etwa gleich groß
- geringer

Pläne und Erwartungen

Unsere Geschäftslage für XYZ wird in den nächsten 6 Monaten in konjunktureller Hinsicht – also unter Ausschaltung rein saisonaler Schwankungen
- eher günstiger
- etwa gleich bleiben
- eher ungünstiger

Abbildung 3.1 Auszug aus dem Ifo-Konjunkturtest

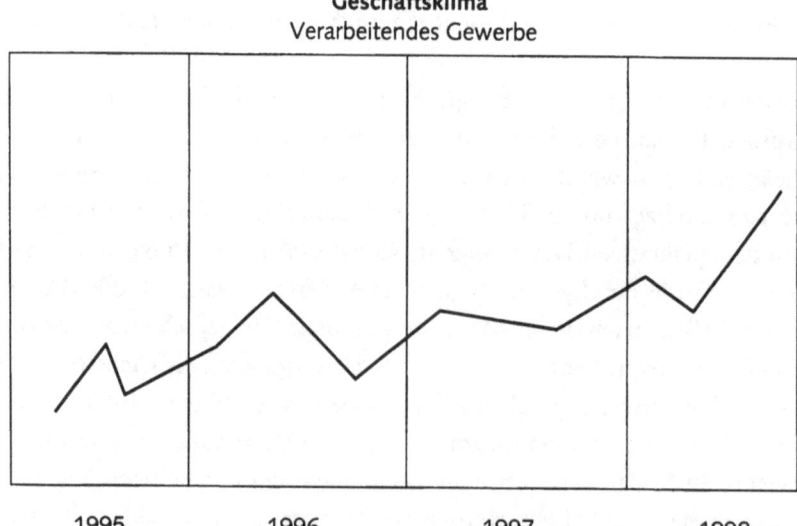

Geschäftsklima
Verarbeitendes Gewerbe

| 1995 | 1996 | 1997 | 1998 |

(in Anlehnung an ifo Wirtschaftskonjunkur, Monatsberichte)

Abbildung 3.2 Qualitative Ifo-Zeitreihen

Was die Aussagequalität der Ifo-Verfahren angeht, so ist einerseits einschränkend festzustellen: (a) Beurteilungen an Konjunkturwendepunkten sind meist unzuverlässiger als in längeren Perioden des Auf- oder Abschwungs. (b) Kurzfristige Antizipationen sind zuverlässiger als langfristige, und die Eintreffwahrscheinlichkeit beider variiert mit den Turbulenzen im Umfeld. (c) Voraussagen für sogenannte Instrumentvariablen (z. B. Produktion) fallen besser aus als für Erwartungsvariablen (z. B. Nachfrage). Hinzu kommen teils allgemeine, teils spezifisch auf der Makroebene geltende Einschränkungen, wie: (d) Die qualitativen Abfragen sind keine Repräsentativerhebungen; dies ist bei den auf freiwilliger Basis durchgeführten Umfragen nicht realisierbar; eine Berechnung von Fehlergrenzen ist damit nicht möglich. (e) Kategorien wie „mehr", „etwa gleich" oder „weniger" sind unscharf; z. B. kann ein geplanter Absatzanstieg von 1% der Kategorie „mehr" oder auch „etwa gleich" zugeordnet werden. (f) Die Kompetenz der befragten Firmen und Personen ist im Einzelfall ungeprüft. So können beispielsweise mittelfristige Investitions-„Pläne" von Firmen abgefragt werden, die ihre Investitionen nur kurzfristig konkret planen. Gleichermaßen kann die objektive und subjektive Antizipationsfähigkeit situativ variieren: die objektive Antizipationsfähigkeit beispielsweise nach vertikalem Standort des Unternehmens (verbrauchsnah oder verbrauchsfern) oder nach Art des Produktionszweiges (z. B. Mode- oder wetterabhängige Branchen); die subjektive Antizipationsfähigkeit beispielsweise nach dem Grad der Informiertheit des Befragten, dessen Ausbildung, dessen Fingerspitzengefühl oder seiner Bereitschaft, entsprechende Informationen zu geben (geheime Projekte; Abneigung gegen Fragen, die den Gewinn betreffen etc.).

Dessen ungeachtet ist andererseits festzustellen, daß die qualitativen Abfragen sich zwischenzeitlich als Instrument der Konjunkturanalyse und -prognose außerordentlich bewährt haben. Die qualitativen Indizes bilden das ökonomische Geschehen signifikant ab und erweitern dabei nicht nur das Informationsspektrum des Beobachters um ganzheitliche Aspekte, sondern wirken auch als Frühindikatoren, die die Perzeption aktueller Ereignisse oder kurzfristig erwarteter Veränderungen (Streiks, politische Umbrüche etc.) zum Ausdruck bringen. Hinzu kommt, daß die Ifo-Daten vergleichsweise kostengünstig, flexibel und schnell zu ermitteln und in transparenter Form zu berichten sind, was ihre Aussagekraft und Attraktivität zusätzlich erhöht (vgl. Oppenländer, Poser, 1989).

3.2.2 Konzept

Die Vorteile qualitativer Erhebungen stehen den Nachteilen des herkömmlichen betrieblichen Rechnungswesens offensichtlich diametral gegenüber. Somit liegt nahe, beide auf Unternehmungsebene ergänzen zu wollen.

Ein erster Versuch in dieser Richtung wurde von Brech (1958, 1971) vorgestellt, der schon zu jener Zeit aus der Erfahrung resultierte, ... „daß die meisten Unternehmer viel zu viel mit Papier überladen sind um überhaupt noch effektiv arbeiten zu können". Brech setzte sich deshalb für eine „Buchführung und Berichterstattung ohne Zahlen" ein, wobei er voraussetzt: „Der Zweck des Verfahrens einer „Buchführung ohne Zahlen" besteht nicht darin, exakte Ergebnisse zu vermitteln, es können jedoch ganz kurzfristig zutreffende Hinweise über die vorliegenden Trends mit seiner Hilfe erzielt werden. Eine gewisse Fehlergrenze ist tatsächlich gegeben, aber es handelt sich hier ... um eine Fehlergrenze, die für die Unternehmner absolut tragbar erscheint." Interessanterweise liegen dem Ifo-Institut bzw. CIRET über den Ansatz von Brech hinaus keine weiteren Arbeiten in dieser Richtung vor. Ursächlich hierfür mögen die oben bereits angemerkten Faktoren sein. Von zusätzlichem Einfluß könnte zum Zeitpunkt Brechs Publikationen, d. h. in den 60er und 70er Jahren, gewesen sein, daß

- das Aufkommen der Verfahren des Operations Research zwar die bessere Durchdringung mancher Fragestellungen ermöglichte, dabei aber auch das Bemühen um vermehrte Quantifizierung verstärkte, so daß die Bedeutung der subjektiven Einschätzung von Managern in den Hintergrund rückte;
- die zunehmende Verbreitung der EDV in den Unternehmen umfangreichere und bessere Auswertungen auf quantitativer Basis erlaubte, die Möglichkeiten der graphischen Informationsaufbereitung im Rahmen früherer Großrechnersysteme jedoch aus Topmanagementsicht noch begrenzt waren.

Wie also sind die qualitativen Ifo-Verfahren gemäß den Bedarfen von Topmanager Z auf Unternehmensebene zu übertragen? Voraussetzung ist ein komplexes Unternehmenssystem, wie es im Kontext von Z definitionsgemäß gegeben ist. In diesem Rahmen ist das qualitative Berichtssystem maßgerecht auf den situativen Bedarf von Z zuzuschneiden:

- Meldeeinheiten: Dies können je nach Zielrichtung etwa ausgewählte Tochter- oder Enkelgesellschaften oder spezifische Geschäftseinheiten sein. (Komplexe Konzerne wie Daimler-Benz oder ABB Asean Brown Boverie haben gängig zahlreiche Geschäftsfelder und oftmals mehr als 1000 Tochter-, Enkel- oder sonstige Beteiligungsgesellschaften (vgl. Gomez, 1993; Goshal, Bartlett, 1995; Bea, Kötzle, Rechkemmer, Bassen, 1997).

- Fragenkatalog: Er ist gemäß Abbildung 3.1 möglichst unkompliziert und auf das Wesentliche konzentriert zu gestalten. Die Fragen sollten von den Verantwortungsträgern persönlich beantwortet werden und deren Sicht in ungefilterter Form reflektieren. Wird der Ansatz überstrapaziert, z. B. durch zu viele oder zu komplizierte Fragen, verliert er an Fokus und Akzeptanz und damit an Unmittelbarkeit.

- Aufbau der Fragen: Er sollte möglichst einfach und einheitlich sein. Eine Fokussierung der Fragen auf die „Beurteilung der aktuellen Lage" und die Einschätzung der „Entwicklung in den nächsten ... Wochen/Monaten" mit Antworten in den Dreierkategorien „gut, zufriedenstellend, schlecht" bzw. „besser, gleich, schlechter" sollte für Topmanager Z allgemein hinreichend sein.

- Informationsfelder (z. B. Absatz, Umsatz, Geschäftsfelder, Regionen etc.): Sie sind situativ entsprechend des Bedarfs des Systemnutzers zu definieren. Einstiegssysteme können sich beispielsweise auf das Verantwortungsfeld des Topmanagers im engeren Sinne konzentrieren oder auf ausgewählte kritische Erfolgsfaktoren. Nach einer Reifephase kann ein ganzheitlicher Ansatz anzustreben sein, welcher analog zu dem Ifo-Vorgehen auch Verdichtungen zu übergreifenden Indizes eröffnet, wie etwa ausgehend von dem Absatz- oder Ergebnisklima einer Tochtergesellschaft, eines Geschäftsbereiches oder einer Region bis hin zu dem „Unternehmensklima insgesamt" (vgl. Rechkemmer, 1992 und 1998).

- Quantifizierung der qualitativen Ergebnisse: Die bewährte und einfach zu handhabende Saldenmethode sollte für den Normalfall hinreichend sein.

- Erhebungsrythmus: Für Topmanager Z sollte allgemein eine wöchentliche oder monatliche Erhebung genügen. Gleichwohl sind für vermehrt operativ eingebundene Topmanagergruppen natürlich auch tägliche Erhebungen möglich.

- Ergebnispräsentation: Die Darstellung sollte im Regelfall den bewährten Ifo-Mustern folgen (vgl. Abbildung 3.2).

Sonstige Erfolgsfaktoren, wie sie im Zusammenhang mit computergestützten Systemen diskutiert werden, d.h. die Leistungsfähigkeit der Technik oder das Management organisatorischer Widerstände (vgl. Rockart, DeLong, 1988), sind für das qualitative Konzept aufgrund seiner methodischen Einfachheit ohne Bedeutung. Allerdings sind über die obigen Regeln hinaus aber auch keine allgemein gültigen Patentrezepte zu formulieren. Kritisch ist vielmehr eine erfahrene und kompetente Leitung des Einführungsprojektes. Sie muß mit den Belangen auf der Topebene vertraut und in der Lage sein, die Kernelemente des Systems in unmittelbarem Dialog mit dem Topmanager zu definieren bzw. fortzuentwickeln, was auf dieser Ebene ein hohes Maß an Akzeptanz voraussetzt. Ist diese Bedingung erfüllt, so sind qualitative Systeme schnell und kostengünstig einzuführen und zu betreiben – und dies unabhängig von der Leistungsfähigkeit bzw. den Spezifika des traditionellen Rechnungswesens, was vor allem im internationalen Bereich von Vorteil ist.

Die auf gesamtwirtschaftlicher Ebene diskutierten Nachteile qualitativer Kennzahlen sind auf Unternehmensebene teils als Folge menschlicher Begrenztheit nicht zu überwinden, wie beispielsweise die Reichweite und Eintreffwahrscheinlichkeit der Antizipationen. Teils sind sie aber auch ohne Belang: das Zufallsprinzip kommt nicht zur Anwendung, der Berichtskreis ist vorgegeben, die objektive und subjektive Antizipationsfähigkeit ist bei den Meldeeinheiten vorauszusetzen, die „richtige" Mischung der Meldeeinheiten ist durch entsprechende Vorauswahl zu gewährleisten. Trotzdem hat der qualitative Ansatz natürlich Grenzen und sollte nicht überstrapaziert werden, zumal Topmanager Z immer auf „harte" quantitative Informationen angewiesen bleiben wird. Qualitative Daten können diese nicht ersetzen, sondern sollen sie ergänzen.

3.2.3 Beispiel

Topmanager Z ist Finanzchef eines internationalen Konzerns. Er verfügt über ein einfaches qualitatives Berichtssystem, das er als Frühwarnsystem einsetzt. Die Meldeeinheiten des Systems sind die vierzig wichtigsten Toch-

tergesellschaften seines Konzerns weltweit. Die Finanzchefs dieser Gesellschaften beantworten wöchentlich im wesentlichen zwei Fragen:

- Wie schätzen Sie die derzeitige Lage ihrer Gesellschaft aus finanzieller
  Sicht ein: gut, befriedigend bzw. saisonüblich, schlecht?
- Welche Entwicklung erwarten Sie für die nächsten vier Wochen: besser,
  gleich, schlechter?

Die Quantifizierung der qualitativen Angaben erfolgt analog zum Ifo-Verfahren nach der Saldenmethode auf Basis entsprechender Gewichtungen. Als
qualitative Grundinformation wird Z sowohl das Finanzklima der einzelnen
Gesellschaften wie auch ein gesellschaftsübergreifender Gesamtklimaindex
vorgelegt (vgl. Abbildung 3.3)

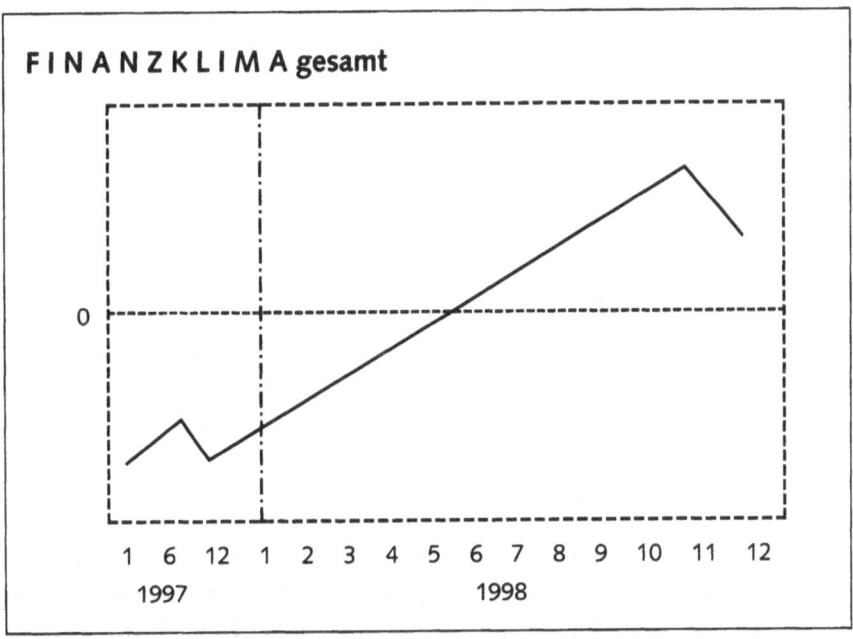

Abb. 3.3: Beispiel: Finanzklima gesamt

3.3   Strukturelle Grundinformationen

Betrachtet man das Handlungsfeld von Topmanager Z aus der Makro-Perspektive, so zeigt sich dieser eingebunden in eine Vielzahl interdependenter Planungs- und Handlungsprozesse. Teils beeinflußt Z diese Prozesse, teils ist er und sein Handeln durch diese bestimmt. Traditionelle Grundinformationen (Personal-, Absatz-, Umsatzzahlen etc.) sind als Oberflächenreflexionen dieser Prozesse zu interpretieren. Deren strukturelle Bestimmungsgründe, wie beispielsweise ihre Flexibilität und damit auch ihre Anpassungsfähigkeit, oder die Stabilität bzw. Instabilität der für sie signifikanten Rahmenbedingungen, bleiben auf dieser Ebene außer Betracht. Nun sind gerade solche strukturellen Informationen für Topmanager Z jedoch als wichtig einzuschätzen. Wie also könnten solche Planungs- und Handlungsprozesse zu modellieren sein? Und was könnte ein Konzept struktureller Grundinformationen umfassen? Die vorliegende Annäherung ist wie folgt:

3.3.1   Bezugssystem

a) Prämissen des Modells
Einstiegsstelle der Systementwicklung ist eine beliebige ökonomische **Handlung** (Produktion, Absatz, Umsatz etc.) zu einem beliebigen **Zeitpunkt T.** Gemäß der in Unternehmen üblichen rollierenden Planungsysteme wird davon ausgegangen, daß dieser Handlung in T verschiedene Pläne vorausgehen. Bezogen auf diesen Planungs- und Handlungsprozeß sollen folgende Prämissen gelten:

- **Abnehmende Einflußintensität der Planung:** Unterstellt wird, daß Pläne um so geringeren Einfluß auf das Handeln haben, je weiter sie vom Handlungszeitpunkt entfernt liegen, wobei der Einfluß der Planung auf die Handlung prozeßspezifisch variieren kann: Prozesse können flexibel oder inflexibel sein, ihre Rahmenbedingungen stabil oder instabil. Aus methodischen Gründen unterstellen wir allgemein, daß der Einfluß der Pläne in der Zeit mit Faktor $0 \leq g \leq 1$, mit g Element der reellen Zahlen, geometrisch abnimmt (vgl. Abbildung 3.4).
- **Traditionales und rationales Verhalten:** Im Falle traditionalen Verhaltens werden vorausgegangene Pläne ohne Reflexion auf strukturelle

Veränderungen des Umfeldes umgesetzt. Im Falle rationalen Verhaltens werden vorausgegangene Pläne unter Einbeziehung der strukturellen Veränderungen des Umfeldes konkretisiert und realisiert (vgl. u. a. Nerb, 1975, S. 21 ff.).

- **Konkrete und abstrakte Pläne:** Konkrete Pläne werden als ein mit der festen Absicht der Realisierung, in bewußter Reflexion der Situation formuliertes Ziel verstanden; abstrakte Pläne demgegenüber als eher vage Zielvorstellung. Bis wann abstrakt bzw. ab wann konkret geplant wird, ist prozeßspezifisch. Davon auszugehen ist beispielsweise, daß im Zuge rationalen Verhaltens generell konkreter geplant wird, als bei eher starrem und ohne Reflexion auf äußere Veränderungen erfolgenden traditionalem Verhalten. Dessen ungeachtet ist es jedoch auch im Zuge rationalen Verhaltens erst sinnvoll, konkret zu planen, wenn entweder die Situation zum Handlungszeitpunkt absehbar ist, bzw. die mit diesem Zeitpunkt verbundenen sonstigen Ziele und Erwartungen formuliert sind (im Falle der Investitionsplanung beispielsweise die Pläne bezüglich Absatz und Produktion); oder der Zeitpunkt für Maßnahmen gekommen ist, um eine bestimmte künftige Situation herbeizuführen – wobei es natürlich immer möglich ist, daß auch konkrete Pläne im Zuge des Planungsprozesses noch geändert werden.
  In diesem Sinne geht abstraktes Planen sowohl traditionalem wie auch rationalem Handeln voraus. Im Modell wird unterstellt, daß das Einflußgewicht der konkreten Planung ceteris paribus um das r-fache, $r \geq 1$, mit r Element der reellen Zahlen, über dem der abstrakten Planung liegt und daß eine bestimmte Handlung zum Zeitpunkt T ab T-v (mit v Element der natürlichen Zahlen inklusive Null), konkret geplant wird (vgl. Abbildung 3.4). Im Falle $r = 1$ liegen entweder keine für das Handeln relevanten strukturellen Änderungen vor oder die Prozesstruktur ist traditional.

Beispiel: Ein Unternehmen will schon seit langer Zeit eine Produktionsgesellschaft in Land A errichten. Die Zielvorstellungen wurden zwischenzeitlich mit den Vertretern des Landes abgestimmt. Die abstrakte Planungsphase ist abgeschlosssen. Jetzt kann konkret geplant und das Projekt schrittweise realisiert werden. Es ist das Ziel, das Projekt in 3 Jahren abzuwickeln.

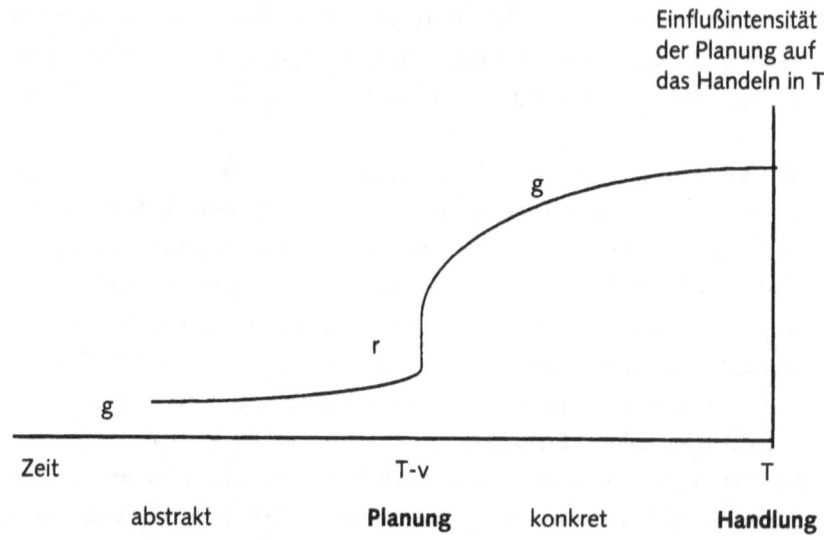

Abb. 3.4: Einflußintensitäten

- **Einzelprojekt versus Gesamtprozeß:** Bzgl. der Länge des konkreten Planungshorizontes ist zwischen der Betrachtung eines Einzelprojektes und der eines Gesamtprozesses zu unterscheiden. Im obigen Beispiel der Betrachtung eines Einzelprojektes umfaßt der konkrete Planungshorizont 3 Jahre. In der übergreifenden Prozeßbetrachtung sind die konkreten Planungshorizonte in aller Regel kürzer, da in der Prozeßbetrachtung die Einzelprojekte des Unternehmens nach bestimmten Kategorien aufgelöst und in Teilaktivitäten zeit- und bedarfsgerecht realisiert werden.

Beispiel: Der Materialbereich faßt die im Rahmen der Investitionsprojekte des Unternehmens zu beschaffenden Güter und Dienstleistungen in gleichartigen Kategorien zusammen und beschafft diese unter Berücksichtigung von Liefer- und Bestellzeiten etc. mit entsprechendem konkreten Planungsvorlauf.

Zeichnet sich – wie sich u.a. aus obigem Beispiel ergibt – die konkrete Planungsphase einer Handlung durch Maßnahmen aus, die das Handeln vorbereiten bzw. erst möglich machen, dann kann dies zu einer Einengung des Handlungsspielraumes bei sich änderndem Datenkranz führen. Differenziert wird deshalb weiter:

- **Optimales und tatsächliches Handeln:** Tatsächliches Handeln kann sich von unter gegebenen Rahmenbedingungen als optimal erachtetem Handeln unterscheiden, wenn gesetzte Aktivitäten eine Anpassung an das aktuelle Optimum nicht erlauben. Liegen optimales und tatsächliches Handeln auseinander, wird vorausgesetzt, daß das tatsächliche Handeln die jeweils als optimale Handlung im Rahmen des ökonomisch Sinnvollen bzw. praktisch Machbaren weitmöglichst approximiert.

Beispiel: Eine Unternehmung erachtete es bislang als optimal, zu einem zukünftigen Zeitpunkt T ein bestimmtes Gut in der Losgröße x zu produzieren. Um die Realisierung des Ziels möglich zu machen, mußten eine Reihe von Maßnahmen eingeleitet werden: Pläne wurden gefertigt, Bestellungen wurden aufgegeben etc. Jetzt ändert sich der Datenkranz, die Nachfrage geht plötzlich zurück. Anstelle von x wird nunmehr eine Produktion y als optimal erachtet. Allerdings müßten im Falle von y einige der bisherigen handlungsvorbereitenden Maßnahmen für x aufgegeben werden. Unter Einbeziehung der für x bereits getroffenen Maßnahmen wird es deshalb, weil ökonomischer, vorgezogen, in T eine Losgröße z zu produzieren, die zwischen x und y liegt. y ist dann die optimale und z die tatsächlich produzierte Losgröße.

- **Optimale und tatsächliche Pläne:** Wie zwischen optimalen und tatsächlichen Handlungen wird gleichermaßen zwischen optimalen und tatsächlichen Plänen getrennt. Sinngemäß beinhaltet der optimale Plan die für einen zukünftigen Zeitpunkt als optimal erachtete Handlung, und der tatsächliche Plan, die für einen zukünftigen Zeitpunkt geplante tatsächliche Handlung. [Anmerkung: Der Begriff „optimal" bezieht sich hier, wie oben, auf die Ist-Situation ungeachtet vorausgeganger konkreter Pläne.]

Konsequenterweise ist in vorliegendem Modell also jeder abstrakte sowie der erste konkrete Plan auch immer ein optimaler Plan. Laufen optimale und tatsächliche Pläne auseinander, wird vorausgesetzt, daß die tatsächlichen Pläne die jeweils optimale Planung weitmöglichst, d.h. soweit ökonomisch sinnvoll, approximieren.

b) Dynamische Interdependenz und Transformation

Betrachtet man nach obigem die tatsächliche Handlung in T im Zuge eines beliebigen Planungs- und Handlungsprozesses in Interdependenz zu der optimalen Handlung in T sowie zu allen vorausgegangenen optimalen Plänen bezüglich dieser Handlung, an denen sich die tatsächliche Planung auf jeder Planungsstufe neu orientiert, so ergibt sich zunächst ein Zusammenhang gemäß Abbildung 3.5

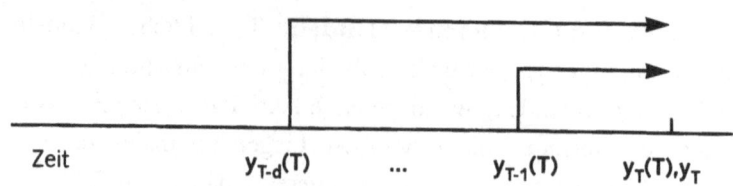

Zeit $y_{T-d}(T)$ ... $y_{T-1}(T)$ $y_T(T), y_T$

Abb. 3.5: Dynamisches Grundmodell

y_T =   tatsächliche Handlung zum Zeitpunkt T

$y_T(T)$ =   als optimal erachtete Handlung in T

$y_{T-d}(T)$ =   optimaler Plan zum Zeitpunkt T-d,
bezogen auf die Handlung in T

Der Wirkungszusammenhang nach Abbildung 3.5 ist gemäß Gleichung (1) als eine implizite Funktion f darzustellen:

(1) $y_T = f(y_{T-i}(T))$, für i = 0(1) ∞

Vereinfachend wird weiters mit Gerstenberger (1972, S. 71) davon ausgegangen, daß mittel- und langfristige Pläne aus einer Extrapolation der kurzfristigen Planniveaus hervorgehen und (2) unterstellt, wobei p wie folgt als Planungsparameter eingeführt wird:

(2) $y_T(T+t) = p_T{}^t \, y_T(T)$, mit p Element der reellen Zahlen
größer/gleich Null

Mit (2) ist (1) in einer der Koyck-Transformation (Koyck, 1954) ähnlichen Weise umzuformen. Die Transformation setzt eine periodendurchschnittliche Betrachtung und lineare Interdependenzen voraus. Unter diesen Voraussetzungen ergibt sich anstelle von Gleichung (1):

(3) $y_T = y_T(T) \, r + y_{T-1}(T) \, rg + y_{T-2}(T) \, rg^2 + ... +$

       $y_{T-v+1}(T) \, rg^{v-1} + y_{T-v}(T) \, rg^v + y_{T-v-1}(T) \, g^{v+1} +$

       $+ ...$

Nun wird die Summe der Einflußintensitäten in (3) durch Einführung eines Parameters K auf den Wert 1 normiert. Auf diese Weise wird der Einfluß vorausgegangener Pläne aufgerechnet und dem Einfluß der optimalen Handlung gegenüber vergleichbar gemacht. Für K gilt:

(4) $\quad 1 = K\left(r\sum_{i=0}^{v} g^i + \sum_{i=v+1}^{\infty} g^i\right)$ bzw.

$$1 = K\ \frac{r(1-g^{v+1}) + g^{v+1}}{1-g} \quad \text{bzw.}$$

(5) $\quad K = \dfrac{1-g}{r(1-g^{v+1}) + g^{v+1}}$

Mit der Normierung gilt anstelle von Gleichung (3):

(6) $\quad y_T = K\,(y_T(T)\,r + y_{T-1}(T)\,rg + ... + y_{T-v+1}(T)\,rg^{v-1} +$

$\qquad y_{T-v}(T)\,rg^v + y_{T-v-1}(T)\,g^{v+1} + ...)$

Da (6) für jeden betrachteten Zeitpunkt gelten soll, gilt auch:

(7) $\quad y_{T-1} = K\,(y_{T-1}(T-1)\,r + y_{T-2}(T-1)\,rg + ... + y_{T-v}(T-1)\,rg^{v-1}$

$\qquad + y_{T-v-1}(T-1)\,rg^v + y_{T-v-2}(T-1)\,g^{v+1} + ...)$

Als nächstes werden beide Seiten von (7) mit p und g multipliziert. Die Multiplikation mit p führt, unter Anwendung des mit Gleichung (2) unterstellten Zusammenhangs, gleichzeitig zu einer Verschiebung des zeitlichen Bezugs der Bestimmungsgrößen:

(8) $\quad y_{T-1}\,pg = K\,(y_{T-1}(T)\,rg + y_{T-2}(T)\,rg^3 + ... +$

$\qquad + y_{T-v}(T-1)\,rg^{v-1} + T_{-v-1}(T-1)\,rg^v +$

$\qquad + y_{T-v-2}(T)\,rg^{v+2} + ...)$

Subtrahiert man (8) von (6), ergibt sich:

(9) $\quad y_T - y_{T-1}\,pg = K\,(y_T(T)\,r + y_{T-v-1}(T)\,g^{v+1} - y_{T-v-1}(T)\,rg^{v+1})$

bzw.

(10) $\quad y_T = y_T(T)\,Kr + y_{T-1}\,pg - y_{T-v-1}(T)\,g^{v+1}K(r-1)$

(10) ist nach (2) weiter umzuformen in (11).

(11) $\quad y_T = y_T(T)\,Kr + y_{T-1}\,pg - y_{T-v-1}(T-1)\,pg^{v+1}K(r-1)$

Mit (11) zeichnet sich ein Zusammenhang zwischen y_{T-1}, der Handlung zum Zeitpunkt T-1, und $y_{T-v-1}(T-1)$, dem auf diese Handlung bezogenen, ersten konkreten Plan ab. Das negative Vorzeichen weist auf einen Vergleich zwischen beiden Größen hin. In der Form von (11) ist ein direkter Vergleich der Variablenwerte jedoch infolge der unterschiedlichen Determinantengewichte nicht möglich. Deshalb wird zunächst angenommen, daß $y_{T-v-1}(T-1)$ realisiert würde. In diesem Falle wäre y_{T-1} gleichzusetzen mit $y_{T-v-1}(T-1)$. Substituieren wir $y_{T-v-1}(T-1)$ durch y_{T-1} ergibt sich:

$$(12) \quad y_T = y_T(T)\,Kr + (pg - pg^{v+1}K(r-1))\,y_{T-1}$$

Da aber die Übereinstimmung von Plan und Handlung generell nicht vorauszusetzen ist, ist Gleichung (12) um die mögliche Planabweichung derart zu ergänzen, daß das Ergebnis mit Gleichung (11) übereinstimmt. Daraus ergibt sich als Ergebnis der Transformation:

$$(13) \quad y_T = y_T(T)\,Kr +$$
$$+ \quad y_{T-1}\,pg(1-g^v K(r-1)) +$$
$$+ (y_{T-1} - y_{T-v-1}(T-1))\,pg^{v+1}K(r-1)$$

c) Modellresultate

Nach (13) ist das tatsächliche Handeln in T (y_T) im Rahmen des betrachteten Prozesses a priori durch drei Variablen bestimmt:

- die optimale Handlung zum Zeitpunkt T
- die Handlung der Vorperiode
- die Abweichung zwischen dem ersten konkreten Plan bezüglich der Handlung der Vorperiode und dem tatsächlichen Handeln in dieser Periode (dieser erste konkrete Plan ist definitionsgemäß sowohl ein tatsächlicher als auch ein optimaler Plan, da er nicht durch vorausgegangene Maßnahmen eingeschränkt sein kann).

Der Einfluß dieser Variablen auf das Handeln in T ist gemäß (13) durch die Werte der Parameter g, r, v und p determiniert. Mit 4 Parametern sind 8 Wertesituationen möglich. (Anmerkung: Die Folgerungen ergeben sich durch einfaches Einsetzen der Werte in (13) (siehe Anhang)):

g = 0 – vorausgegangene Pläne sind ohne Einfluß
– die einzig relevante Variable ist die optimale Handlung in T
– der Prozeß ist extrem flexibel und die Rahmenbedingungen sind extrem instabil

g = 1 – vorausgegangene Pläne werden exakt realisiert
– die einzig relevante Variable ist die optimale Handlung in T
– der Prozeß ist entweder extrem inflexibel oder seine Rahmenbedingungen sind extrem stabil

r = 1 – im Prozeß werden keine strukturellen Umstellungen vorgenommen
– die Variable „Planabweichung der Vorperiode" ist ohne Einfluß
– der Prozeß ist entweder traditional, oder, falls rational, dann sind seine Rahmenbedingungen sehr stabil

r gegen ∞ – im Prozeß werden extrem hohe strukturelle Umstellungen vorgenommen
– die Variable „Planabweichung der Vorperiode" kann ihr höchstes Einflußgewicht erreichen (max. 33,3%)
– die Rahmenbedingungen des Prozesses sind offensichtlich äußerst instabil, der Prozeß selbst ist strukturell flexibel

v = 0 – im Prozeß wird nicht konkret geplant
– das Handeln ist durch keine im Vorfeld getroffenen Maßnahmen eingeschränkt, dominierende Variable ist allein die optimale Handlung in T
– der Prozeß ist traditional

v gegen ∞ – im Prozeß wird extrem lange konkret geplant
– die Variable „Planabweichung der Vorperiode" ist ohne Einfluß (im Modell macht es keinen Unterschied, ob die strukturellen Umstellungen im Unendlichen oder gar nicht (r=1) erfolgen)
– die Rahmenbedingungen sind offensichtlich extrem stabil oder der Prozeß ist extrem inflexibel

p = 0   – im Prozeß wird geplant „nicht zu handeln": Der Plan kann entweder eingehalten werden oder nicht. In dem einen Fall wird gehandelt, in dem anderen nicht. In beiden Fällen ist das Handeln nicht durch im Vorfeld getroffene Maßnahmen eingeschränkt

             – die in T als optimal erachtete Handlung ist allein von Einfluß

p gegen ∞   – im Prozeß wird geplant „unendlich" viel zu handeln, was natürlich nur im mathematischen Sinne möglich ist. In der Praxis dürften die p-Werte im Regelfall nahe 1 liegen, ein p-Wert von 1,1 beispielsweise steht bereits für periodendurchschnittliche Zuwächse von 10%.

Die Analyse des Einflusses der Variablen zwischen den Extremwerten der Parameter, führt ceteris paribus zu folgenden Ergebnissen (siehe Anhang):

- Der Einfluß der aktuell als optimal erachteten Handlung ist um so größer (1) je geringer der Einfluß vorausgegangener Pläne ist, (2) je umfangreicher die strukturellen Umstellungen sind, (3) je kurzfristiger das Handeln konkret geplant wird und umgekehrt. Der Einfluß der optimalen Handlung nimmt mit umfangreicheren Umstellungen in zunehmend geringerem Maße zu und strebt dabei einen Grenzwert an; gleichermaßen nimmt er mit langfristigerer Planung in zunehmend geringerem Maße ab und strebt auch dabei einen Grenzwert an.

- Der Einfluß der Handlung der Vorperiode ist um so größer (1) je höher der Einfluß vorausgegangener Pläne ist, (2) je geringer die strukturellen Umstellungen sind und (3) je langfristiger das Handeln konkret geplant wird und umgekehrt. Der Einfluß der Handlung der Vorperiode nimmt mit umfangreicheren Umstellungen in zunehmend geringerem Maße ab und strebt dabei einen Grenzwert an; gleichermaßen nimmt er mit langfristigerer konkreter Planung in zunehmend geringerem Maße zu und strebt auch dabei einen Grenzwert an.

- Der Einfluß der Planabweichung ist um so höher (1) je umfangreicher die strukturellen Umstellungen sind, (2) je kurzfristiger das Handeln konkret geplant wird und umgekehrt. Bezüglich des Einflusses der Planung auf die Handlung (Parameter g) variiert das Gewicht der Planung ähnlich des Verlaufs einer klassischen Produktionsfunktion. Von Bedeutung ist, ob der Einfluß der Planung (a) <u>unter</u>, (b) <u>auf</u>, oder (c) <u>über</u> einem bestimmten Niveau liegt: (a) liegt der Einfluß der Planung unter einem bestimmten Niveau, steigt der Einfluß der Planabweichung mit zunehmendem Einfluß der Planung auf die Handlung; (b) entspricht der Einfluß der Pläne diesem Niveau, hat das Gewicht der Planabweichung sein Maximum; (c) liegt der Einfluß der Planung über diesem Niveau, sinkt das Gewicht der Planabweichung mit zunehmendem Einfluß der Planung. Der Niveauwert variiert mit den Werten der sonstigen Parameterwerte, dürfte unter praktischen Bedingungen jedoch häufig in der Nähe von g=0,7 zu erwarten sein.

d) Ex-ante Extrapolation

Topmanager Z braucht vor allem auch zukunftsorientierte Grundinformationen. Wurde bisher den Einfluß der Planung auf das Handeln ex-post beschrieben, so ist die Analyse der Vergangenheit nunmehr umzukehren und in die Zukunft zu spiegeln. Abbildung 3.6 zeigt beispielhaft das Grundkonzept. Abgebildet ist dort ein in drei Bereiche gegliederter Prozeßverlauf. Gezeigt wird

- bis zum Zeitpunkt T: der bisherige Einfluß der Planung auf das Handeln in T
- zum Zeitpunkt T: der Einfluß des aktuell als optimal erachteten Handelns auf das Handeln in T
- ab dem Zeitpunkt T: der erwartete Einfluß der zum Zeitpunkt T erstellten Pläne auf das zukünftige Handeln (wobei wir vorliegend vereinfachend davon ausgehen, daß die ex-post ermittelten Parameterwerte auch für die Zukunft gelten, was im konkreten Einzelfall natürlich nicht zu gelten braucht).

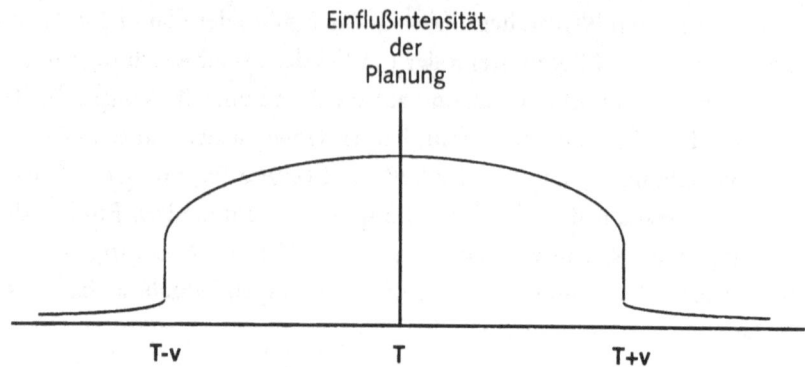

Abb. 3.6: Ex-post und ex-ante Einflußintensität der Planung

e) Empirie

Die bisherigen makroökonometrischen Tests des Modells bestätigen dessen Signifikanz insofern, als die Parameter von Relation (13) trotz hoher mathematischer Sensitivität des Zusammenhangs und vergleichsweise schmutzigen Datenmaterials in relevanten Wertebereichen identifiziert werden (siehe Anhang). Da das Datenmaterial auf Unternehmensebene allgemein umfassender und qualitativ erheblich besser sein dürfte, sind hier im Normalfall entsprechend aussagekräftige Resultate zu erwarten.

3.3.2 Konzept

Die Umsetzung des Modells auf Unternehmensbelange ist streng methodisch in folgenden Schritten vorzunehmen:

- Auswahl der Prozesse über die Topmanager Z in Form struktureller Grundinformationen berichtet werden soll.
- Erhebung bzw. Sammlung der relevanten Variablenwerte bezüglich dieser Prozesse ex-post und ex-ante in für ökonometrische Zwecke hinreichender Form.
- Ökonometrische Quantifizierung der Strukturparameter.
- Festlegung des Berichtshorizontes ex-ante.
- Entwicklung des Berichtssystems (z.B. TIS).

- Im weiteren: Periodische Aktualisierung der Variablen- und Parameterwerte sowie evolutionäre Fortschreibung des Systems gemäß der Bedarfsentwicklung von Z.

Diese Aufgabenpakete sind wie folgt zu detaillieren:

- Prozeßfelder: Topmanager Z dürfte in der Regel Bedarf an strukturellen Grundinformationen zu externen und internen Felder haben. Unternehmensextern wären gesamtwirtschaftliche und/oder sektorale Prozesse abzubilden, wie z.B. die Entwicklung von Bruttoinlandsprodukten oder Nachfragekomponenten; unternehmensintern z.B. bestimmte Produktions-, Absatz-, Umsatz- oder Ergebnisentwicklungen.
- Variablen- und Parameterwerte: Die relevanten Variablen sind durch das Modell vorgegeben. Sie sind für die ausgewählten Prozesse zu erheben und zwar in für ökonometrische Zwecke hinreichend langen Zeitreihen. Die Parameterwerte der Prozesse sind dann – das notwendige Datenmaterial vorausgesetzt – ökonometrisch zu identifizieren: Als erstes ist der v-Wert zu ermitteln und zwar über die Selektion der Spezifikation mit der besten statistischen Anpassung über die im Rahmen des Planungssystems des Unternehmens möglichen v-Wert-Spezifikationen hinweg:

  Beispiel: Ein Unternehmen erstellt, jährlich rollierend, eine integrierte Mittelfristplanung über fünf Jahre hinweg. Das heißt, jede Handlung wird im Zeitverlauf 5-mal geplant. Der für den betrachteten Prozeß relevante v-Wert ergibt sich aus dem Vergleich der statistischen Qualität der fünf Grundspezifikationen.

- Bei gegebenem v-Wert sind die unbekannten Parameterwerte für g, r und p durch die über (13) geschätzten Variablengewichte zu errechnen (drei Gleichungen, drei Unbekannte – siehe Anhang).
- In der Praxis dürfte ein solches streng methodisches Vorgehen fürs erste allerdings problematisch sein, da nicht zu erwarten ist, daß die „optimale Handlung" bislang erhoben wurde – diese also gemäß der makroökonometrischen Tests zu rekonstruieren ist (vgl. Anhang). Zieht man zudem in Betracht, daß auch ökonometrisch ermittelte Werte häufig ein gewisses „fine tuning" brauchen, ist für die Einführungsphase des Konzeptes zu empfehlen, die Werte der Variablen und Parameter durch die in einem Unternehmen für den jeweiligen Prozeß zuständigen Bereiche schätzen zu lassen.

- Zeithorizonte: Der ex-post-Horizont ist durch das Modell gemäß Gleichung (13) vorgegeben. Der ex-ante Horizont ist zu bestimmen. Nun werden in dem Modell keine Unterscheidungen nach Fristigkeit (kurz-, mittel-, und langfristig) vorgenommen, vielmehr wird nach dem Einflußgewicht der Pläne differenziert. Naheliegend ist, Topmanager Z – mit dem Ziel der Fokussierung seiner Informationsversorgung auf das Relevante – vornehmlich über Pläne mit hohem Einflußgewicht zu informieren.

- Informationspräsentation: Die Präsentation der strukturellen Grundinformationen sollte möglichst einheitlich sein. Um Topmanager Z die strukturelle Information bestens transparent zu machen und deren Interpretation zu erleichtern, sollten die ausgewählten Prozesse möglichst durchgängig über ein einheitliches zeitliches Grundraster abgebildet werden.

- Periodizität: Im strukturellen Bereich sollten für den Regelfall vierteljährliche oder halbjährliche Fortschreibungen hinreichend sein.

- Kritische Erfolgsfaktoren: Die kritischen Erfolgsfaktoren des Konzeptes dürften weniger in der Beschaffung des Datenmaterials liegen – hier sollten pragmatische Lösungen möglich sein; sondern primär in der adaequaten Handhabung seines Neuigkeitscharakters und in seiner für Praxiszwecke relativen modell-mathematischen Kompliziertheit. Empfehlenswert ist, das Grundkonzept anhand einer auf ausgewählte Teilbereiche konzentrierten Pilotanwendung zu erläutern. Wird Z die Zielrichtung des Ansatzes auf diese Weise deutlich, versetzt ihn dies in die Lage, selbst zu entscheiden, ob bzw. inwiefern die Pilotanwendung weiter ausgebaut werden soll.

Insgesamt sollte sich Topmanager Z über strukturelle Grundinformationen einfach und schnell ein übergreifendes Bild über die Struktur der für ihn relevanten Prozesse innerhalb und außerhalb seines Unternehmens machen können. Wird es ihm auf dieser Basis möglich, diese Prozesse besser zu hinterschauen und sich abzeichnende Entwicklungen in einem zusätzlichen Licht zu erkennen, sollte dies dazu beitragen, daß er Entwicklungen frühzeitiger erkennt und er die mit ihnen einhergehenden Chancen und Risiken fundierter einschätzen kann. Dessen ungeachtet sind die Grenzen des Ansatzes klar gesteckt. Strukturelle Grundinformationen können und sollen weder die Versorgung mit herkömmlichen Grundinformationen ersetzen, noch können oder sollen sie mit der Versorgung an Sonderinformationen durch die Informationsmaschinerie konkurrieren.

3.3.3 Beispiel

Topmanager Z bekommt strukturelle Grundinformationen zu unternehmensexternen und -internen Prozessen. Unternehmensextern werden gesamtwirtschaftliche und sektorale Prozesse abgebildet, wie z.B. die Entwicklung des Bruttosozialproduktes in ausgewählten Ländern zusammen mit einigen Nachfragekomponenten. Die jeweiligen Variablen- und Parameterwerte werden durch die volkswirtschaftliche Abteilung des Konzerns zusammengetragen bzw. geschätzt. Unternehmensintern wird über die Bereiche Produktion, Absatz, Umsatz und Ergebnis berichtet und zwar gegliedert nach Gesellschaften, Sparten, Länder und Regionen. Die strukturellen Grundinformationen werden jeweils im Hypertext-Verfahren zur Verfügung gestellt. Abbildung 3.7 zeigt den Bildschirmaufbau für den Absatz weltweit der Sparten 1 und 2 an einem einfachen Beispiel. Die Variablen- und Parameterwerte werden durch die verantwortlichen Zentralbereiche auf Basis der Zahlen des Konzernberichtswesens gemäß (13) erstellt. Die Aktualisierung der strukturellen Daten erfolgt bislang halbjährlich. Medium der Berichterstattung ist TIS.

	Variablengewicht in %			Werte der Parmeter			
A B S A T Z	1997		1998	durchschnittlich			
Welt	Planabw.	IST	Opt.	g	r	v	p
Sparte 1	11	36	53	.7	10	1	1.06
Sparte 2	0	16	84	.3	1	1	1.03
•							
•							
•							
						Stand August 1998	

Abb. 3.7: Beispiel eines TIS-Bildschirms im Bereich strukturelle Grundinformationen

4 Empirie

Der theoretischen Analyse stehen auf empirischer Seite – neben den Praxiserfahrungen des Verfassers (vgl. Kapitel 4.3) – eine in Deutschland Ende 1993/Anfang 1994 durchgeführte Fragebogenerhebung sowie eine in der Schweiz Ende 1995 unternommene Telephon-Umfrage gegenüber. Beide können und sollen nicht den Anspruch erheben, im mathematisch-statistischen Sinne signifikant zu sein. Im Unterschied zu gängigen Analysen wurde allerdings versucht, die Erhebungen ausschließlich auf die Topmanagergruppe Z zu fokussieren.

4.1 Fragebogenerhebung

Die Untersuchung wurde als Teil eines Kooperationsprojektes mit Dr. John F. Rockart durchgeführt und durch das International Center for Research on the Management of Technology (ICRMOT), Sloan School, M.I.T. gefördert (vgl. ICRMOT, 1994). Der normalerweise eher schwierige Zugang zu der Zielgruppe Z wurde dadurch insofern erleichtert, als das ICRMOT durch verschiedene Konzerne unterstützt wird, Repräsentanten dieser Konzerne periodisch in einem Sponsorenkreis zusammenkommen und dieser Kreis das Projekt positiv bewertete und entsprechend unterstützte. Die Analyse ist folgerichtig auf ausgewählte, in der Bundesrepublik Deutschland repräsentierte Sponsorunternehmungen des ICRMOT konzentriert. Angesichts der Spezifika der Zielgruppe wurde zweierlei angestrebt: (1) ein möglichst klares und fokussiertes Vorgehen und damit auch eine möglichst geringe Beanspruchung ihrer Zeit; (2) eine möglichst unmittelbare Kommunikation der Ziele des Vorhabens und damit die Gewinnung von Aufmerksamkeit und Interesse. Im Hinblick auf (1) wurde eine strukturierte Abfrage auf Basis eines an obigen Thesen orientierten Fragekatalogs gewählt. Im Zusammenhang mit (2) wurde angestrebt, in den teilnehmenden Unternehmungen einen „operating sponsor" für das Projekt zu finden: In der Regel wurde vorab der Assistent des Vorsitzenden deren Spitzenorgans kontaktiert, das Anliegen vorgestellt und um entsprechende Unterstützung gebeten, welche allgemein dann auch sehr großzügig erteilt wurde. Ohne diese Unterstützung wäre eine Fragenkatalog-Erhebung auf der Z-Ebene kaum erfolgreich durchzuführen gewesen.

Nach diesen Vorgesprächen wurde ein Fragekatalog an die operativen Sponsoren mit der Bitte um hausinterne Verteilung an ausgewählte Topmanager Z verschickt und um Koordination der Beantwortung und des Rücklaufs gebeten. Da mit der Umfrage alle Topmanager Z – und zwar unabhängig von ihrer Vertrautheit mit TIS – erreicht werden sollten, der Grad dieser Vertrautheit a priori jedoch nicht bekannt war, wurde jedem Fragekatalog zugleich ein Management-Summary zu ESS beigelegt. Schließlich wurde in einem Anschreiben die Anonymität der Auswertung zugesagt und betont, daß Z für die Beantwortung der Fragen nicht mehr als zehn Minuten zu investieren hätte.

4.1.1 Teilnehmer

Die kontaktierten Unternehmungen wurden nach zwei Kriterien ausgewählt: (1) Zugehörigkeit zum Sponsorenkreis des ICRMOT, (2) wesentliche Operationen am Standort Bundesrepublik Deutschland. Insgesamt wurden sieben Unternehmungen angeschrieben. Eines lehnte die Teilnahme mit der Begründung ab, es würde bald nicht mehr dem ICRMOT-Sponsorenkreis angehören. Sechs Unternehmen nahmen letztlich also an der Umfrage teil und zwar mit insgesamt 15 Topmanagern. Nachstehend werden die teilnehmenden Unternehmen mit Zahlen von 1 bis 6, die Topmanager mit Buchstaben von A bis O benannt:

- Unternehmen 1 gehört zu einem US-amerikanischen, weltweit operierenden Großkonzern. Es hat mehrere Produktionsstätten und eine Vielzahl von Vertriebsstandorten in Deutschland. Seine Hauptgeschäftsfelder liegen im EDV-Bereich. Die Teilnehmer L, M und N sind Mitglieder der Geschäftsführung dieser Gesellschaft.
- Unternehmen 2 ist eine Aktiengesellschaft nach deutschem Recht. Sie ist ein Teilkonzern eines führenden deutschen Versicherungsunternehmens mit zahlreichen inländischen Niederlassungen und Zweigdirektionen sowie verschiedenen verbundenen Unternehmen im Ausland. Die Teilnehmer D, E und F gehören dem Vorstand der Gesellschaft an.

- Unternehmen 3 ist die deutsche Tochter eines US-amerikanischen, weltweit operierenden Großkonzerns. Das Unternehmen ist eine Aktiengesellschaft. Es verfügt über umfangreiche Produktions- und viele Vertriebsstätten in Deutschland. Dabei ist es in ein enges internationales Produktions- und Vertriebssystem eingebunden. Sein Hauptgeschäftsfeld ist der Automobilbereich. Teilnehmer G ist stellvertretender Vorsitzender des Vorstandes dieses Unternehmens.

- Unternehmen 4 ist die deutsche Vertriebstochter eines japanischen, weltweit operierenden Großkonzerns. Ihre Rechtsform ist die einer Gesellschaft mit beschränkter Haftung. Das Hauptgeschäftsfeld des Konzerns ist der Automobilbereich. Teilnehmer B, C und I gehören der Geschäftsführung des Unternehmens an.

- Unternehmen 5 ist ein weltweit operierender Chemie-Großkonzern mit Hauptsitz in Deutschland. Teilnehmer A ist Mitglied des Vorstandes des Konzerns. Teilnehmer H ist Mitglied in Aufsichtsgremien von Tochter- oder Enkelgesellschaften des Konzerns. Teilnehmer O ist Mitglied der Geschäftsführung einer großen, amerikanischen Tochtergesellschaft des Unternehmens.

- Unternehmen 6 ist ein weltweit operierender Großkonzern mit Hauptsitz in Deutschland. Das Unternehmen ist eine Aktiengesellschaft. Die Hauptgeschäftsfelder des Konzerns liegen im Hochtechnologie-Bereich. Teilnehmer J ist Mitglied des Vorstandes des Unternehmens. Teilnehmer K ist Mitglied in Aufsichtsgremien von Tochter- und Enkelgesellschaften des Konzerns.

4.1.2 Fallunterscheidungen

Da die Vertrautheit der teilnehmenden Topmanager mit TIS a priori nicht bekannt war, waren im Vorfeld entsprechende Fallunterscheidungen zu treffen. Den Ausgangspunkt bildete die mit Abbildung 4.1 dargestellte Gliederung:

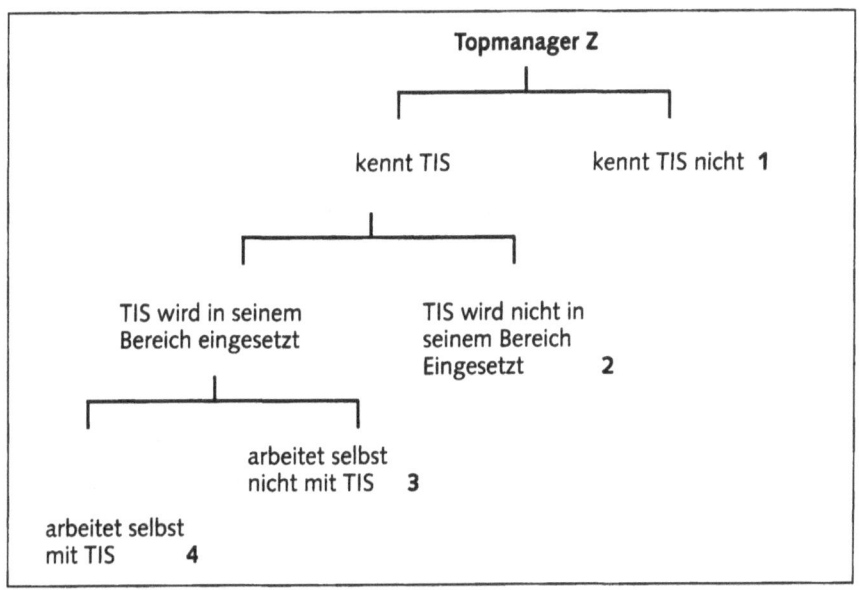

Abb. 4.1: Fallunterscheidungen zur Vertrautheit mit TIS

Die in Abbildung 4.1 deutlich werdenden vier Grundalternativen wurden weiters wie folgt detailliert:

- Topmanager Z war TIS bislang unbekannt:
  - er hat den Eindruck, daß ihm TIS nutzen könnte
  - er hat nicht den Eindruck, daß ihm TIS nutzen könnte
- Topmanager Z war TIS bekannt: es wird in seinem Bereich bislang nicht eingesetzt:
  - man hat sich in seinem Bereich aus verschiedenen Gründen noch nicht näher mit TIS beschäftigt
    - er hat den Eindruck, daß ihm TIS nutzen könnte
    - er hat nicht den Eindruck, daß ihm TIS nutzen könnte
  - man hat sich in seinem Bereich mit TIS beschäftigt: der Einsatz von TIS wird angestrebt
    - er hat die Absicht mit TIS zu arbeiten
    - hat nicht die Absicht mit TIS zu arbeiten
  - man hat sich in seinem Bereich mit TIS beschäftigt: der Einsatz von TIS wird nicht angestrebt.

- TIS wird in dem Bereich des Topmanagers eingesetzt: er arbeitet selbst nicht damit:
  - er hat eine Zeitlang mit TIS persönlich gearbeitet, dies aber wieder aufgegeben
  - er strebt an, mit TIS persönlich zu arbeiten
  - er strebt nicht an, mit TIS persönlich zu arbeiten.
- Topmanager Z arbeitet selbst mit TIS.

4.1.3 Fragekatalog

Der Fragekatalog wurde, ausgehend von obigen Fallunterscheidungen, in fallspezifische Laschen unterteilt. In jede dieser Laschen wurden, neben den kontextbezogenen Fragen zu TIS, auch allgemeine Fragen zum Bedarf an Grundinformationen sowie zur Person und Position des Topmanagers gestellt.

a) TIS

Im TIS-Bereich wurden verschiedene Grundblöcke entwickelt, die dann fallweise mit entsprechend modifizierter Fragestellung wiederholt wurden, um die Antworten übergreifend, d.h. unabhängig von der Vertrautheit der Topmanager mit TIS, auswerten zu können. Hierzu gehören:

- Funktionsbereiche, in denen TIS zur Anwendung kommen soll oder kommt?
  - vorstrukturierte Grundinformationen
  - Modellanalysen
  - nicht vorstrukturierte Informationen
  - Büroautomatisierung
  - Kommunikation
- Erwartete oder tatsächlich erfahrene TIS-Unterstützung/-Vorteile etc.?
  - schnellerer und einfacherer Zugriff auf Grundinformationen
  - erweiterte Kontrollspanne
  - besserer Überblick
  - mehr Einblick/Kontrolle in Details
  - erhöhte Reaktionsschnelligkeit
  - vermehrte Entscheidungsunterstützung

- Möglichkeit der eigenständigen Erarbeitung von Alternativrechungen, Szenarios etc.
- Möglichkeit der eigenständigen Durchführung komplexer Datenbankabfragen
- vermehrte Automatisierung der von Ihnen persönlich wahrgenommenen, an Ihr Sekretariat nicht delegierten Büroprozesse
- zusätzliches Kommunikationsmedium
- zusätzlicher Berichtsweg
- positive Ausstrahlungseffekte verschiedener Art (Einstellung zum Computer auf nachgeordneten Management-Ebenen, Straffung der Informationslandschaft des Bereiches/Unternehmens insgesamt etc.)

Die Doppelung in obigen beiden Fragen bzgl. der Funktionsbereiche „nicht vorstrukturierte Informationen", „Büroautomatisierung" und „Kommunikation" sollte dazu verhelfen, begriffliche Unschärfen aufzufangen, die sich bei Topmanagern, die mit computergestützten Informationssystemen noch nicht oder nur wenig vertraut sind, ergeben können, und die allein durch ein kurzgefaßtes Management Summary nicht auszuschließen sind.

- Erwarteter oder tatsächlicher TIS-Deckungsanteil des Informationsbedarfs in quantitativer Hinsicht?
  - unter 10 %
  - 10 bis 20 %
  - 20 bis 30 %
  - 30 bis 40 %
  - über 40 %
- Einschätzung der Bedeutung des mit TIS abgedeckten Bedarfsanteils?
  - hoch
  - mittel
  - gering

Topmanager, die mit TIS aktuell arbeiten, wurden darüber hinaus gefragt:
- Welche Fortentwicklungen Ihres TIS erwarten Sie in der Zukunft?
  - keine
  - Verbesserungen in den Funktionsbereichen, in denen Sie bislang schon mit TIS arbeiten

- Neue Anwendungnen in anderen Funktionsbereichen
• Falls Sie Verbesserungen im Funktionsbereich „vorstrukturierte Grundinformationen" erwarten, welches sind diese?
  - schärfere Fokussierung auf das Relevante
  - transparentere Struktur
  - verbesserte Handhabung
  - erhöhte Aktualität
  - Füllung noch offener Informationslücken
  - Entlastung des Systems von unwichtigen Informationen
  - mehr/bessere übergreifende Informationen
  - mehr Detailinformationen
• Falls Sie TIS bislang vornehmlich im Funktionsbereich „vorstrukturierte Grundinformationen" nutzten und nunmehr auch Anwendungen in anderen Funktionsbereichen planen, welche Bereiche haben Sie im Blick?
  - Modellanalysen
  - nicht vorstrukturierte Informationen
  - Büroautomatisierung
  - Kommunikation
• Wie sehen Sie den Stellenwert von TIS in Ihrer Informationsversorgung in Zukunft?
  - steigend
  - gleichbleibend
  - fallend

Topmanager, die sich gegen TIS aussprechen, wurden zunächst allgemein gefragt:

• Welche Gründe sprechen aus Ihrer Sicht gegen TIS?
  - Die in Ihrer Position wahrzunehmenden Aufgaben sind derart, daß Ihnen ein System wie TIS hierbei keine Hilfestellung bieten kann.
  - Sie werden durch Ihre Mitarbeiter bereits umfassend mit Informationen versorgt;mit TIS persönlich zu arbeiten würde Ihre Informationsversorgung nicht verbessern.
  - TIS könnte Ihre Informationsversorgung wohl an der einen oder anderen Stelle verbessern; diese Verbesserungen würden den Aufwand jedoch nicht lohnen.

– Das Informations- und Berichtswesen in Ihrem Unternehmen ist noch nicht reif für TIS.

– Die Handhabung eines Computers ist aus Ihrer Sicht auch mit TIS noch zu kompliziert und aufwendig.

Zudem wurden diejenigen Topmanager, die mit TIS bereits gearbeitet hatten, dies zwischenzeitlich aber wieder aufgegeben haben, speziell gefragt:

• Falls Sie Verbesserungen im Funktionsbereich „vorstrukturierte Grundinformationen" für notwendig erachten, welches sind diese?
  – schärfere Fokussierung auf das Relevante
  – transparentere Struktur
  – verbesserte Handhabung
  – erhöhte Aktualität
  – Füllung noch offener Informationslücken
  – Entlastung des Systems von unwichtigen Informationen
  – mehr/bessere übergreifende Informationen
  – mehr Detailinformationen

b) Grundinformationen

Was den Bedarf an Grundinformationen angeht, so wurde durchgängig gefragt:

• Welchen Stellenwert in Ihrer Arbeit haben die Ihnen z.B. in Form von Tages- oder Wochenberichten zugehenden Grundinformationen ?
  – hoch
  – mittel
  – gering
• Über welche Felder brauchen/erhalten Sie solche Grundinformationen?
  Umfeld
  – Volkswirtschaft
  – Politik
  – Märkte und Branchen
  – Forschung und Technik
  Unternehmen/Verantwortungsfeld
  – Finanzen
  – Betriebswirtschaft
  – Forschung- und Entwicklung

- Personal
- Einkauf
- Produktion
- Vertrieb
- Sonderprojekte

obiges gegliedert nach:
- Sparten
- Geschäftsbereichen
- Tochtergesellschaften
- Länder und Regionen

Sonstige
- Wettbewerber
- Koalitionspartner

- Mit welcher Aktualisierung erhalten/brauchen Sie diese Grundinformationen?

Umfeld
- täglich
- wöchentlich
- monatlich

Unternehmen/Verantwortungsfeld
- täglich
- wöchentlich
- monatlich

Sonstige
- täglich
- wöchentlich
- monatlich

c) Person und Position

Die Person und Position des Topmanagers betreffend wurde abgefragt:

- Geschlecht?
  - männlich
  - weiblich
- Alter?
  - jünger als 40
  - zwischen 40 und 50

- zwischen 50 und 60
- älter als 60

● Berufsausbildung und/oder Studium?
  - Kaufmännische Ausbildung
  - gewerblich-technische Ausbildung
  - Wirtschaftswissenschaften
  - Rechtswissenschaften
  - Naturwissenschaften
  - Ingenieurwissenschafen
  - Geisteswissenschaften

● Position?
  - Sie sind Mitglied der Spitzenorganisation Ihres Unternehmens (Vorstand, Geschäftsführung etc.)
  - Sind sind zwar nicht Mitglied der Spitzenorganisation Ihres Unternehmens, aber Ihr Verantwortungsfeld ist seiner Art und Bedeutung nach mit einer solchen Position vergleichbar. *)
  - Sie Mitglied in Aufsichtsgremien von Tochter- oder Enkelgesellschaften Ihres Hauses.

*) In einer anderen Führungsorganisation beispielsweise wäre Ihre Position auf Vorstands- oder Geschäftsführer-Ebene eingestuft.

● Verantwortungsbereich?

Funktionalressort
  - Finanzen
  - Einkauf
  - Personal
  - Produktion
  - Forschung und Technik
  - Vertrieb

Bereich/Division etc.
  - Geschäftsbereich
  - Region/Kontinent

Gesamtverantwortung *
  - Sie tragen gesamtheitliche Verantwortung für Ihr Unternehmen

*) z.B. als Mitglied des Vorstandes einer Aktiengesellschaft

- **Mitarbeiter?**
  - bis unter 100
  - 100 bis unter 500
  - 500 bis unter 1000
  - 1000 bis unter 5000
  - 5000 und mehr

Zudem wurde generell um persönliche Anmerkungen und Kommentare gebeten und hierfür im Rahmen des Fragekataloges entsprechender Raum gelassen.

4.1.4 Ergebnisse

4.1.4.1 Details

a) Geschlecht, Alter, Ausbildung und Position

Alle Teilnehmer waren männlichen Geschlechts und überwiegend zwischen 50 und 60 Jahre alt. Sie verfügten in der Mehrzahl über eine wirtschaftswissenschaftliche Ausbildung. 11 der Teilnehmer gehörten der Spitzenorganisation ihres Unternehmens an. Von den 4 Teilnehmern in einer vergleichbaren Position waren drei in Aufsichtsgremien konzerninterner Tochter- oder Enkelgesellschaften vertreten.

TEILNEHMER	A	B	C	D	E	F	G	H	I	J	K	L	M	N	O	Σ
Geschlecht																
männlich	x	x	x	x	x	x	x	x	x	x	x	x	x	x	x	15
weiblich																
Alter																
jünger als 40																
zwischen 40 und 50			x													1
zwischen 50 und 60	x		x	x	x	x	x	x				x	x	x	x	12
älter als 60									x	x						2
Berufsausbildung und/oder Studium																
Kaufmännische Ausbildung			x		x				x			x	x	x		6
gewerblich-technische Ausbildung/ Wirtschaftswissenschaften	x	x	x		x		x	x	x	x	x		x			10
Rechtswissenschaften			x		x											2
Naturwissenschaften					x											1

	A	B	C	D	E	F	G	H	I	J	K	L	M	N	O	Σ
Ingenieurwissenschafen							x									1
Geisteswissenschaften																
Position																
Vorstandsmitglied etc.	x		x	x	x	x		x	x		x	x	x	x		11
Vergleichbare Position		x	x					x			x					4
Aufsichtsratsmitglied etc.			x	x	x	x		x	x		x	x	x			10

b) Verantwortungsbereiche und Mitarbeiter

Die unternehmensintern ausgewählten Teilnehmer an der Umfrage kamen überwiegend aus den Funktionen „Finanz- und Rechnungswesen" und dem „Vertrieb", was mit den bislang bekannten Haupteinsatzgebieten von TIS korrespondiert. Der Anteil der Gesamtverantwortung tragenden Teilnehmer ist zielgruppengemäß hoch. Diese haben, was die Anzahl ihrer Mitarbeiter angeht, dann in aller Regel nicht die Personalzahl in ihrem Verantwortungsfeld, sondern die ihres Unternehmens genannt. In diesem Sinne geben 7 der Topmanager an, Verantwortungsfeldern mit mehr als 5000 Mitarbeiter vorzustehen.

TEILNEHMER	A	B	C	D	E	F	G	H	I	J	K	L	M	N	O	Σ
Verantwortungsbereich																
Finanzen	x			x			x	x	x	x				x		7
Einkauf			x							x	x					3
Personal			x	x												2
Produktion				x												
Forschung und Technik																
Vertrieb		x				x						x				4
Rechnungswesen					x		x									2
Organisation						x										1
Datenverarbeitung						x										1
General Management															x	1
Geschäftsbereich	x			x			x				x					5
Region/Kontinent																
Gesamtverantwortung	x		x	x	x	x		x	x		x	x	x			10
Mitarbeiter																
bis unter 100											x					1
100 bis unter 500		x														1
500 bis unter 1000	x							x								2
1000 bis unter 5000			x	x	x		x									4
5000 und mehr	x						x				x	x	x	x	x	7

b) Art, Häufigkeit und Verteilung der Kontexte

In der Stichprobe kamen fünf spezifische Kontexte zum Vorschein, nachstehend mit I bis V bezeichnet:

I Dem Topmanager war TIS bislang unbekannt: er hat den Eindruck, daß es ihm nutzen könnte mit TIS selbst zu arbeiten.

II Dem Topmanager war TIS bislang unbekannt: er hat nicht den Eindruck, daß ihm TIS nutzen könnte.

III Dem Topmanager war TIS bekannt. Er hat die Absicht mit TIS zu arbeiten.

IV Dem Topmanager war TIS bekannt. Er hat eine Zeitlang mit TIS persönlich gearbeitet, dies aber wieder aufgegeben.

V Der Topmanager arbeitet persönlich mit TIS.

Der Fall III gilt für Teilnehmer D, E, F, G, H und I. In den Bereichen von D, E, F, G und I wird TIS zwar noch nicht eingesetzt, man hat sich aber bereits damit beschäftigt; im Bereich von H wird TIS bereits eingetzt. Die unterschiedenen fünf Fälle treten, verteilt auf die Unternehmen, mit folgender Häufigkeit auf:

FALL	I		II	III						IV		V				
TEILNEHMER	A	B	C	D	E	F	G	H	I	J	K	L	M	N	O	Σ
Unternehmen																
1												x	x	x		3
2				x	x	x										3
3							x									1
4		x	x					x								3
5	x						x								x	3
6										x	x					2

Interessanterweise zeichnen sich dabei unternehmensspezifische Muster ab: Alle Teilnehmer des Unternehmens 1 gehören zum Fall V, alle Teilnehmer des Unternehmens 2 gehören zum Fall III, die Teilnehmer des Unternehmens 6 bilden den Fall IV. Dies mag darauf hindeuten, daß der Einsatz von TIS auf Topmanagementebene allgemein auch dadurch bestimmt ist, wie der Informationsfaktor innerhalb eines Unternehmens insgesamt gehandhabt wird.

b) Umfang und Qualität der Antworten

Die Fragen wurden in überwiegender Mehrzahl vollständig beantwortet. Allein Teilnehmer B machte zu einem größeren Teilbereich keine Angaben, nämlich zu seinem Bedarf an Grundinformationen. Teilnehmer O machte keine Angaben zu seinem Bedarf an sonstigen Grundinformationen, Teilnehmer L, M und O zur ihren Aktualisierungswünschen bezüglich dieser sonstigen Grundinformationen. Die Befragten ergänzten das standardisierte Antwortraster in mehr als der Hälfte der Fälle mit persönlichen Anmerkungen oder Kommentaren. Zur Frage „Welche Vorteile/Unterstützung versprechen Sie sich von TIS?" wurden zusätzlich beispielsweise folgende Anmerkungen gemacht: „breites Informationsspektrum bei flexiblem Zugriff", „Streuung von Grundinformation im Konzern", „einheitliche Information für gesamte Führungsebene (Aktualität, Inhalte)"; aber auch: „use what we sell – sell what we use". Die im Fragebogen aufgelisteten Grundinformationsfelder wurden in Einzelfällen wie folgt ergänzt: „alle das Gesamtunternehmen betreffende Felder", „Schwestergesellschaften", „Muttergesellschaft". Die aufgelisteten Aktualisierungsintervalle wurden um zwei Positionen erweitert: „vierteljährlich" und „jährlich".

c) Grundinformationen: Felder des Bedarfs

Der Bedarf an Grundinformationen der Teilnehmer erstreckt sich erwartungsgemäß über unternehmensexterne und -interne Felder, ist insgesamt aber selektiv. Was das Umfeld angeht, so stehen „Volkswirtschaft" sowie „Branchen und Märkte" an der Spitze. Was die Kategorie Unternehmen/Verantwortungsfeld angeht, so werden „Finanzen", „Betriebswirtschaft" und „Vertrieb" besonders häufig genannt. Einerseits korrespondiert dies mit der Verteilung der Verantwortungsfelder der Teilnehmer, andererseits erscheint dies angesichts der hohen Zahl der Gesamtverantwortung tragenden Topmanager in unserer Stichprobe doch anmerkenswert. So bleibt der Bereich „Forschung und Entwicklung" beispielsweise ohne Nennung. Da sich die Fragestellung allein auf Grundinformationen bezieht, ist allerdings nicht auszuschließen, daß die Topmanager auch Informationsbedarf bezüglich hier nicht genannter Felder haben, dies indes vermehrt in Form von Sonderinformationen. Bedarf an Sonstigen Grundinformationen besteht in der Stichprobe überwiegend bezüglich des Wettbewerbs.

FALL	I		II	III						IV		V				
TEILNEHMER	A	B	C	D	E	F	G	H	I	J	K	L	M	N	O	Σ
BEDARF AN GRUNDINFORMATIONEN																
Umfeld																
Volkswirtschaft	x		x	x	x		x	x	x	x	x	x				10
Politik	x		x				x	x								4
Märkte und Branchen	x		x	x	x	x	x		x	x	x	x		x		11
Forschung und Technik							x							x		2
Verbände							x									1
Unternehmen/ Verantwortungsfeld																
Finanzen	x		x	x			x	x	x	x	x	x		x		11
Forschung- und Entwicklung																11
Personal			x	x	x		x			x	x	x	x	x		9
Einkauf	x		x				x			x		x				5
Produktion	x			x			x			x		x				5
Vertrieb	x			x	x	x	x	x	x	x	x	x	x	x		12
Sonderprojekte			x						x					x		3
Sparten	x						x			x	x					4
Geschäftsbereiche	x			x	x		x	x	x	x	x	x	x	x	x	12
Tochtergesellschaften			x	.	x		x	x	x	x	x	x	x	x	x	11
Länder und Regionen	x			x			x	x		x	x			x		7
Schwestergesellschaften							x									1
Muttergesellschaft							x									1
							x									1
Sonstige																
Wettbewerber	x		x	x	x	x	x	x	x					x	x	11
Koalitionspartner	x						x						x	x		4

f) Grundinformationen: Aktualisierungsbedarf

Der Bedarf an kurzfristiger Aktualisierung der Grundinformationen ist gering, was mit den Modellbetrachtungen für Z korrespondiert. Die häufig gepriesen Vorteile von TIS sind dementsprechend zu relativieren. Was das Umfeld angeht, so wird überwiegend eine monatliche Aktualisierung als hinreichend erachtet. Bezüglich unternehmensinterner Felder wird der Bedarf an täglicher Aktualisierung von 5 Teilnehmern genannt: C (Einkauf und Personal), E (Finanz- und Rechnungswesen), G (Vertrieb), I (Vertrieb) sowie N (Vertrieb). Mit Ausnahme von C sind sie alle gesamtverantwortlich tätig. Für Teilnehmer O hingegen ist eine vierteljährliche Aktualisierung auch der unternehmensspezifischen Daten hinreichend, was möglicherweise mit beeinflußt, daß er – wie unten ausgeführt – TIS nicht im Funktionsbereich „vorstrukturierte Grundinformationen" einsetzt. Bezüglich der Sonstigen Grundinformationen gilt ein dem Umfeldsegment ähnliches Muster. Teilnehmer F erachtet hierbei sogar eine jährliche Aktualisierung als hinreichend.

FALL	I			II III						IV		V				
TEILNEHMER	A	B	C	D	E	F	G	H	I	J	K	L	M	N	O	Σ
AKTUALISIERUNGSWÜSCHE																
Umfeld																
Täglich																
Wöchentlich								x								1
Monatlich	x		x	x	x	x	x	x	x	x	x	x	x	x		13
Unternehmen/ Verantwortungsfeld																
Täglich				x		x		x		x			x			5
Wöchentlich				x									x			2
Monatlich	x			x	x	x		x		x	x	x	x	x	x	11
Vierteljährlich															x	1
Sonstige																
Täglich																
Wöchentlich	x															1
Monatlich	x			x	x			x		x	x		x	x		8
Vierteljährlich								x								1
Jährlich						x										1

b) Grundinformationen: Stellenwert

Grundinformationen wird überwiegend hoher bis mittlerer Stellenwert beigemessen. Nur zwei Teilnehmer schätzen den Stellenwert dieser Informationen als gering ein: J ist Mitglied des Vorstandes eines Großkonzerns und dort zuständig für Finanzen, M ist Mitglied der Geschäftsführung einer deutschen Tochtergesellschaft eines US-amerikanischen Großkonzerns und dort ohne direkten Verantwortungsbereich. Beide haben Erfahrung mit der Arbeit mit TIS. Für E (Finanz- und Rechnungswesen), F (Organisation und Datenverarbeitung), G (Vertrieb), I (Vertrieb), L (Finanzen und Einkauf) und N (Vertrieb) sind Grundinformationen von hohem Stellenwert.

FALL	I		II III							IV		V				
TEILNEHMER	A	B	C	D	E	F	G	H	I	J	K	L	M	N	O	Σ
Hoch					x	x	x		x			x		x		6
Mittel	x		x	x				x			x				x	6
Gering										x			x			2

h) TIS: Funktionsbereiche

Der Funktionsbereich „vorstrukturierte Grundinformationen" dominiert mit Abstand. In 13 der insgesamt 15 Fälle kommt TIS entweder in diesem Bereich bereits zur Anwendung (Fall V), oder war (Fall IV) bzw. ist (Fälle I und III) seine Anwendung in diesem Bereich geplant. Der Bereich „Kommunikation" folgt an zweiter Stelle mit insgesamt 6 Nennungen. Die anderen Bereiche folgen in der Reihung „nicht vorstrukturierte Informationen" (3 Nennungen) und „Büroautomatisierung" (2 Nennungen). Für Modellanalysen gibt es in der Stichprobe keine konsistente Nennung: Teilnehmer G und H lassen das entsprechende Feld in der korrespondierenden Folgefrage offen. Entsprechendes gilt für D, E, F und H im Zusammenhang mit „nicht vorstrukturierten Informationen". Beachtenswert erscheint zudem, daß zwei der 3 Nennungen für „nicht vorstrukturierte Informationen" aus dem Segment I kommen – d.h. von Topmanagern, denen TIS bislang unbekannt war und für die damit in aller Regel nur schwerlich absehbar sein dürfte, was der Einsatz von TIS in diesem Bereich in der Praxis erfordert – und keine Nennung aus dem Segment V, also von Topmanagern, die mit TIS bereits arbeiten. O nutzt TIS – und dies als einziger Topmanager in V – ausschließlich in den Bereichen Büroautomatisierung und Kommunikation. Da O in den USA arbeitet, würde dies dafür sprechen, daß TIS dort aufgrund spezifischer Gegebenheiten (Managementstile, Computeranwendungsgewohnheiten etc.) in anderer Form zum Einsatz kommt.

FALL	I		II III							IV		V				
TEILNEHMER	A	B	C	D	E	F	G	H	I	J	K	L	M	N	O	Σ
Grundinformationen	x	x	x	x	x	x	x	x	x	x	x	x	x			13
Modellanalysen																
ad-hoc-Datenbankabfragen	x	x						x								2
Büroautomatisierung												x		x		3
Kommunikation	x						x				x	x			x	6

b) TIS: Vorteile

Die Vorteile von TIS im Funktionsbereich „vorstrukturierte Grundinformationen" werden vor allem in folgenden Punkten gesehen:

- schnellerer und einfacherer Zugriff auf Grundinformationen
- besserer Überblick
- erhöhte Reaktionsschnelligkeit (was sich gemäß obigem in aller Regel wohl weniger auf die Aktualität der Information beziehen dürfte, sondern eher auf deren Verfügbarkeit)
- vermehrte Entscheidungsunterstützung
- positive Austrahlungseffekte verschiedener Art.

Letzteres wurde 10 mal benannt. In anderen Worten: zwei Drittel der befragten Topmanager betrachten die Handhabung des Informationsfaktors in ihrem Feld – und damit wohl vielfach auch ihre eigene Informationsversorgung – als suboptimal. Dieser Anteil erhöht sich weiter auf praktisch 100%, wenn man die Teilnehmer der Stichprobe herausrechnet, die TIS bereits einsetzen. Unter diesen erwartet nur L noch solche Effekte. Ob TIS als Indikator dafür steht, daß der Informationsfaktor in den jeweiligen Bereichen besser gehandhabt wird, bzw. inwieweit TIS selbst mit zu einer solchen Verbesserung beigetragen hat, bleibt in der Abfrage offen. Festzustellen ist lediglich, daß auch die mit TIS zwischenzeitlich nicht mehr arbeitenden Teilnehmer J und K sich ursprünglich solche Vorteile von TIS erwarteten, diese sich dann aber augenscheinlich nicht realisierten.

FALL	I		II III							IV		V				
TEILNEHMER	A	B	C	D	E	F	G	H	I	J	K	L	M	N	O	Σ
Schnellerer und einfacher Zugriff auf Grundinformationen	x	x	x	x	x	x	x	x	x	x	x	x	x			13
Erweiterte Kontrollspanne											x					1
Besserer Überblick	x	x	x	x	x	x	x	x	x	x	x			x		12
Mehr Einblick/Kontrolle in Details		x					x		x	x	x			x		6
Erhöhte Reaktionsschnelligkeit	x		x		x	x	x	x	x	x				x	x	10
Entscheidungsunterstützung	x	x	x	x	x	x	x	x	x	x	x	x				12
Eigenständige Erarbeitung von Alternativrechnungen etc.																

FALL	I		II III							IV			V			
TEILNEHMER	A	B	C	D	E	F	G	H	I	J	K	L	M	N	O	Σ
Eigenständige Durchführung Komplexer Datenbankabfragen	x							x								2
Automatisierung nicht Delegierter Büroprozesse												x		x		2
Zusätzliches Kommunikationsmedium	x						x	x	x					x	x	6
Zusätzlicher Berichtsweg								x	x		x	x				4
Positive Ausstrahlungseffekte	x		x	x	x	x	x	x	x	x	x					10

j) TIS: Anteile an der Deckung des Informationsbedarfs

Die Teilnehmer sehen den Anteil, den TIS zur Deckung ihres Informationsbedarfs insgesamt beiträgt überwiegend in der Spanne zwischen „bis zu 10%" und „maximal 30%". Tendenziell scheint die Einschätzung dieses Anteils in den Fällen höher zu liegen, in denen man mit TIS bislang noch nicht persönlich gearbeitet hat. Teilnehmer B und I beispielsweise benennen einen Anteilswert bis zu 40%. B und I sind in Vertriebsfunktionen tätig. Ihnen folgen Teilnehmer A, H und N mit einem Anteilswert von bis zu 30%: N ist ebenfalls in einer Vertriebsfunktion tätig, A in Finanzen, H im Finanz- und Rechnungswesen. Sowohl der Vertrieb als auch das Finanz- und Rechnungswesen sind relativ „zahlenintensive" Bereiche, was auf die Wechselwirkung zwischen dem quantitativen Anteil, den TIS an der Informationsversorgung eines Topmanagers hat, und der Art dessen Verantwortungsfeldes hinweist.

Der qualitative Anteil, den TIS an der Deckung des Informationsbedarfs einnimmt, wird von den Teilnehmern überwiegend in den Bereichen „mittel" und „hoch" gesehen. Interessant erscheint dabei die hohe Korrelation zur Einschätzung des durch TIS abgedeckten Anteils am Bedarf an Grundinformationen zu sein (die Nennungen sind in der Tabelle unten nochmals ergänzt). Sind Grundinformationen für einen Topmanager von hoher Bedeutung, dann ist auch TIS für ihn offensichtlich von hoher Bedeutung (bzw. Nutzen) und umgekehrt. Ausnahmen von diesem Zusammenhang mögen sich beispielsweise, wie Teilnehmer O zeigt, dadurch ergeben, daß sich der Bedarf eines Topmanagers an Grundinformationen auf

relativ wenige Felder erstreckt – also, sonst gleiche Bedingungen unterstellt, als quantitativ kleiner anzusehen ist – und daß er diese Informationen
zudem mit geringerer Aktualisierung als üblich braucht (im Falle von O:
monatlich und vierteljährlich).

FALL	I		II	III						IV		V				
TEILNEHMER	A	B	C	D	E	F	G	H	I	J	K	L	M	N	O	Σ
Quantitativ																
Unter 10%									x			x		x		3
10 bis 20%				x	x	x				x						4
20 bis 30%	x						x						x			3
30 bis 40%		x						x								2
Über 40%																
Qualitativ																
Hoch				x	x	x		x				x		x		6
Mittel	x	x	x				x						x			5
Gering										x	x					2
Bedeutung des mit TIS abgedeckten Anteils am Informationsbedarf																
Hoch				x	x	x		x				x		x		6
Mittel	x	x	x				x						x		x	6
Gering										x	x					2

k) Contra TIS

Drei Teilnehmer sprachen sich gegen TIS aus. Zwei davon haben bereits
mit TIS gearbeitet, gehören also Fall IV an. Gemeinsamer Beweggrund für
alle drei war die mangelnde Reife des Informations- und Berichtswesens ihres Unternehmens. Wenn dem so ist, dann wäre hier wohl dringender
Handlungsbedarf zu vermuten, wobei sich Teilnehmer J und K, wie bereits
erwähnt, entsprechende Veränderungen auch via TIS erwarteten. C und J
merkten zudem an, daß der mit TIS verbundene Aufwand den zusätzlichen
Nutzen für sie nicht lohne.

FALL	I	II	III	IV	V									
TEILNEHMER	A	B	C	D	E	F	G	H I	J	K	L	M	N	Σ
Wahrzunehmende Aufgaben Sind derart, daß ein System Wie TIS hierbei keine Hilfe-Stellung bieten kann.														
Mitarbeiter informieren um-fassend; mit TIS persönlich zu arbeiten														
Verbessert Informations-versorgung nicht														
TIS könnte die Informations-versorgung wohl an der einen oder anderen Stelle verbessern														
Diese Verbesserungen lohnen indes den Aufwand nicht			x					x						2
Das Informations- und Berichts-wesen des Unternehmens ist noch nicht reif für TIS			x						x	x				3
Die Handhabung eines Com-puters ist auch mit TIS noch zu kompliziert und aufwendig														

l) TIS: Inhaltliche Verbesserungen

Nicht nur die dem Fall IV sondern auch die dem Fall V zugehörigen Topm-anager weisen auf die Notwendigkeit inhaltlicher Verbesserungen im Funk-tionsbereich „vorstrukturierte Grundinformationen" hin. Jeweils vier Nen-nungen hatten

- schärfere Fokussierung auf das Relevante
- erhöhte Aktualität
- Füllung noch offener Informationslücken
- Entlastung des System von unwichtigen Details.

Drei Teilnehmer wollten mehr/bessere übergreifende Informationen; **kei-ner verlangte nach mehr Detailinformationen.** Aufschlußreich er-scheint zudem die Anzahl der Nennungen pro Teilnehmer: J, K, L und N benennen jeweils 5 Punkte, N benennt 3 Punkte. Der Verbesserungsbedarf ist augenscheinlich erheblich. Im Hintergrund dürften dabei organisatori-sche und/oder konzeptionelle Datenmanagement-Probleme stehen.

FALL	I						II	III		IV			V			
TEILNEHMER	A	B	C	D	E	F	G	H	I	J	K	L	M	N	O	Σ
Schärfere Fokussierung auf das Relevante											x	x	x	x		4
Transparentere Struktur												x	x			2
Verbesserte Handhabung													x	x		2
Erhöhte Aktualität										x	x		x	x		4
Füllung noch offener Informationslücken										x	x	x		x		4
Entlastung des Systems von unwichtigen Informationen										x	x	x		x		4
Mehr/bessere übergreifende Informationen										x	x	x				3
Mehr Detailinformationen																

m) Neue Anwendungen und Entwicklung des Stellenwertes

Drei der vier Teilnehmer, die mit TIS heute schon arbeiten, denken daran, TIS zusätzlich in bisher noch nicht genutzen Funktionsbereichen zu nutzen. (Teilnehmer N bringt zum Ausdruck, daß auch er dies wolle, benennt dann aber bei der sich anschließenden Frage keine Bereiche). Alle vier Topmanager in diesem Segment gehen davon aus, daß der Stellenwert von TIS bezüglich ihrer Informationsversorgung in der Zukunft noch weiter steigen wird.

FALL	I						II	III		IV			V			
TEILNEHMER	A	B	C	D	E	F	G	H	I	J	K	L	M	N	O	Σ
TIS-Fortentwicklungen																
Keine																
Verbesserungen bisherigen Funktionsbereichen										x	x	x				3
Neue Anwendungnen in anderen Funktionsbereichen										x	x		x			3
Neue Anwendungen in anderen Funktionsbereichen																
Modellanalysen																
Ad-hoc-Datenbankabfragen										x			x			2
Büroautomatisierung																
Kommunikation										x	x					2
Zukünfiger Stellenwert von TIS in der eigenen Informationsversorgung																
Steigend										x	x	x	x			4
Gleichbleibend																
Fallend																

4.1.4.2 Zusammenfassung

- An der Fragebogen-Erhebung nahmen 15 Topmanager Z aus 6 komplexen Unternehmen teil:
  - 12 der 15 Topmanager war TIS bekannt: 6 streben an, TIS einzusetzen; 2 hatten mit TIS gearbeitet, dies aber wieder aufgegeben; 4 arbeiten derzeit mit TIS (3 der 4 gehören einem großen Computer-Unternehmen an, der vierte hat seinen Sitz in den USA)
  - 3 Topmanagern war TIS unbekannt: 2 davon hatten den Eindruck, daß TIS ihnen nutzen könnte.
- Die überwiegende Mehrzahl der befragten Topmanager
  - sieht den Funktionsbereich „vorstrukturierte Grundinformationen" im Mittelpunkt des TIS-Nutzens
  - erachtet monatliche Aktualisierungen der Grundinformationen als hinreichend
  - schätzt ihre Informationsversorgung als suboptimal ein und erhofft sich von TIS eine Verbesserung
  - erwartet von TIS positive unmittelbare Ausstrahlungseffekte auf die Informationsversorgung insgesamt.
- Die befragten Topmanager sehen den Anteil, den TIS zur Deckung ihres Informationsbedarfs beitragen kann, in der Spanne zwischen „bis zu 10%" und „maximal 30%". Tendenziell wird dieser Anteil in den Fällen höher eingeschätzt, in denen man mit TIS bislang noch nicht persönlich gearbeitet hat. Der qualitative Anteil, den TIS an der Deckung des Informationsbedarfs einnimmt, wird überwiegend „mittel" bis „hoch" eingeschätzt. Diejenigen Topmanager, für die Grundinformationen von hoher Bedeutung sind, messen durchgängig auch TIS hohen Stellenwert bei und umgekehrt.
- Drei der sechs Topmanager, die mit TIS arbeiten bzw. gearbeitet haben, wünschen sich mehr/bessere übergreifende Informationen. Keiner dieser sechs Topmanager hat Bedarf an mehr Detailinformationen.
- Alle Topmanager, die mit TIS arbeiten bzw. gearbeitet haben, sehen zentrale Verbesserungsnotwendigkeiten inhaltlicher Art. Vornehmlich werden genannt (jeweils 4 Nennungen): Entlastung des Systems von unwichtigen Informationen, Füllung noch offener Informationslücken, vermehrte Fokussierung auf das Relevante, erhöhte Aktualität (timelines).

- Innerhalb der Stichprobe zeigt sich das „Unternehmen" als eine weitere Determinante des TIS-Einsatzes: 3 der 6 Unternehmen zeigen ein jeweils gemeinsames Raster.

4.2 Telephonumfrage

Die Telephonumfrage wurde in der Schweiz Ende 1995 bei sechs Großkonzernen im Rahmen eines an der Forschungsstelle für Internationales Management, Universität St. Gallen, durchgeführten Projektes unternommen. Ihr Ziel war es, die Fragebogenerhebung in Deutschland in fokussierter Form auf den schweizer Raum zu erweitern. Statistische Signifikanz konnte und sollte auch mit dieser Umfrage nicht erreicht werden.

4.2.1 Teilnehmer

Die kontaktierten Konzerne sind komplex und grenzüberschreitend aktiv. Zwei Konzerne gehören dem Bankenbereich an; zwei weitere Konzerne haben Produktionsschwerpunkte im chemisch-pharmazeutischen Bereich; einer ist u.a. in den Bereichen Stromerzeugung, -übertragung und -verteilung tätig; einer im Nahrungsmittelbereich.

Angestrebt wurde, Gesprächspartner zu finden, die – entweder aufgrund ihrer hierarchischen Position oder ihrer fachlichen Zuständigkeit – Auskunft geben konnten über den TIS-Einsatz auf der Top-Ebene in ihrem Haus. Die Kontaktaufnahme erfolgte auf Basis der in den aktuellen Geschäftsberichten veröffentlichten Führungsorganisationen nach folgendem Muster:

- In drei Fällen ging aus der Führungsorganisation hervor, daß TIS zu dem Verantwortungsbereich eines Mitgliedes der Konzernleitung gehören könnte. Als erstes wurde mit dessen Sekretariat Kontakt aufgenommen, was in zwei Fällen dazu führte, daß mit dem Konzernleitungsmitglied persönlich gesprochen werden konnte; im dritten Fall wurden an den für TIS zuständigen Vertreter in dessen Bereich verwiesen.
- In den drei anderen Fällen, in denen eine solche Zuständigkeit aus dem Geschäftsbericht nicht erkennbar war,

- wurde in zwei Fällen der Leiter des Sekretariates des Verwaltungsrates im Geschäftsbericht ausgewiesen, mit denen dann direkt gesprochen werden konnte, wobei in einem Fall an den Leiter „Informationssysteme" des Hauses weiter verwiesen wurde;
- wurde in einem Fall der Leiter des Büros des Konzernvorsitzenden im Geschäftsbericht ausgewiesen, der jedoch auf einer Auslandsreise war: es wurde zunächst mit dessen Assistentin und anschließend mit dem Assistenten des Leiters „Informationssysteme" gesprochen.

Nach den in den Geschäftsberichten ausgewiesenen Führungsstrukturen waren somit zumindest zwei Teilnehmer der Erhebung als Topmanager des Typs Z zu betrachten. Zudem ordneten sich in den Interviews zwei weitere Teilnehmer der Umfrage dieser Zielgruppe zu.

4.2.2 Kernfragen

Die Interviews waren im Kern auf vier Fragen konzentriert:

1. Ist Ihnen TIS bekannt und wird TIS in Ihrem Haus bereits eingesetzt?
2. Bis zu welcher hierarchischen Ebene ist TIS bei Ihnen bereits vorgedrungen? Gehören hierzu beispielsweise auch Mitglieder Ihres Topmanagements – worunter etwa Ihre Top-200-Führungskräfte gerechnet werden?
3. Wie setzen Ihre Topmanager diese Systeme ein und wo sehen Sie derzeit gegebenenfalls noch Schwächen?
4. Ist es für Topmanager von Nutzen, mit dem Computer vermehrt auf Details zugreifen zu können, oder haben sie eher Bedarf an ganzheitlich-übergreifenden Informationen?

War TIS unbekannt (vgl. Frage 1), wurden dessen Potentiale kurz vorgestellt und weiter gefragt, ob für diese Systeme Potentiale auf der Z- Ebene gesehen werden und wenn „ja" welche? Letztere Frage wurde gleichfalls gestellt, wenn TIS bislang noch nicht auf der Z-Ebene eingesetzt wird (vgl. Frage 2). Die Länge der Interviews schwankte, je nach Anmerkungen und Rückfragen, zwischen fünf und fünfzehn Minuten.

4.2.3 Ergebnisse

4.2.3.1 Details

Die Telephonumfrage hatte – im Vergleich zu der Fragebogen-Erhebung – den Vorteil, daß der Gesprächsverlauf flexibel an den situativen Gegeben-heiten zu orientieren war, und dabei oft zusätzliche Hinweise aufgenommen werden konnten, die über eine starre Katalogabfrage in dieser Form nicht zu gewinnen gewesen wären. Nachteilig war, daß manche Fragen letztlich nicht klärbar waren, wie beispielsweise: Ob bzw. inwieweit Top-manager Z, die einen Computer auf ihrem Schreibtisch haben, mit diesem auch tatsächlich arbeiten? So blieben manche Feststellungen trotz nachfra-gens unscharf. Das Resultat der Umfrage ist – orientiert an obigen vier Kernfragen – wie folgt zusammenzufassen:

a) TIS: Bekanntheit und Einsatz
TIS war allen Telephonpartnern bekannt – einem Teilnehmer, er leitete das Sekretariat des Verwaltungsrates seiner Unternehmung, zumindest dem Namen nach. TIS scheint in allen befragten Unternehmungen – in welcher Form/auf welcher hierarchischen Ebene auch immer – zum Einsatz zu kommen. Nach den Aussagen der Gesprächspartner ist TIS in vier der sechs befragten Unternehmungen bis auf den Tisch einzelner Topmanager vor-gedrungen. Hinsichtlich des Umfangs des Systemeinsatzes wird teils nach Subgruppen differenziert, wie

* „TIS ist in unserem Haus vor allem für der Operative nahestehende Topmanager (Geschäftsführer größerer Tochtergesellschaften etc.) rele-vant. Die Topmanager der Konzernzentrale haben und brauchen kein TIS." (Die Konzernzentrale fungiert in diesem Fall gleichsam als Fi-nanzholding und greift – im Normalfall – nicht in die operativen Belan-ge der Gesellschaften bzw. Geschäftsfelder ein. Ein einheitliches und dif-ferenziertes Konzernberichtswesen ist weder vorhanden, noch wird es – so die Aussage des Teilnehmers – angestrebt.)
* „Der TIS-Einsatz ist zuallererst auch eine Altersfrage. Unsere jüngeren Topmanager setzen solche Systeme intensiver ein".

... wird allgemein jedoch eher offen formuliert, wie

- „Wir haben begonnen, TIS auch auf der Top-Ebene einzusetzen, sind aber noch in den ersten Anfängen."
- „Etwa 50 unserer Top-100-Führungskräfte sind an unser E-Mail angeschlossen und arbeiten damit – zumindest manchmal – auch persönlich."

Die vier Unternehmungen, in denen TIS bislang bereits auf den Schreibtisch von Topmanagern Z vorgedrungen ist, planen einen verbreiterten Einsatz auf dieser Ebene:

- Ein Unternehmen ist derzeit dabei, ein für das mittlere Management erstelltes elektronisches Konzernberichtswesen für den spezifischen Einsatz auf der Z-Ebene weiterzuentwickeln.
- Ein anderes Unternehmen will ein bislang im Bereich der „corporate communication" eingesetztes Intranet auch auf der Z-Ebene installieren: Das System umfaßt aktuelle Konzernnachrichten allgemeinen Interesses (Informationen über Marktentwicklungen etc.). Die Zahl der Zugriffsberechtigten auf das System stieg in dem Unternehmen innerhalb des letzten Jahres von 12.000 auf 40.000 Personen. Das System wurde – kurz vor der Befragung – auf einer internen Topmanagement-Tagung, an der die Top-400-Führungskräfte des Konzerns teilnahmen, vorgestellt: Ergebnis war, daß 97% der Tagungsteilnehmer das System innerhalb der nächsten 12 Monate ebenfalls haben wollten. (Eine Aussage, wieviele es derzeit bereits haben, wurde nicht gemacht.).
- Ein Unternehmen hat sein Führungssystem in den vergangenen zwei Jahren grundlegend geändert und sieht den Schwerpunkt künftiger Aktivitäten vor allem in der Konsolidierung des internen Datenmanagements.

Die zwei Unternehmen, in denen TIS bislang nicht auf der Z-Ebene zum Einsatz kommt, sind beide im chemisch-pharmazeutischen Bereich tätig. Auch ihre Repräsentanten sehen mit TIS Nutzenpotentiale für Z verbunden:

- Der eine räumt TIS allgemein gute Chancen ein, auf die Topmangement-Ebene auch seines Unternehmens vordringen zu können; konkrete Pläne hierfür sind ihm allerdings nicht bekannt.
- Der andere hat die Erfahrung gemacht, daß Topmanager seines Hauses noch nicht an einem Einsatz von TIS interessiert sind.

b) TIS: Z-relevante Funktionsbereiche

Der Funktionsbereich „vorstrukturierte Grundinformationen" wird von allen Befragten als Z-relevant eingeschätzt. Ein Teilnehmer aus dem Bankensektor stellt zusätzlich den Bereich „Modellanalysen" für Risikomanagement-Anwendungen als wichtig heraus. Zwei andere Teilnehmer (der eine ist – als ausgebildeter Informatiker – in seinem Unternehmen für Informationssysteme verantwortlich, der andere fungiert als Chief Financial Officer seines Konzerns) sehen die Potentiale von TIS momentan vorrangig im Bereich der „Kommunikation", wobei u.a. Stichworte wie „vermehrte Nähe zu Mitarbeitern" und „Beschleunigung von Abläufen" genannt werden. Was „vorstrukturierte Grundinformationen" angeht, so sehen zwar beide Nutzenpotentiale in diesem Bereich, jedoch auch erhebliche Herausforderungen an das Datenmanagement. Sie gehen davon aus, daß die für sinnvolle Anwendungen in diesem Bereich notwendige „TIS-Reife" in ihren Unternehmungen kurzfristig nicht zu erreichen ist.

c) Detaillierte versus ganzheitlich-übergreifende Informationen

Die Gesprächspartner unterstellen überwiegend, daß es für Topmanager weniger wichtig ist, via TIS vermehrt auf Detailinformationen zugreifen zu können, sondern sie eher Bedarf an ganzheitlich-übergreifenden Grundinformationen haben:

- Ein Teilnehmer weist gleich zu Anfang des Gesprächs von sich aus auf ..."die Problematik der Verdichtung der quantitativen Daten des Rechnungswesens zu relevanten ganzheitlichen Informationen und den Mangel an diesbezüglichen Konzepten" ... hin.
- Insgesamt drei Teilnehmer betonen, daß sie in diesem Mangel an ganzheitlich-übergreifenden Ansätzen den eigentlichen Grund sehen, warum sich TIS auf der Topmanagement-Ebene bislang nicht vermehrt durchsetzen konnte.
- Ein anderer Teilnehmer differenziert diesbezüglich zwischen Topmanagern der Konzernzentrale und anderen: Für Topmanager der Konzernzentrale seines Unternehmens sind – so seine Einschätzung – weder detaillierte noch ganzheitlich-übergreifende Grundinformationen wichtig, da deren Aufgaben vornehmlich auf strategische Belange konzentriert seien und sie sich mit operativen Belangen nicht befassen müßten. (Dem widerspricht, daß in diesem Unternehmen 97% der Top-400 das obige

Corporate-Communication-System haben wollen.) Andere, der Operative näherstehende Topmanager haben aus seiner Sicht gleichermaßen Bedarf an ganzheitlich-übergreifenden Informationen wie an Details.

4.2.3.2 Zusammenfassung

Die Mehrzahl der Teilnehmer

- erachtet den Funktionsbereich „vorstrukturierte Grundinformationen" als primär relevant für Z. Anwendungen im Bereich der Kommunikation folgen mit Abstand an zweiter Stelle (zwei Nennungen); der Bereich „Modellanalysen" wird von einem Teilnehmer als wesentlich genannt; nicht vorstrukturierte Informationen oder Anwendungen im Bereich der Büroautomatisierung werden von keinem der Befragten als relevant erachtet.

- geht davon aus, daß Topmanager Z via TIS nicht auf zusätzliche Detailinformationen zugreifen möchten, sondern vermehrt Bedarf an ganzheitlich-übergreifenden Informationen haben; drei Teilnehmer sehen in dem Mangel an ganzheitlich-übergreifenden Ansätzen den eigentlichen Grund, warum sich TIS auf der Topmanagement-Ebene bislang nicht durchsetzen konnte.

4.3   Fallstudie Daimler-Benz

Der Daimler-Benz-Konzern gehört zu den Pionieren der Anwendung computergestützter Topmanagement-Informationssysteme auf oberster Führungsebene in Kontinentaleuropa. Der Verfasser wirkte an dieser Entwicklung in verschiedenen Funktionen mit. Die Fallstudie skizziert die zentralen Entwicklungsphasen und Erfahrungen aus seiner Sicht:

4.3.1   Entwicklungsphasen

Es sind drei Phasen zu trennen:

- die Phase des Aufbaus Ende der 80er Jahre,
- eine bis in die Mitte der 90er Jahre hineinreichende Phase der Diffusion
- eine Phase der Renaissance ab Mitte der 90er Jahre. (vgl. Abbildung 4.2)

4.3.1.1 Aufbau

Die Aufbauphase ging mit wesentlichen Veränderungen im Unternehmenskontext einher: Die Konzentration auf das Automobilgeschäft wurde aufgegeben und durch die Vision eines integrierten Technologiekonzerns ersetzt. Zahlreiche Akquisitionen wurden getätigt. Die Organisationsfigur wurde von einem funktional über einen divisional gegliederten Stammhauskonzern zu einer geschäftsführenden Holding verändert. Dies führte zu neuen Anforderungen und Entwürfen die Führungs- und Informationssysteme des Unternehmens betreffend. Und schließlich waren mit diesen Veränderungen auch eine Reihe von personellen Umsetzungen verbunden, was von den jeweiligen Führungskräften teils grundlegende fachliche Neuorientierungen verlangte und entsprechende Informationsbedarfe mit sich brachte. (vgl. Bea, Kötzle, Rechkemmer, Bassen, 1997)

Vor diesem Hintergrund kam es Ende der 80er Jahre zu dem Auftrag, die Leistungsfähigkeit der damaligen TIS-Software und ihre Potentiale auf der Vorstandsebene zu testen und ein erstes Prototyp-System für den Finanzvorstand zu entwickeln. Executive Sponsor des Projektes war der Finanzvorstand. Operativer Sponsor war der Verfasser als dessen persönlicher Assistent. Im weiteren wurde ein unternehmensintern und -extern besetztes Projektteam gebildet, das die Potentiale der Software prüfte und eine auf den Bereich vorstrukturierte Grundinformationen konzentrierte Pilotanwendung entwickelte und realisierte.

Das Pilotprojekt wurde zu einem Erfolg, auch wenn die Konzentration auf den Bereich vorstrukturierte Grundinformationen innerhalb des Projektteams nicht unumstritten war und immer wieder zu Diskussionen führte (siehe unten). Die gewonnenen Ergebnisse wurden im Vorstandskreis jedoch positiv aufgenommen und eine Fortführung der Aktivitäten auf breiterer Ebene beschlossen. Die Leitung dieses Folgeprojektes wechselte daher in den Bereich des Vorstandsvorsitzenden.

4.3.1.2 Diffusion

Der Daimler-Benz-Konzern setzte zu Beginn der 90er Jahre seine Expansionspolitik fort. Weitere Akquisitionen wurden getätigt. Gleichzeitig wurden unternehmensintern mehrstufige Reorganisationen durchgeführt – teils zur Optimierung der Gemeinkosten und Straffung von Abläufen und Prozessen, teils aufgrund der Erweiterung der Geschäfte. Parallel hierzu

Entwicklungs-phasen	Unternehmenskontext	Executive Sponsor	Vorgehen und Ziel	Operativer Sponsor
1988 Aufbau	– Neue Leitbilder und Strategien – Zahlreiche Akquisitionen – Neue Organisationskonzepte – Entwürfe neuer Führungs-/Informationssysteme	Finanzvorstand	– ein Projektteam – Zielgruppe: Finanzvorstand – Funktionsbereich: vorstrukturierte Grundinformationen	Persönlicher Assistent des Finanzvorstandes
1990 Diffusion	– Zahlreiche Akquisitionen – Umfangreiche Reorganisationen – Unerwartete Umfeldentwicklungen – Vermehrtes Issue-Management	Vorstands-vorsitzender (VV)	– weitgehend eigen-ständige Teams – Zielgruppe: VV, Vorstands-gremium, Sonstige – Funktionsbereich: vorstrukturierte Grundinformationen, Kommunikation, Sonstige	zunächst: Persönlicher Assistent des VV/Sonstige dann: hierarchisch nach-geordneter TIS-Stab ohne direkten VV-Kontakt/Sonstige
1995 Renaissance	– Fokussierung des Konzernportfolios – Konsolidierung der Geschäfte – Straffung der Organisation – Definition der Steuerungsgrößen – Aufbau leistungsfähiger Führungs-/Informations-systeme	Vorstands-vorsitzender (VV)	– zentral koordi-nierte Projektteams – Zielgruppe: VV, Sonstige – Funktionsbereich: vorstrukturierte Grundinformationen, Kommunikation	TIS-Stab mit direktem Kontakt zu VV
2000				

Abb. 4.2: Computergestützte Topmanagement-Informationssysteme: Fallbeispiel Daimler-Benz

führte eine besondere Umweltdynamik zu unerwarteten Entwicklungen, die nicht nur ein verstärktes Issue-Management erforderten, sondern auch die Umsetzung strategischer Konzepte zunehmend erschwerte (vgl. Bea, Kötzle, Rechkemmer, Bassen, 1997).

Dessen ungeachtet wurde das TIS-Projekt mit anspruchsvollen Zielvorgaben fortgesetzt. Ein modulares, sich aus den Topsystemen der einzelnen Vorstandsressorts zusammensetzendes Gesamtsystem sollte geschaffen und dieses im weiteren top-down in die Organisation hinein erweitert werden. Executive Sponsor war der Vorstandsvorsitzende. Operativer Sponsor war zunächst dessen persönlicher Assistent. Zudem wurden in den einzelnen Vorstandsressorts eigene Projektteams gebildet, die im Rahmen übergeordneter Vorgaben eigenständig tätig waren.

Im Mittelpunkt der Bemühungen stand zunächst der Funktionsbereich vorstrukturierte Grundinformationen. Je mehr sich die inhaltliche Füllung dieses Bereiches im Zuge der obigen Entwicklung jedoch als problematisch erwies, desto mehr verlagerte sich die konzeptionelle Diskussion von der anwender- auf die technikorientierte Seite und wich dabei auch auf alternative Funktionalitäten aus (nicht vorstrukturierte Informationen, Modellanalysen, Büroorganisation und Kommunikation).

In dieser Situation wechselte der Operative Sponsor des Projektes, der die Anwendersicht vertreten hatte, in eine neue Funktion; zugleich wurde die Federführung des Projektes auf eine dem Vorstandsvorsitzenden nicht mehr unmittelbar berichtende Ebene verlagert. Beides führte – zusammen mit einigen anderen Schwierigkeiten – letztlich dazu, daß der vorstandsorientierte Fokus des Projektes verloren ging, der Bereich vorstrukturierte Grundinformationen an Aufmerksamkeit verlor, die inhaltlichen Probleme in diesem Bereich ungelöst blieben, die Systeme den Mitgliedern des Vorstandes deshalb letztlich wenig nutzten und das Projekt schlußendlich eingestellt wurde.

4.3.1.3 Renaissance

Der Vorstandsvorsitzende des Konzerns wechselte. Es kam zu einer strategischen Wende. Das Konzernportfolio wurde auf Kernbereiche refokussiert. Die Geschäfte wurden konsolidiert. Die Organisation wurde teils wieder zusammengeführt und insgesamt erheblich gestrafft. Vorab eher visionär formulierte Ziele wurden durch klare Steuerungsgrößen ersetzt und auf deren Basis mit leistungsfähigen Führungs- und Informationssystemkonzepten aufgesetzt (vgl. Giles, 1997). In diesem Zuge erlebten auch computergestützte Topmanagement-Informationssysteme eine Renaissance und bekamen auf Vorstandsebene unter der Sponsorenschaft des Vorstandsvorsitzenden eine neue Chance (vgl. Bess, Franke, 1997).

Als Operativer Sponsor fungiert ein dem Vorstandsvorsitzenden direkt berichtender Stabsbereich. Die Konzeption ist auf den Bereich vorstrukturierte Grundinformationen refokussiert, jetzt allerdings ergänzt um den Bereich der Kommunikation – dies eingebunden in einige konzernübergreifende Vorhaben auf der Plattform des Inter- bzw. Intranets (vgl. u. a. Daimler-Benz Headline, 1988, S. 6; mtu heute, 1998, S. 28-29). Computergestützten Topmanagement-Informationssystemen dürfte damit der Durchbruch auf der obersten Ebene des Konzerns nunmehr nachhaltig gelungen sein.

Anmerkung: Die Frage, ob sich TIS bei dem einen oder anderen, an der Fragebogenerhebung oder Telephonumfrage teilnehmenden Unternehmen zwischenzeitlich ähnlich positiv entwickelt hat, wurde vorliegend nicht weiters verfolgt. Einerseits ist dies nicht auszuschließen; andererseits ist jedoch festzustellen, daß TIS seine Renaissance bei Daimler Benz vor allem der kraftvollen Förderung durch den Vorstandsvorsitzenden Jürgen Schrempp verdankt.

4.3.2 Erfahrungen

Im Zuge des Projektes wurden eine Reihe von kritischen Erfahrungen gewonnenen. Sie bestätigen im wesentlichen die u.a. von Rockart, DeLong (1988, S. 151 ff.) herausgestellten Erfolgsfaktoren der TIS-Implementierung und machen zudem auf zwei weitere zentrale Elemente aufmerksam: Unternehmenskontext und Systemkonzept (vgl. Abbildung 4.3).

4.3.2.1 Executive Sponsor

„A Commited and Informed Executive Sponsor. This is an executive who has a realistic untersterstanding of the capabilities and limitations of ESS, and who values the system enough to spend considerable time and energy guiding its development." (Rockart, DeLong, 1988, S. 153)

Das Fallbeispiel bestätigt die kritische Rolle des Executive Sponsors in besonderer Weise: Die Phase des Aufbaus und der Renaissance sind durch die

Allgemein (vgl. Rockart, DeLong, 1988)	Ergänzungen

– Executive Sponsor
– Operativer Sponsor
– Technische Mitarbeiter
– Leistungsfähigkeit der Technik
– Datenmanagement
– Deutliche Verbindung zu Geschäfts-
  bzw. Managementzielen
– Management organisatorischer Widerstände
– Management der Systementwicklung und
  -verteilung.
	– Unternehmenskontext
	– Systemkonzept

Abb. 4.3: Kritische Erfolgsfaktoren

jeweiligen Executive Sponsoren initiiert und nachhaltig gestützt. Ein entscheidender Faktor in der Phase der Diffusion hingegen war, daß der Executive Sponsor an unmittelbarer Einbindung in das Projekt durch die Verlagerung der Projektführung auf eine ihm nicht mehr direkt berichtende Ebene verlor. Kritisch ist offensichtlich, daß der Executive Sponsor

- die wettbewerbsstrategische Bedeutung der Innovationen der Informations- und Kommunikationstechnik für sein Unternehmen erkennt
- deren Nutzung mit Nachdruck verlangt und persönlich fördert
- den Operativen Sponsor des TIS-Projektes mit Bedacht bestimmt und ihn in der Wahrnehmung seiner Aufgabe umfassend unterstützt.

4.3.2.2 Operativer Sponsor

„An operative sponsor. To leverage the time of the executive sponsor, it is often needed to have an operating sponsor designated to manage the details of implementation from the user's side. This person is usually a trusted executive subordinate (often the CFO or controller, or an executive assistant) who is well acquainted with the executive's work style and way of thinking." (Rockart, DeLong, 1988, S. 153)

Das Fallbeispiel bestätigt die kritische Rolle des Operativen Sponsors: Die Phase des Aufbaus und der Renaissance sind durch die jeweiligen Operativen Sponsoren und deren anwenderorientierte Projektführung gestützt. Der Wechsel des Operativen Sponsors in der Phase der Diffusion hat zusammen mit der Verlagerung der Aufgabe auf eine nachgeordnete Ebene maßgeblich zu den im weiteren sich ergebenden Problemen beigetragen. Als kritisch zeigt sich, daß der Operative Sponsor

- unmittelbaren Zugang zu Z hat
- die Bedarfe von Z nachvollziehen kann
- fähig ist, die Z-Interessen gegenüber dem Projektteam und der Organisation durchzusetzen; wozu im Sinne von Pümpin (1972, S. 72) die Kenntnis der psychologischen und soziologischen Zusammenhänge innerhalb einer komplexen Organisation ebenso gehört, wie die der technologischen und betriebswirtschaftlichen Probleme
- damit umgehen kann, daß ein auf der Z-Ebene angesiedeltes TIS-Projekt im Blickpunkt des unternehmensinternen Interesses steht und besonderem Erfolgsdruck ausgesetzt ist
- das pragmatisch Machbare vor Augen hat und sich nicht von idealtypischen Vorstellungen ablenken läßt – würde er Z nur deshalb suboptimal informiert lassen, weil die technisch-konzeptionell perfekte Lösung nicht zu erreichen ist, würde er seiner Aufgabe nicht gerecht werden
- schnelle Erfolge anstrebt.

4.3.2.3 Technische Mitarbeiter

„Appropriate IS Staff. As in any project, the quality of the ESS project manager on the IS side is important. This person should have technical as well as business knowledge, and the ability to communicate effectively with senior management. The support staff also must be sophisticated enough to interact with top management. In addition, this ESS design team should have a workable relationship with the rest of the IS department." [Rockart, DeLong: 1988, S. 153]

Auf der Z-Ebene angesiedelte TIS-Projekte haben normalerweise einen sehr hohen Stellenwert, so daß für sie im Regelfall nur ausgewiesen kompetente Mitarbeiter abgestellt werden. Kritisch ist, daß die technischen Mitarbeiter

- in den technischen Belangen kompetent und erfahren sind
- alle nicht-technischen Belange nachvollziehen können bzw. bereit sind, bedarfsgerecht zu kooperieren; technische Mitarbeiter, die hierzu nicht in der Lage sind und den Erfolg des Projektes durch ein Festhalten an einer technikorientierten Perspektive gefährden, sind umgehend zu ersetzen.

4.3.2.4 Leistungsfähigkeit der Technik

„The choice of hardware and software has major bearing on the acceptance of a system. An early barrier to executive support was the lack of hardware and software, that fit the demands of highly variable executive work styles and environments. More products, however, are now being designed for the ESS market." (Rockart, DeLong: 1988, S. 154 und 155)

Die Leistungsfähigkeit der Technik ist heutzutage für den Regelfall zu unterstellen. Zudem ist in komplexen Unternehmen üblich, daß die Produktauswahl auf einem umfassenden Anforderungskatalog basiert, der alle kritischen technischen Belange abdeckt. Spezifische Benutzerinteressen sind in diesen Anforderungskatalog ggf. einzuarbeiten, wofür der Operative Sponsor verantwortlich ist.

4.3.2.5 Datenmanagement

„Management of Data: The ability to provide access to reliable data, from both external and internal sources, is a major issue in ESS development. Aggregating, accessing, and extracting data from production data bases in a corporation with multiple suborganizations can be a roadblock to ESS implementation." (Rockart, DeLong: 1988, S. 154)

Das Fallbeispiel bestätigt die kritische Rolle des Datenmanagements, relativiert sie jedoch zugleich im Kontext von Z gegenüber idealtypischen technikorientierten Vorstellungen:

- Konzerne wie Daimler-Benz sind hoch komplex: Geschäftsfelder, Produkte, Beteiligungen, Interdepenzen (Produktionsverbunde, Zuliefernetze, externe Koalitionen, strategische Allianzen etc.) – dies vor allem, wenn das Gesamtsystem sich dynamisch durch Akquisitionen und/oder Umstrukturierungen gesellschaftsrechtlicher oder sonstiger Art fortentwickelt. Hinzu kommen zahlreiche länlderspezifische Differenzen: Rechts-, Wirtschafts- oder Währungssysteme, Steuersätze, Inflationsraten, Zinssätze, Wechselkurse, Methoden und Verfahren (z. B. Gesamtkostenverfahren, Umsatzkostenverfahren, Instrumente (z. B. Hard-/Software), fachliche Qualifikationen, Sprache, Kultur, Verhaltensweisen etc. (vgl. auch Jabkowski, 1991).
- Mit dieser Komplexität gehen zusätzliche Herausforderungen einher: Erschwerte Einführung bzw. Durchsetzung einheitlicher Richtlinien, z. B. für Planung, Berichtswesen etc.; durch Zeitunterschiede oder Entfernung eingeschränkte persönliche Kontakte; lange Berichts- und In-

formationswege; Datentransferprobleme; inhomogene Berichtsketten
(beispielsweise wenn sie sich neben großen Triade-Gesellschaften gleichermaßen aus kleineren oder mittleren – deshalb in gegebenem Zusammenhang aber nicht weniger relevanten – Gesellschaften aus
Schwellen- oder Drittländern zusammensetzen, wobei das jeweils
„schwächste Glied" die Leistungsfähigkeit insgesamt bestimmt); begriffliche Unschärfen bzw. Überschneidungen, die teils aus Akquisitionen
oder Zusammenschlüssen resultieren und in vielschichtigen dynami-
schen Systemen praktisch nicht zu vermeiden sind.

Anmerkung: Bei Davenport (1994) sind hierzu u.a. die folgende Beispiele zu finden:
Bei American Airlines gibt es verschiedene Definitionen des Begriffs „airport"; Union
Pacific Railroad kennt verschiedene Abgrenzungen des Begriffs „train"; das U.S. De-
partment of Agriculture hat verschiedene Interpretationen des Begriffs „farm" .

Vor dem Hintergrund dieser Komplexität ist die von Dearden (1964,
S. 128) vor mehr als 30 Jahren formulierte Vision, daß der Computer „top
executives" einmal in die Lage versetzen würde ..."to control, at all times,
extensive and complicated industrial empires." ..., aus Sicht von Z nicht nur
in Frage zu stellen, ihr steht auch gegenüber, daß Z gar nicht den Bedarf
hat, über den Computer in die verschiedensten Verästelungen seines Konzerns hinein- und dort auf niedrigste Detailebenen durchgreifen zu können. Seine Bedarfe sind eher durch die Breite des von ihm abzudeckenden
Feldes bestimmt und weniger durch dessen Tiefe. Kritisch ist in diesem Zusammenhang daher, daß das verantwortliche Informationsmanagement

- die Z-spezifischen Bedarfe kennt
- pragmatisch sinnvolle Lösungen anstrebt und sich von dem praktisch
  Sinnvollen nicht durch idealtypische Visionen ablenken läßt.

4.3.2.6 Deutliche Verbindung zu Managementzielen

„Clear Link to Business Objectives. The ESS must solve a business problem or meet a need
that can be addressed effectively with IS-technology. There should be a clear benefit to using
the technology." (Rockart, DeLong: 1988, S. 154)

Um einen Systemnutzen zu generieren, erweist sich die Verbindung zu Ge-
schäfts- bzw. Managementzielen auch in dem Fallbeispiel als kritisch; dies
allerdings weniger in der in Tradition von Ansätzen, die die Potentiale computergestützter Systeme in der Unterstützung von Aufgaben wie „Planung"

und "Kontrolle" betonen oder die TIS als Unterstützungsinstrument für strategische Entscheidungen sehen. Kritisch ist vielmehr, daß

- TIS-Anwendungen allgemein auf Basis signifikanter Referenzsysteme entwickelt werden
- TIS auf der Ebene von Z primär als eine ein breites Angebot an relevanten Informationen umfassende elektronische Handbibliothek gesehen wird.

4.3.2.7.7 Management organisatorischer Widerstände

„Management of organizational resistance. Political resistance to ESS is a common cause of implementation failure. An ESS alters information flows, and this can shift power relationships in a company: Anticipating and managing the political ramifications of an ESS will remain a potential problem throughout the life of the system." (Rockart, DeLong: 1988, S. 154)

Die Fallstudie bestätigt das Management organisatorischer Widerstände als zentralen Erfolgsfaktor: Information und Informationrechte stehen in jeder Organisation für Einfluß und Macht – dies insbesondere, wenn es um Informationsrechte gegenüber der Topebene geht (vgl. Kirsch, Kieser, 1974; Bartolome', 1989; Davenport, 1994). Der Umgang mit solchen Widerständen ist zunächst Sache des Operativen Sponsors. In schwierigen Fällen mag auch Topmanager Z selbst gefordert sein, was allerdings zu nicht unerheblichen Spannungen führen kann. Ob der Operative Sponsor Z raten sollte, sich in einen solchen Konflikt einzumischen mit der Gefahr, sich darin zu verstricken, ist situativ abzuwägen. Kritisch ist letztendlich, daß

- die im Zuge der Implementierung von TIS aufkommenden organisatorischen Widerstände – mit welchen Mitteln auch immer – aufgelöst werden.

4.3.2.8 Management der Systementwicklung and -verbreitung

„Management of System Evolution and Spread. An installation that is successful and used regularly by the executive sponsor usually produces pressures for rapid expansion of the system as the user quickly recognizes and demands additional applications. A useful ESS also produces demands by peers or subordinates for access to a similar system. Managing the process of „spread" means identifying the technical orientation and work style, as well as specific job function and information needs of potential users, and taking these into account when expanding the system." (Rockart, DeLong: 1988, S. 154)

Das Management der Fortentwicklung von TIS ist allgemein als ein kritischer Erfolgsfaktor zu betrachten. Schließlich steht TIS für einen evolutionären Prozeß: Ziele, die man bislang noch nicht erreicht hat, sind weiter zu verfolgen; andere Ziele oder Anforderungen verändern sich aufgrund exogener oder endogener Einflüsse und verlangen neue Anpassungen. Die Praxis zeigt jedoch auch, daß der Expansion von TIS dort Grenzen zu setzen sind, wo sie auf Kosten der Lösung für Topmanager Z geht. Auf der Ebene von Z ist TIS zuallererst ein Individualsystem, im Rahmen dessen der spezifische Bedarf seines Nutzers im Vordergrund steht. Daß über ein solches System mittelbar oder unmittelbar auch andere Bedarfe abzudecken sein können, ist möglich. Kritisch ist folgerichtig, daß

- TIS zwar dynamisch fortentwickelt wird
- dabei das eigentliche TIS-Ziel, nämlich die Optimierung der Informationsversorgung von Topmanager Z, nicht gefährdet wird.

4.3.2.9 Unternehmenskontext

Die Fallstudie macht auf den Unternehmenskontext als einen weiteren kritischen Erfolgsfaktor aufmerksam. Setzte man in den Anfangsjahren der TIS-Forschung noch darauf, mit dessen Einführung organisatorisch, konzeptionell oder sonstig bedingte Suboptimalitäten der Informationslandschaft eines Unternehmens überwinden zu können, so kann dies die Möglichkeiten von TIS jedoch überfordern und zum Scheitern des TIS-Projektes insgesamt führen. Soll TIS trotz diesbezüglich mangelnder Voraussetzungen in einem Unternehmens eingeführt werden, so ist ein starker und sachkundiger Executive Sponsor mehr denn sonst von Bedeutung. Kritisch ist, daß

- der Unternehmenskontext als erfolgskritischer Faktor von TIS erkannt wird
- die Möglichkeiten von TIS in diesem Kontext nicht überstrapaziert werden.

4.3.2.10 Systemkonzept

In der Fallstudie wird die kritische Bedeutung eines an den Bedarfen von Z orientierten TIS-Konzeptes offensichtlich. Die bisherigen diesbezüglichen Defizite führten im Zuge des Pilotprojektes dazu, daß sich zwei Perspektiven immer wieder gegenüber standen:

- Eine anwenderorientierte Sicht, die den Bereich vorstrukturierte Grundinformationen im Vordergrund sah.
- Eine technikorientierte Sicht, die diesen Bereich als zuwenig anspruchsvoll bzw. technisch überholt erachtete und in den anderen Funktionsbereichen von TIS (nicht vorstrukturierte Informationsabfragen, Modellanalysen, Büroautomatisierung und Kommunikation) die relevanten Anwendungen der Zukunft sah.

Propagiert wurde die Techniksicht vor allem von den Vertreter der Softwareanbieter und von Systemberatern. Da diese ihre Ansichten sowohl mit Berichten aus populärwissenschaftlichen Beiträgen wie auch mit einer Reihe prominenter Aussagen aus der Forschung unterlegen konnten, wurden diese zu „harten" Argumenten im Sinne des u.a. von March, Simon (1958, S. 185) vorgestellten Greshamschen Gesetzes, das unterstellt, daß im Einführungs- und Entwicklungsprozeß von Management-Informationssystemen die „harten" über die „weichen" Argumente dominieren, und daß Teammitglieder mit „weichen" Argumenten eine stärkere Machtposition brauchen, um ihre Meinung zur Anerkennung zu bringen. Ein Operativer Sponsor, der die Anwendersicht vertrat, konnte diesen „harten" Argumenten aufgrund seiner Machtposition zwar entgegenwirken. Da von meinungsführender Seite jedoch keine auf die Bedarfe von Z fokussierte TIS-Konzeption vorgegeben war, blieb die Frage letztlich immer im Raum, ob nicht andere Funktionalitäten (als vorstrukturierte Grundinformationen) auf dieser Ebene weiters relevant sein könnten, was mehrere kritische Begleiterscheinungen mit sich brachte:

- Die Frage der relevanten Funktionalitäten von TIS konnte in den internen Diskussionen nie endgültig geklärt und abgeschlossen werden, sondern wurde immer wieder neu thematisiert. Damit wurden nicht nur Kapazitäten unnütz gebunden, was Zeit und Geld kostete (der durchschnittliche Tagessatz eines Beraters liegt in der Größenordnung von DM 2.500.-). Es wurde dadurch auch der Projektverlauf insgesamt erheblich gestört.
- Das Projekt wurde mit Unsicherheiten und Unschärfen belastet, die seiner Fokussierung entgegenwirkten und all denjenigen, die ihm distanziert gegenüberstanden, die Begründung hierfür mit Argumenten erleichterte, wie: „man sei sich ja wohl noch nicht einmal intern über die

Ziele des Projektes einig" oder „das Projekt sei wohl falsch definiert, wenn die eigentliche Leistungsfähigkeit von TIS in ganz anderen Bereichen zu sehen sei" oder „man solle sich, wenn die Voraussetzungen noch nicht gegeben seien, TIS in diesen anderen Bereichen einzusetzen, doch eher bemühen, diese zu schaffen, vorab jedenfalls könne man es bei begrenzten eigenen Kapazitäten nicht verantworten, an dem gegebenen, technisch offensichtlich bereits rückständigen TIS-Projekt mitzuwirken".

- Die Lösung der inhaltlichen Fragen im Bereich vorstrukturierte Grundinformationen wurde erschwert: Traten Probleme in der Prädetermination der Inhalte auf, so war aus technikorientierter Sicht u. a. zu argumentieren, daß man eben doch vermehrt auf den nicht vorstrukturierten Bereich setzen solle, da diese dort nicht existierten. Ergaben sich Probleme im Bereich des Datenmanagements, so wurde argumentiert, daß TIS schließlich noch über Potentiale in anderen Funktionsbereichen verfügen würde, die vor der Überwindung der Datenmanagementprobleme noch vermehrt auszuschöpfen wären.

Diese Situation machte nicht nur den Mangel an einem fundierten, den typischen Belangen von Topmanager Z gerecht werdenden TIS-Konzept deutlich; es wurde auch offensichtlich, daß die Erarbeitung eines solchen Konzeptes für die Praxis ein zentraler kritischer Erfolgsfaktor ist. Die Motivation zu vorliegender Studie geht nicht zuletzt auf diese Erfahrung zurück.

5 Fazit

Die Annäherung an den Untersuchungsgegenstand computergestützte Topmanagement-Informationssysteme (TIS) von betriebswirtschaftlicher Seite macht kritische Defizite in bisherigen Konzepten transparent, wobei die unzureichende Abgrenzung der Zielgruppe „Topmanager" eine zentrale Position einnimmt. So werden Nutzenpotentiale auf Basis von Referenzsystemen abgeleitet, deren Allgemeingültigkeit einerseits unterstellt wird, die andererseits jedoch nur für eine spezifische Topmanagergruppe als signifikant zu erachten sind, nämlich für Topmanager kleiner Unternehmen(sbereiche), vorliegend als **Topmanager A** bezeichnet. Die weitere Untersuchung ist daher – um das Potentialspektrum der modernen Informationstechnik auf der Topmanagementebene insgesamt zu ermitteln – auf den A diametral gegenüberstehenden Topmanagerkreis konzentriert, vorliegend **Topmanager Z** genannt.

Analysiert man den Informationsbedarf und die Informationsversorgung von Topmanager Z zur Bestimmung dessen TIS-Lücke, wird offensichtlich, daß die bislang im Kontext von TIS unterstellten Managermerkmale für Z nicht nur nicht signifikant, sondern diesen in kritischen Punkten sogar entgegengesetzt sind. Unter anderem ist festzustellen, daß

- der Arbeitsalltag von Topmanager Z in aller Regel gut strukturiert und nicht bruchstückhaft und mit vielen ad-hoc-Aufgaben durchsetzt ist,
- der Informationsbedarf von Z in aller Regel gut und nicht schlecht prognostizierbar ist;
- die Vorstellung, Z könnte seine Stäbe und Linien durch persönliches arbeiten mit TIS signifikant reduzieren oder gar substituieren, für A von Bedeutung sein mag, an den für Z relevanten Belangen jedoch vorbeigeht.

Folgerichtig variieren auch die Nutzenpotentiale, die sich Topmanagern A und Z durch persönliches arbeiten mit TIS eröffnen. Erster Orientierungspunkt hierfür sind die jeweils relevanten Funktionsbereiche. Fünf Segmente sind zu unterscheiden: vorstrukturierte Grundinformationen, Modellanalysen, nicht vorstrukturierte Informationen, Kommunikation und Büroorganisation.

Wird bislang allgemein davon ausgegangen, daß jeder dieser Bereiche Topmanagern unmittelbar nutzen kann, so ist diesbezüglich nunmehr zu differenzieren: Davon auszugehen ist, daß für Topmanager A im Regelfall alle, für
Topmanager Z hingegen nur zwei Segmente von unmittelbarem Nutzen
sind, nämlich vorstrukturierte Grundinformationen und Kommunikation.
Mögen diese für Topmanager Z als typisch zu erachtenden TIS-Beiträge gegenüber bisherigen Visionen – wie im Vergleich zu dessen sonstiger Informationsversorgung – a priori auch als relativ gering erscheinen, so kommt
ihnen aufgrund der besonderen Verantwortung dieser Zielgruppe und der
Bedeutung, die eine optimale Informationsversorgung für sie hat, in absoluter Betrachtung doch nicht zu unterschätzenden Stellenwert zu.
In anderen Worten: Computergestütze Topmangement-Informationssysteme sind auch für Topmanager des Typs Z unmittelbar relevant. Dies zwar
nicht in dem von manchen technikorientierten Seiten unterstellten Maße,
dennoch aber in signifikanter Weise.
Rückt mit diesem Befund im Kontext von Z der Bereich vorstrukturierte
Grundinformationen in den Vordergrund, so lenkt dies aus betriebswirtschaftlicher Sicht gleichzeitig die Aufmerksamkeit auf die inhaltlichen Herausforderungen in diesem Segment zurück. Im Rahmen der Studie werden
diesbezüglich zwei Informationskonzepte zur Diskussion gestellt, qualitative und strukturelle Grundinformationen genannt. Im Unterschied zu dem
vielfach anzutreffenden Bild, daß moderne Computersysteme den Vorteil
hätten, ihren Anwendern den Durchgriff auf nachgeordnete Detailebenen
im Sinne einer „gläsernen Unternehmung" zu ermöglichen, basieren beide
Ansätze auf der Erkenntnis, daß Topmanager des Typs Z normalerweise keinen Bedarf haben, mit noch mehr Details überladen zu werden, sondern
diese gerade umgekehrt vermehrt ganzheitlich-übergreifende Informationen brauchen, die ihnen helfen, die sie konfrontierede Komplexität besser
zu bewältigen,
Die Ansätze korrespondieren einerseits mit im Rahmen des Daimler-Benz-
Konzerns gemachten Erfahrungen. Andererseits werden sie durch parallel
zur Theorieentwicklung durchgeführte empirische Erhebungen unterlegt.
Inhaltlich unterscheiden sich diese empirischen Analysen von bislang gängigen Untersuchungen entsprechend obiger Ergebnisse, methodisch durch
das Bemühen um eine möglichst unmittelbare Kontaktaufnahme mit Vertretern der Zielgruppe Z. Wird der Befund durch sie auch bestätigt, so kön-

nen und sollen sie jedoch nicht den Anspruch erheben, im mathematisch-statistischen Sinne signifikant zu sein.

Als Gegenstand von Folgearbeiten sind – neben weiteren empirischen Untersuchungen – unter anderem folgende Fragen von Interesse:

- Was die Theorieentwicklung hinsichtlich Z angeht, so wäre aufgrund der spezifischen Erkenntnisperspektive der Analyse beispielsweise zu prüfen, ob bzw. inwieweit aus technikorientierter Sicht innerhalb des Bereiches vorstrukturierte Grundinformationen neue Z-relevante Lösungen absehbar sind, wie etwa aus dem Bereich der Künstlichen Intelligenz oder auf der Plattform des Internets; die Entwicklung weiterer Grundinformationskonzepte in Analogie zu sonstigen auf gesamtwirtschaftlicher Ebene bewährten Verfahren sinnvoll und lohnenswert sein könnte; ob bzw. inwieweit diese auch in anderen Anwendungskontexten Nutzenpotentiale bieten dürften; ob bzw. inwieweit mit den Revolutionen der Informationstechnik derzeit verbundene organisatorische Konzepte durch den Befund tangiert sein könnten; ob und inwieweit eine beispielsweise an angelsächsischen oder asiatischen Managementkulturen orientierte Analyse zu anderen Ergebnissen käme?
- Was den Bereich zwischen A und Z angeht, so wäre über die vorliegend angestellten Vermutungen hinaus zu untersuchen, auf welche andere Topmanagergruppen der vorliegende Befund zu übertragen wäre, bzw. welche anderen Befunde für sonstige Topmanagergruppen gelten könnten?

Anhang

Die Modellbetrachtung aus Kapitel 3.3 wird nachstehend um drei Bereiche erweitert:
In Teil A wird der Einfluß unterschiedlicher Parameterkonstellationen auf Relation (13) in deren Randwerten analysiert.
In Teil B wird der Einfluß unterschiedlicher Parameterkonstellationen auf Relation (13) zwischen deren Randwerten untersucht.
In Teil C wird anhand einiger makroökonometrischer Beispiele aufgezeigt, wie die Parameterwerte von Releation (13) empirisch zu identifizieren sind.

A   Analysen in den Randwerten der Parameter

Einstiegsstelle der Analyse ist die Frage: Unter welchen Bedingungen wird das Handeln im Systemzusammenhang als optimal erachtet?
Das Modell bildet von seiner Anlage her periodendurchschnittliches Verhalten ab. Die Durchschnittsbetrachtung gilt auch bezüglich optimalen Handelns. Liegt optimales Handeln vor, ist vorausgesetzt, daß das Handeln zu jedem Zeitpunkt des betrachteten Zeitintervalls als optimal erachtet wird. Dieses periodendurchschnittliche Handeln ist im Modell gebunden an bestimmte Parameterwerte, die folgendermaßen herzuleiten sind:
Wird das Handeln in dem betrachteten Zeitraum als optimal erachtet, ist in (13) y_{T-1} p nach (3) durch $y_{T-1}(T)$ zu ersetzen. Damit gilt:

(1j) $y_T = y_T(T) \, Kr + y_{T-1}(T) \, g(1-g^v \, K \, (r-1)) +$
$+ (y_{T-1} - y_{T-v-1}(T-1)) \, pg^{v+1}K(r-1)$

Angenommen, die Gewichte in (1j) seien gegeben mit

(2j)   Kr $= a$
(3j) $g(1-g^v \, K(r-1))$ $= b$
(4j) $pg^{v+1} \, K(r-1)$ $= c$

Wir lösen (2j), (3j) und (4j) nach g,p und r auf. Aus (2j) ergibt sich:

$$a = \frac{(1-g)r}{r(1-g^{v+1}) + g^{v+1}} \quad \text{bzw.}$$

$$ar - arg^{v+1} = r - rg \quad \text{bzw.}$$

(5j) $r = \dfrac{ag^{v+1}}{1 - g - a + ag^{v+1}}$

Aus (3j) ergibt sich:

(6j) $g = b + c/p$

Aus (4j) ergibt sich:

$$p = \frac{c}{g^{v+1} K(r-1)} \text{ bzw.}$$

(7j) $$\frac{c}{g^{v+1}(a - a/r)}$$

(5j) eingesetzt in (7j) ergibt:

$$p = \frac{c}{g^{v+1} a(1 - \dfrac{ag^{v+1}}{1 - g - a + ag^{v+1}})} \text{ bzw.}$$

$$p = \frac{c}{\dfrac{g^{v+1} a(ag^{v+1} - 1 + g + a - ag^{v+1})}{ag^{v+1}}} \text{ bzw.}$$

(8j) $$p = \frac{c}{g + a - 1}$$

(6j) eingesetzt in (8j) ergibt:

$$p = \frac{c}{b + c/p + a - 1} \text{ bzw.}$$

$$b + c + ap - p = c \quad \text{bzw.}$$

(9j) $p(a + b - 1) = 0$

Um (9j) zu erfüllen, muß entweder p oder a+b-1 gleich Null sein. Angenommen a+b-1 sei Null. Daraus folgt:

$$Kr + g(1 - g^{v} K(r-1)) = 1$$

bzw.

$$\frac{(1 - g)r}{r(1-g^{v+1}) + g^{v+1}} + g - \frac{g^{v+1} (1-g) (r-1)}{r(1-g^{v+1}) + g^{v+1}} = 1 \text{ bzw.}$$

$$r - rg + rg - rg^{v+2} + g^{v+2} - rg^{v+1} + rg^{v+2} + g^{v+1} - g^{v+2} =$$
$$= r - rg^{v+1} + g \text{ bzw.}$$

(10j) $$g^{v+1} = g$$

Damit ist ökonomisches Handeln im Modellzusammenhang immer optimal für:

$$\left|\begin{array}{l} g = 0 \\ g = 1 \\ p = 0 \\ v = 0 \end{array}\right.$$

Welcher ökonomische Sachverhalt steckt hinter diesen Optimalitätskriterien?

g = 0

Mit g = 0 sind vorausgegangene Pläne ohne Einfluß auf das Handeln. Die Handlung orientiert sich ausschließlich an den aktuellen Gegebenheiten und wird damit definitionsgemäß als optimal erachtet.

Rechnerisch gilt für g = 0 in (13): $Y_T = Y_T(T)$.

g = 1

Mit g = 1 wird die vorausgegangene Planung exakt realisiert. Die geplante Handlung wird als optimal erachtet, ansonsten würden Pläne geändert bzw. nicht durchgeführt werden.

Rechnerisch gilt für g = 1 in (13): $Y_T = Y_{T-1}$ p $= y_{T-1}(T)$.

p = 0

Wenn geplant wird, „nicht zu handeln", kann dieser Plan entweder erfüllt werden oder nicht erfüllt werden. In dem einen Fall wird gehandelt, in dem anderen nicht:

- Der Plan wird realisiert, es wird nicht gehandelt. Parameter g hat in diesem Fall den Wert 1.
  Mit g = 1 gilt: $y_T = y_{T-1}$ p
  Für g = 1 und p = 0 gilt damit: $y_T = 0$

- Der Plan wird nicht realisiert, es wird gehandelt. Parameter g hat in diesem Fall den Wert 0.
  Für g = 0 und p = 0 gilt: $y_T = y_T(T)$

v = 0

Mit v = 0 gibt es keine konkreten Pläne zu handeln. Dieser Fall ist somit zurückzuführen auf p = 0.
Zu den sonstig möglichen Extremen der Parameter:

Strebt der **v-Wert gegen Unendlich** gilt anstelle von (13):

(13)" $y_T = y_T(T)\,(1-g) + y_{T-1}\, pg$

$$\text{mit} \quad \lim_{v \text{ gegen } \infty} K = \frac{1-g}{r}$$

(13)'' entspricht (13)', dem Fall r = 1. Im Modell macht es also keinen Unterschied, ob Umstellungen „im Unendlichen" vorgenommen werden, oder unterbleiben.

Die **Randwerte von r sind 1 und ∞.** Mit r = 1 ist das Verhalten bekanntermaßen entweder traditional oder, falls keine strukturellen Anpassungen aufgrund stabiler Umfeldbedingungen vorzunehmen waren, rational. Mit r = 1 gilt K = 1 – g. Anstelle von (13) ergibt sich damit:

(13)' $y_T = y_T(T) (1-g) + y_{T-1} \, pg$

(13)' bildet zugleich den Prozeß traditionalen Verhaltens ab. In diesem Modell sind Planabweichungen ohne Einfluß auf das Handeln. Für r gegen ∞ ergibt sich in (13) folgende Determinantengewichtung:

für $y_T(T)$: $\lim\limits_{r \text{ gegen } \infty} Kr = \lim \dfrac{(1-g)r}{r(1-g^{v+1}) + g^{v+1}} =$

$$= \lim \frac{r - rg}{r - rg^{v+1} + g^{v+1}} =$$

$$= \lim \frac{1 - g}{1 - g^{v+1}/r + g^{v+1}/r} =$$

$$= \frac{1 - g}{1 - g^{v+1}}$$

für y_{T-1}: $\lim\limits_{r \to \infty} pg (1 - g^v K(r-1)) = pg (1-g^v \dfrac{1-g}{1-g^{v+1}})$

für $y_{T-1} - y_{T-v-1}(T-1)$:

$$\lim\limits_{r \to \infty} pg^{v+1}K(r-1) = pg^{v+1} \frac{1-g}{1-g^{v+1}}$$

Damit gilt mit r gegen ∞ anstelle von (13):

(14) $y_T = y_T(T) \dfrac{1-g}{1-g^{v+1}} + y_{T-1} \, pg(1-g^v \dfrac{1-g}{1-g^{v+1}}) +$

$$+ (y_{T-1} - y_{T-v-1}(T-1)) \, pg^{v+1} \frac{1-g}{1-g^{v+1}}$$

Mit (14) wird deutlich, daß allein sehr hohe Umstellungen in T-v ein optimales Handeln in T noch nicht gewährleisten können. (14) ist Basis unserer numerischen Analysen für r gegen Unendlich.

Gilt p = 0 ist, wie gezeigt, das Handeln optimal. Für p gegen Unendlich würde im Modellzusammenhang im mathematisch strengen Sinne „unendlich viel" Handeln geplant.

B   Analyse zwischen den Randwerten der Parameter

Nachstehend werden die Gewichte der Variablen in (13) zwischen den Randwerten der Parameter numerisch analysiert. Zunächst wird $p = 1$ unterstellt. Als erstes wird auf die Gewichtung von $y_T(T)$ und y_{T-1} eingegangen, anschließend auf das Gewicht von $y_{T-1} - y_{T-v-1}(T-1)$, wobei gilt:

A: $= Kr$ Gewicht von $y_T(T)$

B: $= pg(1-g^v K(r-1))$ Gewicht von y_{T-1}

C: $= pg^{v+1}K(r-1)$ Gewicht von $y_{T-1} - y_{T-v-1}(T-1)$

a) die Gewichtung von $y_T(T)$ und y_{T-1}:
Aus den numerischen Ergebnissen nach Tab. 1 ist ceteris paribus zu folgern: A sinkt und B steigt mit höheren g-Werten.

Tab. 1: $r = 2, v = 1, p = 1$

g	A	B	C	A%	B%	C%
.1	.90	.09	.00	90.0	9.5	.5
.2	.81	.18	.01	80.3	18.1	1.6
.3	.73	.26	.03	71.8	25.8	3.2
.4	.65	.34	.05	62.8	33.1	5.0
.5	.57	.42	.07	53.3	40.0	6.7
.6	.48	.51	.08	44.8	47.1	8.1
.7	.39	.60	.09	36.2	54.9	8.9
.8	.29	.70	.09	26.9	64.5	8.6
.9	.16	.83	.06	15.7	77.9	6.4

Tab. 1 zeigt beispielsweise, daß die Gewichtung von $y_T(T)$ bei einem g-Wert von 0.1 90 % der Gesamtgewichtung ausmacht. Während es bei g = 0,9 lediglich 15,7 % sind. In der gleichen Situation steigt das Gewicht von y_{T-1} von 9,5 % auf 77,9 % an.
Im Vergleich von Tabelle 1 und 2 ist weiters zu folgern: A steigt und B sinkt mit höheren r-Werten

Tab. 2: r = 10, v = 1, p = 1

g	A	B	C	A%	B%	C%
.1	90	89	00	90.1	9.1	.8
.2	82	17	02	80.6	16.5	2.9
.3	76	23	06	71.7	22.4	5.8
.4	70	29	10	63.7	27.2	9.2
.5	64	35	14	56.3	31.0	12.7
.6	59	40	19	49.7	34.3	16.1
.7	53	46	23	43.4	37.5	19.1
.8	47	52	27	37.1	41.5	21.4
.9	36	63	26	29.1	49.7	21.2

Tab. 1 und 2 zeigen beispielsweise, daß der Einfluß von $y_T(T)$ bei einem g-Wert von 0,9 von 15.7% mit r = 2 auf 29.1% mit r = 10 steigt. In der gleichen Situation geht die Gewichtung von y_{T-1} von 77.9% auf 49.7% zurück. Mithin ist y_T mit höheren r-Werten vermehrt durch die als optimal erachtete Handlung bestimmt. Die aktuelle Situation ist dabei von umso höherem Einfluß auf die Handlung, je umfangreicher die Umstellungen im Übergang von der abstrakten zur konkreten Planung sind. Die Erhöhung der r-Werte wirkt sich verstärkt bei höheren g-Werten aus. Nach Tab. 1 und Tab. 2 steigt A mit g = 0.1 beispielsweise nur um 0.1 Prozentpunkte von 90% auf 90.1%. Mit g = 0.9 dagegen steigt A von 15.7% auf 29.1% um 13.4 Punkte. Zu berücksichtigen ist dabei, daß $y_T(T)$ bei einem niedrigen g-Wert von vornherein ein relativ hohes Gewicht zukommt. Der Einfluß von $y_T(T)$ auf y_T übersteigt jedoch selbst bei sehr hohen r-Werten eine bestimmte Grenze nicht. Diese Grenze ist abhängig von den Werten der Parameter g und v. Tabelle 3 zeigt die Grenzwerte im Falle v = 2 und p = 1 für g = 0.1 (0.1) 0.9.

Tab. 3: gegen Unendlich, v = 2, p = 1

g	A	B	C	A%	B%	C%
.1	96	09	00	96.6	9.9	.1
.2	89	19	00	86.1	19.2	.6
.3	71	28	0	78.6	27.5	1.9
.4	64	35	04	61.6	34.5	3.9
.5	57	42	07	53.3	40.8	6.7
.6	5	48	11	46.8	44.	9.9
.7	45	54	15	39.5	47.8	13.5
.8	48	59	20	33.9	48.6	17.3
.9	36	63	26	29.1	49.7	21.2

Tab. 4

v	g	p	r	A	B	C	A%	B%	C%
2	.7	1	2	36	63	06	34.1	60.1	5.8
2	.7	1	3	38	61	08	35.7	56.1	8.2
2	.7	1	4	40	59	10	36.6	64.0	9.4
2	.7	1	5	41	58	11	37.1	52.7	10.2
2	.7	1	6	42	57	12	37.5	51.8	10.7
2	.7	1	7	42	57	12	37.8	51.1	11.1
2	.7	1	8	42	57	12	38.0	50.6	11.4
2	.7	1	9	43	56	13	38.1	50.2	11.6
2	.7	1	10	43	56	13	38.3	49.9	11.8
2	.7	1	11	43	56	13	38.4	49.7	12.0
2	.7	1	12	43	56	13	38.5	49.4	12.1
2	.7	1	13	43	56	13	38.5	49.3	12.2
2	.7	1	14	44	55	14	38.6	49.1	12.3
2	.7	1	15	44	55	14	38.7	49.0	12.4
2	.7	1	16	44	55	14	38.7	48.8	12.4
2	.7	1	17	44	55	14	38.8	48.7	12.5
2	.7	1	18	44	55	14	38.8	48.6	12.6
2	.7	1	19	44	55	14	38.8	48.5	12.6
2	.7	1	20	44	55	14	38.9	48.5	12.7
2	.7	1	21	44	55	14	38.9	48.4	12.7
2	.7	1	22	44	55	14	38.9	48.3	12.7
2	.7	1	23	44	55	14	38.9	48.3	12.8
2	.7	1	24	44	55	14	39.0	48.2	12.8
2	.7	1	25	44	55	14	38.0	48.2	12.8
2	.7	1	26	44	55	14	39.0	48.1	12.9
2	.7	1	27	44	55	14	39.0	48.1	12.9
2	.7	1	28	44	55	14	39.0	48.0	12.9

Ergänzend zeigt Tab. 4 die Gewichtungsverteilung mit $g = 0.7$, $v = 2$ und $p = 1$ für $r = 2(1)\ 28$. Im Vergleich von Tab. 3 und 4 wird deutlich, daß die Gewichtungsverteilung in (14) aus Sicht von r sich vorrangig in dem Bereich $r = 1$ bis ca. $r = 10$ verändert. Mit $g = 0.7$ beispielsweise ergibt sich aus Tab. 3: $A = 39.5\%$, $B = 47.8\%$ und $C = 13.5\%$. Mit $r = 2$ gilt statt dessen: $A = 34.1\%$, $B = 60.1\%$ und $C = 5.8\%$. Im Vergleich dazu gilt mit $r = 10$: $A = 38.1\%$, $B = 50.2\%$ und $C = 11.6\%$. Die Verteilung für $r = 10$ ist derer für r gegen Unendlich bereits vergleichsweise nahe. Nach den numerischen Ergebnissen von Tab. 4 ist zu schließen, daß die zusätzliche Gewichtung der optimalen Handlung mit umfangreicheren Umstellungen sinkt – der Grenzzuwachses des Einflusses der optimalen Handlung also abnimmt.

Demnach zeichnet sich ein Prozeß, im Rahmen dessen umfangreiche Umstellungen vorgenommen werden zwar durch eine höhere Gewichtung der aktuellen Situation aus. Der Einfluß der optimalen Handlung steigt jedoch mit zunehmendem Umfang der Umstellungen in geringerem Maße und liegt auch bei sehr hohen r-Werten noch unter einer bestimmten oberen Grenze. Gleichzeitig sinkt das Gewicht der Handlung der Vorperiode mit hohen r-Werten – und zwar ebenfalls in umso geringerem Maße, desto umfangreicher die Umstellungen sind.

Im Vergleich der Tabellen 1 und 5 ist darüber hinaus zu folgern: A sinkt und B steigt mit höheren v-Werten

Tab. 5: $r = 2, v = 2, p = 1$

g	A	B	C	A%	B%	C%
.1	90	09	00	90.6	10.1	.1
.2	80	19	00	80.1	19.6	.3
.3	70	29	00	70.3	28.8	.9
.4	61	38	01	60.8	37.3	1.9
.5	53	46	03	51.6	45.2	3.2
.6	44	55	04	42.8	52.6	4.6
.7	36	63	06	34.1	60.1	5.8
.8	26	73	06	25.2	68.4	6.4
.9	15	84	05	14.9	79.7	8.4

Tabellen 1 und 5 zeigen beispielsweise, daß das Gewicht von $y_T(T)$, einen g-Wert von 0.9 vorausgesetzt, von 15.7 % mit v = 1 auf 19.9 % mit v = 2 sinkt. Gleichzeitig steigt das Gewicht von y_{T-1} in dieser Situation von 77.9 % auf 79.7 % an. Demnach ist die mit $y_T(T)$ zum Ausdruck kommende aktuelle Situation von umso geringerem Gewicht, je langfristiger eine Handlung konkret geplant wird. Aus Tab. 1 geht im Vergleich mit Tab. 5 hervor, daß höhere v-Werte bei höheren g-Werten zu stärkeren Veränderungen in der Gewichtungsverteilung führen, als bei niedrigeren g-Werten. Folglich verliert die aktuelle Situation bei längerfristiger Planung um so mehr an Gewicht, je mehr an vorausgegangenen Plänen festgehalten wird. Allerdings gibt es auch hier Grenzwerte (vgl. Tab. 6). Demnach zeichnet sich ein Prozess, im Rahmen dessen langfristiger konkret geplant wird, zwar durch eine geringere Gewichtung der aktuellen Situation aus. Der Einfluß der aktuellen Situation sinkt jedoch mit der Länge der konkreten Planungsphase in geringerem Maße und ist auch bei sehr hohen v-Werten noch über einer bestimmten unteren Grenze. Mit höheren v-Werten steigt gleichzeitig das Gewicht der Handlung in der Vorperiode – und zwar ebenfalls in umso geringerem Umfange, desto langfristiger konkret geplant wird.

Tab. 6

v	g	p	r	A	B	C	A%	B%	C%
1	.7	1	2	39	60	09	36.2	54.9	8.9
2	.7	1	2	36	63	06	34.1	60.1	5.8
3	.7	1	2	34	65	04	32.8	63.3	3.9
4	.7	1	2	32	67	02	31.9	65.4	2.7
5	.7	1	2	31	68	01	31.3	66.9	1.8
6	.7	1	2	31	68	01	30.9	67.8	1.3
7	.7	1	2	30	69	00	30.6	68.5	.9
8	.7	1	2	30	69	00	30.4	69.0	.6
9	.7	1	2	30	69	00	30.3	69.3	.4
10	.7	1	2	30	69	00	30.2	69.5	.3
11	.7	1	2	30	69	00	30.1	69.6	.2
12	.7	1	2	30	69	00	30.1	69.8	.1
13	.7	1	2	30	69	00	30.1	69.8	.1
14	.7	1	2	30	69	00	30.0	69.9	.1
15	.7	1	2	30	69	00	30.0	69.9	.0
16	.7	1	2	30	69	00	30.0	69.9	.0
17	.7	1	2	30	69	00	30.0	70.0	.0
18	.7	1	2	30	69	00	30.0	70.0	.0
19	.7	1	2	30	69	00	30.0	70.0	.0
20	.7	1	2	30	69	00	30.0	70.0	.0
21	.7	1	2	30	69	00	30.0	70.0	.0
22	.7	1	2	30	69	00	30.0	70.0	.0
23	.7	1	2	30	69	00	30.0	70.0	.0
24	.7	1	2	30	69	00	30.0	70.0	.0
25	.7	1	2	30	69	00	30.0	70.0	.0
26	.7	1	2	30	69	00	30.0	70.0	.0
27	.7	1	2	30	69	00	30.0	70.0	.0
28	.7	1	2	30	70	00	30.0	70.0	.0
29	.7	1	2	30	70	00	30.0	70.0	.0
30	.7	1	2	30	70	00	30.0	70.0	.0

b) Das Gewicht der Planabweichung

Aus Sicht des Parameters g ist die Gewichtung der Planabweichung wesentlich dadurch bestimmt, ob g über oder unter einem gewissen Niveau g_0 liegt:

- Ist $g > g_0$, sinkt das Gewicht der Planabweichung mit wachsenden g-Werten.
- Ist $g < g_0$, steigt das Gewicht der Planabweichung mit wachsenden g-Werten.
- Ist $g = g_0$, hat das Gewicht der Planabweichung ein Maximum.

In Tab. 6 hat g_0 für v = 1 und r = 2 beispielsweise einen Wert von ungefähr 0.7, da der Anteil der Planabweichung an der Gesamtgewichtung an dieser Stelle sein Maximum mit 8.9% erreicht.

Tab. 6 macht zudem deutlich, daß der Wert von g_0 mit den Werten der Parameter r und v variiert. Er liegt um so höher, je höher die Werte dieser Parameter sind. Dabei reagiert g_0 allgemein stärker auf Veränderungen in v als in r. Mit r = 1.2 und v = 1 beispielsweise hat g_0 einen Wert von ungefähr 0.7. Steigt der r-Wert auf 5, steigt der Wert von g_0 auf ca. 0.8. Steigt dagegen der v-Wert auf 5, steigt der Wert für g_0 auf ca. 0.9 (vgl. Tab. 7). Offensichtlich verlieren Planabweichungen unter der Voraussetzung, daß Pläne weitgehend realisiert werden können, eher an Gewicht, wenn entweder die in T-v vorgenommenen Anpassungen von ge- ringerem Umfang sind, oder wenn das Handeln kurzfristiger konkret geplant wird. Absolut gesehen ist der Gewichtungsanteil von C aber umso höher, je größer die r-Werte und je kleiner die v-Werte sind. Würde man die Gewichtungsanteile des Abweichungsterms über den Wertebereich von g abbilden, so würde sich ein klassischen Produktionsfunktionen ähnlicher Kurvenverlauf ergeben. Da Planabweichungen nur von Einfluß sind, falls sie aus strukturellen Anpassungen resultieren, man also sozusagen aus diesen strukturellen Veränderungen lernt, wäre aus obigem wiederum zu schließen, daß in der Struktur eines Planungs-und Handlungsprozesses der Lerneffekt ceteris paribus in g_0 am größten ist und ihm darüber hinaus der Verlauf einer klassischen Produktionsfunktion zukommt.

Nach den Werten von Tab. 7 liegt das Minimum von g_0 bei ungefähr 0.7. Sein Maximum strebt gegen 1. Es wird erreicht für r gegen unendlich. g_0 strebt auch gegen 1 für v gegen unendlich. Gleichzeitig aber strebt C dann gegen Null.

Das Gewicht der Planabweichung steigt mit höheren r-Werten und niedrigeren v-Werten. Mit v = 1, r = 5 und g = 0.8 beispielsweise hat der Überraschungsterm in Tab. 7 einen Anteil an der Gesamtgewichtung in Höhe von 5%. Für v = 1 steigt dieser Anteil unter sonst gleichen Bedingungen auf 17,3%, dem höchsten Wert in der Tabelle.

Im folgenden wird g_0 analytisch in 2 Beispielen ermittelt:

Tab. 7:

v	g	C in %	(prozentualer Anteil an A+B+C)			
		r = 1.2	r = 2	r = 3	r = 4	r = 5
1	.6	2.5	8.1	11.2	12.9	13.9
1	.7	2.6	8.9	12.7	14.8	16.2
1	.8	2.3	8.6	13.0	15.6	17.3
1	.9	1.5	6.4	10.5	13.4	15.5
2	.6	1.5	4.6	6.3	7.2	7.7
2	.7	1.8	5.8	8.2	9.4	10.2
2	.8	1.8	6.4	9.4	11.1	12.2
2	.9	1.4	5.4	8.6	10.8	12.3
3	.6	0.9	2.7	3.6	4.1	4.4
3	.7	1.2	3.9	5.4	6.2	6.7
3	.8	1.4	4.9	7.0	8.1	8.9
3	.9	1.2	4.7	7.2	8.8	9.9
4	.6	0.5	1.6	2.1	2.4	2.6
4	.7	0.9	2.7	3.6	4.1	4.5
4	.8	1.1	3.8	5.3	6.1	6.6
4	.9	1.1	4.0	6.1	7.4	8.2
5	.6	0.3	0.9	1.3	1.4	1.5
5	.7	0.6	1.8	2.5	2.8	3.0
5	.8	0.9	2.9	4.1	4.7	5.0
5	.9	1.0	3.5	5.2	6.2	6.9

Beispiel 1: $p = 1, v = 1, r = 2$

$$C = g^2 \, \frac{1-g}{2(1-g^2)}$$

$$= \frac{g^2 - g^3}{2 - g^2}$$

Berechnung des Maximums

$$\frac{dC}{dg} = \frac{(2g - 3g^2)\,(2-g^2) - (-2g)\,(g^2 - g^3)}{(2 - g^2)} \stackrel{!}{=} 0$$

$0 = 4g - 2g^3 - 6g^2 + 3g^4 + 2g^3 - 2g^4$

$0 = g^4 - 6g^2 + 4g \longrightarrow \quad \mathbf{g_1 = 0}$

$0 = g^3 - 6g + 4 \longrightarrow \quad \mathbf{g_2 = 2}$

$(g^3 - 6g + 4) : (g - 2) = g^2 + 2g - 2$

$0 = g^2 + 2g - 2$

$$g_{3/4} = \frac{-2 + \sqrt{4 + 8}}{2}$$

$(g_3 = -1 - v\sqrt{3})\ \mathbf{g_4 = g_o = -1 + v\sqrt{4} = 0.732}$

Beispiel 2: $r \longrightarrow \infty$

Mit $r \longrightarrow 8$ gilt für C:

$$C = pg^{v+1} \, \frac{1 - g}{1 - g^{v+1}}$$

$$\frac{dC}{dg} = \frac{((v+1)g^v - (v+2)g^{v+1})\,(1 - g^{v+1})}{(1 - g^{v+1})^2} -$$

$$- \frac{(g^{v+1} - g^{v+2})\,(-(v+1)g^v)}{(1 - g^{v+1})^2}$$

$(v+1)g^v - (v+1)g^{2v-2} - (v+2)g^{v+1} + (v+2)g^{2v+1} +$
$+ ((v+1)g^{2v+1} - (v+1)g^{2v+2}) = 0$

$(v+1)g^v - (v+2)g^{v+1} + g^{2v+2} = 0$ \hfill $\mathbf{g_{1(1)v} = 0}$

$v + 1 - (v+2)g + g^{v+2} = 0$ \hfill $\mathbf{g_{v+1} = 1}$

$(g^{v+2} - (v+2)g + v + 1) : (g - 1) =$

(xx) $= g^{v+1} + g^v + g^{v-1} + \ldots + g^2 + g - v - 1 = 0$ \hfill $\mathbf{g_{v+2} = 1}$

$(g^{v+1} + g^v + g^{v-1} + \ldots + g^2 + g - v - 1) : (g-1) =$

(x) $= g^v + 2g^{v-1} + 3g^{v-2} + \ldots + (v-1)g^2 + vg + v + 1 = 0$

(x) ist im Definitionsbereich von v und g immer größer 0. Folglich gibt es für (x) im Modell keine Lösung: g_o strebt also gegen 1 für r gegen Unendlich.

Für v = 1 würde gelten:

in (xx): $g^2 + g - 2 = 0$ ———> $\mathbf{g_3 = 1}$

in (x) : $g + 2 = 0$ ———> $\mathbf{(g_4 = {}^{-}2)}$

Für v = 2 würde gelten:

in (xx): $g^3 + g^2 + g - 3 = 0$ ———> $\mathbf{g_3 = 1}$

in (x): $(g^3 + g^2 + g - 3) : (g - 1) = g^2 + 2g + 3 = 0$

———> $\mathbf{g_{4/5} = (-1 +\!\!\sqrt{-2}\,)}$

Zum Einfluß von p: Die Gewichte der Planabweichung und der Handlung der Vorperiode verändern sich proportional zur Entwicklung der Planwerte. Das Gewicht der aktuellen Situation ist unabhängig von p. Sind Pläne beispielsweise zu optimistisch oder zu pessimistisch, liegt p über oder unter seinem objektiven Wert. Die Planabweichung und die Handlung der Vorperiode haben nach (13) dann ein entsprechend höheres oder niedrigeres Gewicht.

C   Ökonometrische Tests

Nachstehend wird beispielhaft gezeigt, wie Relation (13) ökonometrisch zu testen ist (vgl. Rechkemmer, 1990). Untersuchungsgegenstand ist das Sachanlage-Investitionsverhalten im Bereich „Manufacturing" der US-Wirtschaft (Investment Expenditures, New Plant and Equipment). Datengrundlage sind die vom Bureau of Economic Analysis auf gesamtwirtschaftlicher Ebene erhobenen Pläne. Die Zahlen stützen sich auf die Meldungen von ungefähr 9000 Unternehmungen. Die veröffentlichten Planwerte resultieren aus einer Kombination der ermittelten Niveaus mit Eckwerten, die, z. B. im Bereich der Verarbeitenden Industrie, aus den Enterprise Statistics des Bureau of the Census ermittelt und anschließend nochmals auf verschiedene Erhebungsverzerrungen hin überarbeitet werden.

Die Zahlen beinhalten die Investitionsausgaben für alle Anlagen, Maschinen und sonstige Ausrüstungen, für die Abschreibungskonten geführt werden. Sie liegen vierteljährlich vor und umfassen generell zumindest die Pläne für die beiden folgenden Quartale (anticipations one and two quarters ahead). Schätzverfahren ist Ordinary Least Squares (OLS). Dieses Verfahren kann bei endogen-verzögerten Variablen zu Verzerrungen führen; angesichts der mit anticipations verbundenen Erhebungsproblematik ist OLS für vorlie- gende Demonstrationszwecke jedoch als hinreichend zu betrachten, was die Testergebnisse letztendlich auch bestätigen.

Die weitere Gliederung der Analyse ist wie folgt: (a) Berechnung der Modellparameter, (b) Berechung der optimalen Handlung, (c) Analysekriterien, (d) Schätzperioden und Darstellung der Ergebnisse.

a) Berechnung der Modellparameter
Der v-Wert ist durch die Spezifikation der Schätzung vorgegeben. In einem Vierteljahresmodell mit anticipations one oder two quarters ahead beispielsweise kann v den Wert 1 oder 2 annehmen. Der für den Prozeß relevante v-Wert ist aus dem Vergleich der statistischen Qualität beider Schätzungen abzuleiten. Bei gegebenem v-Wert sind die restlichen drei Unbekannten g, r und p eindeutig bestimmt durch die geschätzten Parameter A, B und C (siehe oben):

(1i) $A = Kr$ Gewicht von $y_T(T)$

(2i) $B = pg \, (l-g^v \, K(r-l))$ Gewicht von y_{T-1}

(3i) $C = pg^{v+1} \, K(r-1)$ Gewicht von $y_{T-1}-y_{T-v-1}(T-1)$

Die Addition von (2i) und (3i) führt zu

(4i) $B + C = pg$

(1i) eingesetzt in (2i) ergibt:

(5i) $C = pg^{v+1} \, (A - A/r)$

aus (1i) folgt:

(6i) $A = \dfrac{(1-g) \, r}{r \, (1-g^{v+1}) + g^{v+1}}$

bzw.

(7i) $(1-g)\, r = Ar\, (1-g^{v+1}) + Ag^{v+1}$

bzw.

(8i) $Ag^{v+1} = r\,((1-g) - A\,(1-g^{v+1}))$

bzw.

(9i) $r = \dfrac{Ag^{v+1}}{1-g-A+Ag^{v+1}}$

Aus (4i) folgt:

(10i) $p = \dfrac{B+C}{g}$

(9i) und (10i) eingesetzt in (5i) ergibt:

(11i) $C = \dfrac{B+C}{g}\, g^{v+1}\, (A\, \dfrac{A}{\dfrac{Ag^{v+1}}{1-g-A+Ag^{v+1}}})$

bzw.

(12i) $C = (B+C)\, g^{v}\, (A - \dfrac{1-g-A+Ag^{v+1}}{g^{v+1}})$

bzw.

(13i) $C = \dfrac{(B+C)\, g^{v}\, (Ag^{v+1}) - 1 + g + A - Ag^{v+1})}{g^{v+1}}$

bzw.

(14i) $C = \dfrac{(B+C)\,(-1+g+A)}{g}$

bzw.

(15i) $gC = -\,(B+C) + g\,(B+C)\,A\,(B+C)$

bzw.

$$(16i) \quad g = \frac{A (B + C) - (B + C)}{C - (B + C)}$$

Der Wert von g ist nach (16i) zu berechnen. Das Resultat ist zur Ermittlung von r und p in (9i) bzw. (10i) einzusetzen. Schwachstelle dieser Vorgehensweise sind die möglichen Verzerrungen der Gewichte A, B und C durch Daten- und Schätzungenauigkeiten. Die Parameterwerte können dadurch verfälscht sein. Um die Transformation zwischen den Gewichtungs- und den Parameterwerten zu stabilisieren, wird deshalb zusätzlich der p-Wert als periodendurchschnittlichen Wert des Verhältnisses $y_T^{(T+2)} / y_T^{(T+1)}$ exogen berechnet, wobei hier streng genommen zwischen optimalen und tatsächlichen Plänen zu unterscheiden wäre. Bei gegebenem exogenen p-Wert gilt:

$$(17i) \quad g = \frac{B + C}{p}$$

r ist mit g und (17i) entweder auf Basis von C oder A zu ermitteln.

Berechnung von r ausgehend von Gewicht C:
Mit (3i) und (17i) gilt:

$$(18i) \quad C = pg^{v+1} \frac{(1 - g) (r - 1)}{r(1 - g^{v+1}) + g^{v+1}}$$

bzw.

$$(19i) \quad r (1 - g^{v+1}) C + g^{v+1} C = pg^{v+1} (1 - g) (r - 1)$$

bzw.

$$(20i) \quad r (1 - g^{v+1}) C - pg^{v+1} (1 - g) r = -g^{v+1} C - pg^{v+1} (1 - g)$$

bzw.

$$(21i) \quad r = \frac{-g^{v+1} C - pg^{v+1} (1 - g)}{(1 - g^{v+1}) C - pg^{v+1}(1 - g)}$$

Berechnung von r ausgehend von Gewicht A:
Es gilt, wie bereits abgeleitet:

$$(9i) \quad r = \frac{Ag^{v+1}}{1 - g - A + Ag^{v+1}}$$

b) Berechnung der optimalen Handlung

Da entsprechende Erhebungsdaten nicht vorliegen, wird die jeweils opti- male Handlung im Modellzusammenhang nach (3) wie folgt berechnet:

$$y_T(T) = \frac{y_T\,(T+1)}{p_T} = \frac{y_T\,(T+1)^2}{y_T\,(T+2)}$$

Für $y_T\,(T+1)$ bzw. $y_T\,(T+2)$ werden vereinfachend die anticipations one bzw. two quarters ahead eingesetzt, da das zur Verfügung stehende Datenmaterial auch hier keine Trennung zwischen tatsächlichen und optimalen Plänen erlaubt.

c) Analysekriterien

Im Hinblick auf die Anwendung des Verfahrens auf Unternehmungsebene ist – abgesehen von den herkömmlichen statistischen Prüfmaßen – u. a. der Zusammenhang zwischen dem identifizierten Wert einzelner Parameter und der statistischen Signifikanz einzelner Verhaltensvariablen zu untersuchen. Wird beispielsweise für r der Wert 1 errechnet, sollte der Abweichungsterm nach (13) statistisch nicht gesichert – sein T-Wert also kleiner 2 – sein. Allgemein sind in diesem Zusammenhang bei 3 Verhaltensvariablen folgende 8 Kombinationen möglich, wobei „0" für nicht gesichert und „1" für gesichert steht:

optimale Handlung in T	tatsäch. Handlung in T-1	Plan- abweichung in T-1	Folgerungen
0	0	0	(13) nicht identifiziert
0	0	1	(13) nicht identifiziert
0	1	1	g nahe 1, r sehr viel größer 1
0	1	0	g nahe 1,
1	0	1	g nahe 0, r sehr viel größer 1
1	1	0	g zwischen 0 und 1, r nahe 1
1	0	0	g nahe 0
1	1	1	g zwischen 0 und 1, r größer 1

d) Schätzperioden und Darstellung der Ergebnisse

Für jeden der 3 Fälle „p endogen", „p exogen, Berechnung ausgehend von Gewicht C" und „p exogen, Berechnung ausgehend von Gewicht A" werden die Schätzresultate in folgenden Intervallen angegeben, um die Variation der Parameterwerte in verschiedenen Zeitperioden deutlich zu machen.

61 I – 66 IV
66 I – 71 IV
71 I – 76 IV
76 I – 81 IV
81 I – 86 IU
82 I – 87 IV

(Anmerkung: Dargestellt werden soll das Vorgehen an sich. Auf eine Aktualisierung der Werte wird daher verzichtet.)

Würden weitergehende analytische Ziele verfolgt, so würde sich auf diese Weise die ökonomische Plausibilität der Werteveränderung aufgrund der jeweils gegebenen Umweltbedingungen im Zeitvergleich prüfen lassen. Die ersten Zeilen der Schätzungen zeigen die bekannten Definitionen

A := optimale Handlung in T
B := Handlung in T-1
C := Planabweichung in T-1:

Der Abweichungsterm basiert auf den Plänen „2 Quartale im voraus". Die Pläne „ein Quartal im voraus" führen durchgängig zu schlechteren Schätzqualitäten. Die zweiten Zeilen zeigen die geschätzten Einflußgewichte der Determinanten, aus denen die Werte der Modellparameter berechnet werden.
In den dritten Zeilen stehen die T-Werte der Schätzungen und in den vierten Zeilen die bekannten statistischen Prüfmaße: Korrelationskoeffizient (R), Standardabweichung (S) und Durbin-Watson-Koeffizient (DW).
Nach jeder Schätzung stehen die in der jeweiligen Periode ermittelten Parameterwerte. Ausgewiesen sind die Fälle: (1) p endogen; (2) p exogen – Berechnung der Parameterwerte ausgehend von dem Gewicht des Überraschungsterms (C); (3) p exogen – Berechnung der Parameterwerte, ausgehend von dem Gewicht der optimalen Handlung (A). Die Übersichten vorab zeigen das 0,1-Raster der Variablensicherung sowie die in den jeweiligen Perioden identifizierten Parameterwerte.

e) Ergebnisse
Es werden drei Bereiche zusammengefaßt: (ea) Einzelschätzungen, (eb) Ergebnisübersichten, (ec) Kurzinterpretation der Ergebnisse.

ea) Einzelschätzungen

82/I. – 87/IV.:

	A	B	C	Konstante
Koeff.	.3221	.6001	.1641	2.6653
T-Werte	4.6962	7.4203	2.5469	1.5748
R: .95593198		S: 5737		DW: 2.5541

ENDOGEN: $g = 0.863$, $p = 0.885$, $r = 9.48$
EXOGEN: $g = 0.759$, $p = 1.007$, $r(A) = 2.35$, $r(C) = 12.974$

81/I. – 86/IV.:

	A	B	C	Konstante
Koeff.	.3156	.5952	.1713	3.0488
T-Werte	3.8527	6.5986	2.8003	1.8333
R: .94616987		S: .6603		DW: 2.3577

ENDOGEN: $g = 0.881$, $p = 0.870$, $r = 11.3$
EXOGEN: $g = 0,758$, $p = 1.011$, $r(A) = 2.1$, $r(C) = 18.3$

76/I. – 81/IV.:

	A	B	C	Konstante
Koeff.	.0488	.9632	.0014	.5112
T-Werte	.3064	6.2131	.0084	.9440
R: .99193106		S: 3149		DW: 1.9948

ENDOGEN: $g = 0.950$, $p = 1.013$, $r = 0.97$
EXOGEN: $g = 0.967$, $p = 0.995$, $r(A) = 1.56$, $r(C) = 1.0$

71/I. – 76/IV.:

	A	B	C	Konstante
Koeff.	.3372	.6445	.2399	.2659
T-Werte	5.0602	9.5851	3.1554	.8256
R: .99006123		S: .0606		DW: 2.3271

ENDOGEN: $g = 0.910$, $p = 0.972$, $r = 36.3$
EXOGEN: $g = 0.884$, $p = 1.000$, $r(A) = 20.1$, $r(C) = 40.8$

66/I. – 71/IV.:

	A	B	C	Konstante
Koeff.	.3379	.6437	.1279	.1898
T-Werte	3.6341	8.0236	2.4889	.3538
R: .92124837		S: .0278		DW: 2.0473

ENDOGEN: $g = 0.794$, $p = 0,972$, $r = 4.5$
EXOGEN: $g = 0.763$. $p = 1.011$, $r(A) = 3.1$, $r(C) = 4.6$

61/I. – 66/IV.:

	A	B	C	Konstante
Koeff.	.2639	.6680	.3217	.3459
T-Werte	1.9950	4.4305	2.0855	1.2805
R: .99330067		S: .0147		DW: 2.3058

ENDOGEN: $g = 1.091$, $p = 0.907$, $r = 28.1$
EXOGEN: $g = 0,999$, $p = 0.990$, $r(A) = 1934.6$, $r(C) = 20536.1$

eb) Ergebnisübersichten

eba) das Identifikationsraster

	A	B	C
61.I. – 66.IV.	0	1	1
66.I. – 71.IV.	1	1	1
71.I. – 76.IV.	1	1	1
76.I. – 81.IV.	0	1	0
81.I. – 86.IV.	1	1	1
82.I. – 87.IV.	1	1	1

(0 steht für T-Wert kleiner 2, 1 für T-Wert größer 2)

ebb) die Parameterwerte

endogen	g	p	r	
61.I. – 66.IV.	1.091	0.907	28.1	
66.I. – 71.IV.	0.794	0.972	4.5	
71.I. – 76.IV.	0.91	0.972	36.3	
76.I. – 81.IV.	0.95	1.013	0.9	
81.I. – 86.IV.	0.881	0.87	11.3	
82.I. – 87.IV.	0.863	0.885	9.48	

exogen	g	p	r(A)	r(C)
61.I. – 66.IV.	0.999	0.99	1934.6	20536.1
66.I. – 71.IV.	0.763	1.011	3.0	4.6
71.I. – 76.IV.	0.884	1.0	20.0	40.8
76.I. – 81.IV.	0.967	0.995	1.5	0.9
81.I. – 86.IV.	0.758	1.011	2.1	18.3
82.I. – 87.IV.	0.759	1.007	2.3	12.9

ec) Kurzinterpretation

g-Werte

Exogene und endogene g-Werte bewegen sich zwischen 0,7 und 1. Der endogene g-Wert liegt in 61 I. – 66 IV mit 1.091 außerhalb des im Modellzusammenhang vorgegebenen Definitionsbereiches. Der exogene g-Wert hingegen liegt mit 0.999 innerhalb des Definitionsbereiches. Deutlich wird hierbei die hohe mathematische Sensitivität des Systems, da die p-Werte in diesen beiden Fällen mit 0.99 bzw. 0.907 relativ geringfügig auseinander liegen. Der g-Wert nahe 1 in dieser Periode wird durch die ungesicherte optimale Handlung bestätigt.

r-Werte

Exogene und endogene r-Werte unterscheiden sich teilweise erheblich im Niveau, nicht jedoch in der Tendenz. In 66 – 77 ergibt sich für r ein Wert nahe 1, was durch die Tatsache bestätigt wird, daß der Planabweichungsterm in dieser Periode nicht gesichert ist.

p-Werte

Exogene und endogene p-Werte liegen eng zusammen in der Nähe von 1. Soweit die ökonometrische Vorgehensweise im allgemeinen. Eine fundierte Analyse müßte zusätzlich auf die mit Datenmaterial und dem Schätzver- fahren verbundenen Probleme eingehen und die Veränderungen im Umfeld darstellen. Außerdem könnte es ratsam sein, alternative Schätzmethoden zu testen und anzuwenden.

Literaturverzeichnis

Ackoff, R. L.: 1967, Management Misinformation Systems. In: Management Science, Vol. 1, No. 4, December, S. 147-156

Adler, G.: 1996, Kurs halten im Datenmeer. In: Diebold Management Report Nr. 11 – 96, S. 3

Adler, N., J.: 1986, International Dimensions of Organizational Behavior. Boston

Aguilar, F.J.: 1971, Strategy Scanning: Some Practical Considerations for Top Management. In: Dearden, J., Mc Farlan, F.W., Zani, W. M.: 1971, Managing Computer-Based Information Systems. Homewood (Ill.)

Alter, S.L.: 1980, Decision Support System: Current Practice and Continuing Challanges. London

Anderson, O., Naggl, W.: 1989, Quantifizierung qualitativer Informationen. In: Oppenländer, K. H., Poser, G. (Hrsg.): 1989, Handbuch der Ifo-Umfragen. Berlin, S. 82-94

Anthony, R., N.: 1965, Planning and Control Systems: A Framework for Analysis. Division of Research, Harvard Business School, Boston

ders: 1988, The Management Control Function. Boston

Anthony, G., Scott Morton, M.: 1971, A Framework for Management Information Systems. In: Sloan Management Review, Fall, S. 54-71

Applegate, L.M., Cash Jr., J.I., Mills, D.Q.: 1988, Information Technology and Tomorrow's Manager. Thirty years ago, Leavitt and Whisler predicted the future. Now what? In: Harvard Business Review, November-December, 1988, S. 128-136.

Arbeitskreis Pietzsch der Schmalenbach-Gesellschaft: Kl.-D. Kahl, H.-J. Kropp, H. Löckenhoff, J. Pietzsch, H. Röth, K.-H. Rohde: 1966, Zur Behandlung quantitativer betrieblicher Informationen. In: ZfbF, 18. Jahrgang (1966), S. 721-742

Arbeitskreis Dr. Krähe der Schmalenbach-Gesellschaft: 1971, Die Organisation der Geschäftsführung – Leitungsorganisation. 2. Auflage. Opladen

Argyris, C.: 1971, Management Information Systems: The Challange to Rationality and Emotionality. In: Management Science, Vol. 17, No. 6, Feb. 1971. S. B-275 – B-292.

Arthur D. Little (Hrsg.): 1992, Der vernetzte Manager. Geschäftserfolge durch Super Computing und High Speed Datenzugriff. Düsseldorf, Wien, New York, Moskau.

Augustin, S.: 1990, Information als Wettbewerbsfaktor: Informationslogistik – Herausforderungen an das Management. Zürich

Balkhausen, D.: 1990, Alfred Herrhausen. Düsseldorf, Wien, New York

Barnard, C. I.: 1938, The functions of the executive. Cambridge, Mass.

ders.: 1956, Organization and Management, Cambridge, Mass.

Bartlett, A., Ghoshal, S.: 1995, Changing the Role of Top Management. Beyond Systems to People. In: Harvard Business Review, May-June 1995, S. 132 ff.

Bartlsperger, R., Boldt, H., Umbach, D. C.: 1979, Der moderne Staat. 2. Aufl., Mannheim, Wien, Zürich

Bartmann, D.: 1989, Wird der Vorstand zum Regierungssprecher eines Computers? In: Spreemann, K., Zur, E. (Hrsg.): 1989, Informationstechnologie und Strategische Führung. Wiesbaden, S. 325 – 336.

Bartolome', F.: 1989, Sind Sie ein wohlinformierter Chef? In: Harvardmanager, IV/1989, S. 7-14

Bea, F. X., Kötzle, A.: (1983), Ursachen von Unternehmenskrisen und Maßnahmen zur Krisenvermeidung. In: Der Betrieb, Heft 11, 36. Jahrgang, S. 565-571

Bea, F. X., Dichtl, E., Schweitzer, M. (Hrsg.): 1997, Allgemeine Betriebswirtschaftslehre. Bd. 1, Grundlagen, 7. Aufl., Stuttgart

dies. (Hrsg.): 1997, Allgemeine Betriebswirtschaftslehre. Bd. 2, Führung, 7. Aufl., Stuttgart

Bea, F.X., Haas, J.: 1997, Strategisches Management. 2. Aufl., Stuttgart

Bea, F.X., Kötzle, A., Rechkemmer, K., Bassen, A.: 1997, Strategie und Organisation der Daimler-Benz AG. Frankfurt, Berlin, Bern, New York, Paris, Wien

Beer, S.: 1979, The Heart of Enterprise, Chichester etc.

Berthel, J.B.: 1975, Betriebliche Informationssysteme. Stuttgart

Bess, J., Franke, G.: 1997, Die Vernetzung der Teams. In: Capital 3/97, S. 236 ff.

Blank, U.: 1970, Ehmke Horst oder: Der Zwang zur Stärke. In: Frankfurter Hefte, Zeitschrift für Kultur und Politik, Heft 6, S. 393-397

Blau, P.M.: 1963, The Dynamics of Bureaucracy. Chicago

Bleicher, K.: 1990, Organisationskonzepte für die 90er Jahre. In: Office Automation, 11/1990, S. 6-12

ders.: 1992, Das Konzept Integriertes Management. Zweite, revidierte und erweiterte Auflage. Frankfurt

ders.: 1993, Informationstechnik in neuen Management und Organisationskonzepten. In: Office Management, 11/1993, S. 22-28

ders.: 1994, Normatives Management, Frankfurt

ders.: 1995, Vertrauen als kritischer Faktor. In: Müller-Stevens,. G., Spickers, J. (Hrsg.): 1995, Unternehmerischen Wandel erfolgreich bewältigen. Change Management als Herausforderung. St. Galler Executive Forum. Wiesbaden. S. 207-220

ders., Leberl, D., Paul, H.: 1989, Unternehmungsverfassung und Spitzenorganisation. Wiesbaden

Blohm, H.: 1971, Gestaltung eines lernenden MIS. In: Grochla, E., Szyperski, N. (Hrsg.): 1971, Management-Informationssysteme, Wiesbaden, S. 331-340

Bock, F.: 1998, The Intelligent Organization. In: Arthur D. Little (Hrsg.): Prism, Second Quarter 1998, S. 5-15

Boone, M. E.: 1991, Leaderschip an the Computer. Top Executives Reveal How They Personally Use Computers To Communicate, Coach, Convince and Compete. Rocklin

Bosch, R.: 1997, Data Mining wird Realität. In: Client/Server magazin 5-6/97, S. 61 ff.

Bosetzky, H.: 1987, Führung in der Bürokratie. In: Kieser, A., Reber, G., Wunderer, R. (Hrsg.): 1987, Handwörterbuch der Führung, Stuttgart, S. 128 -136

Brady: 1967, Computers in top-level decision making. In Harvard Business Review, July-August, S. 67-76

Brandes, W., Sommerlatte, T., Stringer, D., Zillessen, W.: Leistungsprozesse und Informationsstrukturen. In: Arthur D. Little (Hrsg.): 1990, Management der Hochleistungsorganisation, Wiesbaden, S. 44-56

Brauchlin, E.: 1990, Probemlösungs- und Entscheidungsmethodik. Eine Einführung. 3. Auflage. Bern, Stuttgart ders.: 1990, Internationales Management. In: Pieper, R., Richter, K.: 1990, Management – Bedingungen, Erfahrungen, Perspektiven. Wiesbaden, S. 233-244

ders., Wehrli, H.P.: 1991, Strategisches Management: Lehrbuch mit Fallstudien. München, Wien

ders., Wiesmann, D.: 1993, Internationales Management. In: Gabler Wirtschaftslexikon, 13. Auflage, Wiesbaden

Brauswetter, H.H.: 1976, Kanzlerprinzip, Ressortprinzip und Kabinettsprinzip in der ersten Regierung Brandt 1969 – 1972. Bonn

Brech, R.: 1958, Geschäftsbericht ohne Zahlen. Eine theoretische Exkursion in den Bereich der Unternehmerinformation. Ifo-interne Übersetzung aus: „The Incorporated Statistician, April 1958, Heft 3.

ders.: 1971, Company Accounting with Figureless Accounts. Paper for 10th CIRET Conference in Brussels from 15th to 17th September 1991

Breyer, R.: 1992, Die Informationsversorgung marktorientierter Topmanager. Marketing Management Informationssysteme – Versuch einer ganzheitlichen Betrachtung aus theoretischer und praktischer Sicht, dargestellt an zwei Unternehmungen der schweizerischen Uhrenindustrie. Bern, Stuttgart, Wien.

Bullinger, H.-J. (Interview): 1995, Führungsinformationssysteme (FIS) profitieren von der Forschung. IAO: Wir testen die Systeme und entwikkeln auch Prototypen. In Computerwoche 26, 30. Juni 1995, S. 51

ders., Huber, H., Koll, P.: 1991, Chefinformationssysteme (CIS), Navigationsinstrumente der Unternehmensführung. In: Office Management, 3/1991 März, S. 6-20

ders., Friedrich, R., Koll, P.: 1992, Management-Informationssysteme (MIS), Vorgehensweisen, Trends und Entwicklungen. In: Office Management, 11/1992 November, S. 6-18.

ders., Fähnrich, K.-P., Niemeyer, J.: 1993, Informations- und Kommunikationssysteme für „schlanke Unternehmungen". In: Office Management, 1-2/ 1993, S. 6-19

ders., Koll, P., Niemeier, J.: 1994, Führungsinformationssysteme (FIS). Ergebnisse einer Anwender- und Marktstudie. Baden-Baden

dies: (ohne Datum) Informationssysteme für Manager. Computerbasierte Instrumente zur Bereitstellung entscheidungsrelevanter Informationen. Frauenhofer Institut für Arbeitswirtschaft und Organisation, Stuttgart

ders., Renner, T., Dormeier, S.: 1997, Unternehmen auf dem Weg zum „knowledge-warehouse". In: Office Management 2/1997, S. 9 ff.

ders., Wörner, K., Prieto, J.: 1997, Wissensmanagement heute. Daten, Fakten, Trends. Ergebnisse einer Unternehmensstudie des Frauenhofer Institut für Arbeitswirtschaft und Organisation in Zusammenarbeit mit dem Manager-Magazin. Manuskript Stuttgart: Frauenhofer Institut für Arbeitswirtschaft

Burckhardt, W. (Hrsg.): 1992, Schlank, intelligent und schnell. Wiesbaden.

Bundesministerium des Innern: Stand 1.1.1974, Gemeinsame Geschäftsordnung der Bundesministerien, Geschäftsordnung der Bundesregierung (GGO, GOBReg). Stuttgart

Carstens, K.: 1971, Politische Führung. Stuttgart

Coleman, R.J., Riley, M.J. (Hrsg.): 1973, MIS: Management Dimensions, San Francisco

Crandall, R.L.: ohne Datum, Die strategische Bedeutung von Informationssystemen. Veröffentlichung der Comshare GmbH, Köln.

Daimler-Benz AG: Führungsorganisation, Stand 1989

Daum, J.H.: 1994, Management auf solider Basis. Die neue Generation von Führungsinformationssystemen. In: Frankfurter Allgemeine Zeitung, 15.3.1994.

Davenport, T.H.: 1994, Saving IT's Soul: A new approach to information promises business benefits that few managers could conceive of when focusing strictly on technology. In: Harvard Business Review, March-April, 1994. S. 119- 131

ders.: 1993, Process Innovation. Reengineering Work through Information Technology, Boston

ders., Hammer, M., Metsisto, T. J.: 1989, How Executives Can Shape Their Company's Informations Systems. In: Harvard Business Review, Nr. 2, S. 130-134

Dearden, J.: 1964, Can Management Information be Automated? In: Harvard Business Review, March-April, S. 128-135

ders.: 1966, Myth of Real-Time Management Information. In: Harvard Business Review, May-June, S. 123-132

ders.: 1983, SMR Forum: Will the Computer Change the Job of Top Management? In: Sloan Management Review, Fall 1983.

DeLong, D. W., Rockart, J.F.: 1984, A Survey of Current Trends in the Use of Executive Support Systems. Working Paper No. 121, Center for Information Systems Research, Sloan School of Management, MIT, Cambridge, Mass., November 1984

dies.: 1986, A Survey of Current Trends in the Use of Executive Support Systems. In: Rockart, J.F., Bullen, V. (Hrsg.): 1986, The Rise of Managerial Computing. The Best of the Center for Information Systems Research, Sloan School of Management, Massachusetts Institute of Technology. Irwin. S. 190-204

Dixon, J.P.: 1971, MIS – A New Field of Research or A New Name for Old roblems? In: Grochla, E., Szyperski, N. (Hrsg.): 1971, Management-Informationssysteme. Wiesbaden, S. 41-60

Dorn, B. (Hrsg.): 1994, Das informierte Management. Fakten und Signale für schnelle Entscheidungen. Berlin; Heidelberg; New York; London; Paris; Tokyo; Hong Kong; Barcelona; Budapest

ders.: Managementsysteme: Von der Information zur Unterstütung. In: Dorn, B. (Hrsg.), 1994, Das informierte Management. Fakten und Signale für schnelle Entscheidungen. Berlin; Heidelberg; New York; London; Paris; Tokyo; Hong Kong; Barcelona; Budapest

Dratva, R.: 1995, Elektronische Informationsdienste: Zukunftsweisende Konzepte und prototypische Umsetzungen im Bankenbereich. In: Schmid, B.: 1995, Electronic Mall: Banking und Shopping in globalen Netzen. Stuttgart, S. 95-180

Drucker, P.: Playing in the Information-Based „Orchestra". In: The Wall Street Journal, June 4, 1985

ders.: 1988, Das Zeitalter der Dirigenten. In: Manager Magazin, Heft 7, S. 102-113

ders.: 1989, Neue Realitäten. Wertewandel in Politik, Wirtschaft und Gesellschaft, Düsseldorf, Wien, New York.

ders.: 1993, Post Capitalist Society. New York;

ders.: 1994, The Theory of the Business. In: Harvard Business Review, September-October, 1994, S. 95-104

Dülfer, E.: 1991, Internationales Management in unterschiedlichen Kulturbereichen. München, Wien

Dyllick, T.: 1987, Unternehmensumwelt und Führung. In: Kieser, A., Reber, G., Wunderer, R. (Hrsg.): 1987, Handwörterbuch der Führung. Stuttgart, S. 1971-1978

Echtler, U.: 1973, Einfluß und Macht in der Politik. Der beamtete Staatssekretär. München

Ellwein, T.: 1967, Regierungslehre als praktische Wissenschaft. In: Wissenschaft und Praxis (Politische Wissenschaft), Köln und Opladen, S. 21-33

ders.: 1968, Politik und Planung. Stuttgart

ders.: 1968a, Probleme der Regierungsorganisation in Bonn. In: Politische Vierteljahresschrift, 9. Jahrgang, Heft 2, Juni, S. 234-254

ders.: 1983, Das Regierungssystem der Bundesrepublik Deutschland. 5. Aufl., Opladen

Fachredaktion des Bibliographischen Instituts (Hrsg.): 1979, Wie funktioniert das? Der moderne Staat. 2. Aufl., Mannheim, Wien, Zürich

Feldforth, W.: 1972, Management Informationssysteme. Die Lücke zwischen Theorie und Praxis. In: Lindemann, P., Nagel, K. (Hrsg): 1972, Management-Informationssysteme, Beiträge aus der Praxis. Neuwied und Berlin, 79 ff.

Forbes Initiative, 1994, Tools to Create Lasting Leadership.

Frackmann, E.: 1996, Managementcomputing. Theorie und Praxis der Computerunterstützung des Top-Managements. Berlin, New York

Franzen, M.: 1972, Management-Informationssystem (MIS). Ein Lernprozeß. In: Lindemann, P., Nagel, K. (Hrsg): 1972, Management-Informationssysteme, Beiträge aus der Praxis, Neuwied, Berlin, S. 8 ff.

Friend, D.: 1986, Executive Information Systems: Successes, Failures, Insights and Misconceptions. In: DSS-86 Transactions, Conference on Decision Support Systems, Washington, D.C. Published by The Institute of Management Science, Providence, R.I. S. 35-40.

ders.: 1986, Helping Corporate Executives Wade Through Data To Find Information. In: Data Communications, September, S. 283-288

ders. ohne Datum (um 1988), The Executive Information System: Key Elements of Successful Architectures". Redetext, Veröffentlichung durch Pilot-Executive Software, S. 9

ders.: 1989, The business impact of EIS: a review of US experience. Keynote Presentation: Executive Information Systems. The 2nd Annual Conference & Exibition. May 11 & 12, 1989, London

Gabler Wirtschaftslexikon (1993): „Geschäftsordnung"

Gates, B.: 1996, The Road Ahead. London

Gasser, C.: 1985, Neue Anforderungen an den Top-Manager. In: Probst, G.J.B., Siegwarth, H. (Hrsg.): 1985, Integriertes Management, Bern, Stuttgart, S. 573-581

Gazdar, K.: 1989, Informationsmanagement für Führungskräfte. Frankfurt

Gehrke, B.: 1991, Der Middle-Manager als PC-Benutzer. Wiesbaden

Gerstenberger, W.: 1972, Aussagewert von Investitionsplänen. In: Ifo-Studien, Heft 1.

Ghoshal, S., Bartlett C.A.: 1995, Changing the Role of Top Management. Beyond Structure to Processes. In: Harvard Business Review, January-February 1995, S. 86-96

Giles, M.: 1997, Shake up at Daimler- Benz. In: Information Strategy, February 1997, S. 34-35

Gomez, P.: 1993, Wertmanagement, Vernetzte Strategien für Unternehmen im Wandel. Düsseldorf, Wien, New York, Moskau, S. 51

ders., Bleicher, K., Brauchlin, E., Haller, M.: 1993, Multilokales Management: Zur Integration eines vernetzten Systems. In Haller, M. et.al. (Hrsg.): 1994, Globalisierung der

Wirtschaft – Einwirkungen auf die Betriebswirtschaftslehre, Tagungsband der 54. Wissenschaftlichen Jahrestagung des Verbandes der Hochschullehrer für Betriebswirtschaft, St. Gallen

ders., Hahn, D., Müller-Stewens, G., Wunderer, R. (Hrsg.): 1994, Unternehmerischer Wandel. Konzepte zur organisatorischen Erneuerung. Wiesbaden

ders., Müller-Stewens, G.: 1994, Corporate Transformation. Zum Management fundamentalen Wandels großer Unternehmungen. In: Gomez, P., Hahn, D., Müller-Stewens, G., Wunderer, R. (Hrsg.): 1994, Unternehmerischer Wandel. Konzepte zur organisatorischen Erneuerung. Wiesbaden, S. 135-198

Gorry G.A., Scott Morton, M.S.: 1991, A Framework for Management Information Systems. In: Sloan Management Reviev 13, no. 1, S. 55-70

Grochla, F.: 1968, Die Integration der Datenverarbeitung. Durchführung anhand eines integrierten Unternehmungsmodells. In: Bürotechnik und Automation. 9. Jg., S. 108-123

ders.: 1969, Handwörterbuch der Organisation. Stuttgart

ders.: 1980, Die Beteiligung der Unternehmungsführung an der Gestaltung computer-gestützter Informationssysteme. In: Hahn, D. (Hrsg.): 1980, Führungsprobleme industrieller Unternehmungen. Berlin, New York, 125-136

ders., Szyperski, N. (Hrsg.): 1971, Management-Informationssysteme, Wiesbaden

Groffmann, H.D.: 1997, Das Data Warehouse-Konzept. In: Theorie und Praxis der Wirtschaftsinformatik, Heft 195, 1997, S. 16

Günther, R., Rölle, H.: 1969, Entwicklungstendenzen in der Gestaltung von Management-Informations-Systemen in den USA. BIFOA Arbeitsbericht 61/10, Köln

Gullik, L.H.: 1937, Notes on the theory of organizations. In: Gulick, L. H., Urwick, L.F. (Ed.): 1937, Papers on the science of management. New York

Gutenberg, E.: 1983, Grundlagen der Betriebswirtschaftslehre. Erster Band. Die Produktion. 24., unveränderte Auflage. Berlin, Heidelberg, New York.

ders.: 1962, Unternehmensführung. Organisation und Entscheidung. Wiesbaden

ders.: 1969, Grundlagen der Betriebswirtschaftslehre. Band 1, 15. Aufl., Berlin, Heidelberg, New York

Hammer, M., Champy, J.: 1993, Reengineering the Corporation: A Manifesto for Business Revolution. New York.

Hamilton, W. F., Moses, M. A.: 1974, A Computer-Based Corporate Planing System. In: Management Science Series B – Application, S. 148 ff.

Hansen, H.R.: 1996, Wirtschaftsinformatik Teil I, 7. Aufl., Stuttgart

Hanssen, R., Remmel, M.: 1994, Strategische und operative Führung im Daimler-Benz-Konzern. Philosopie und Instrumentarien. In: Hahn, D.: 1994, PuK-Controllingkonzepte. 4. Auflage. Wiesbaden

Harris, T.G.: 1993, The Post-Capitalist Executive: An Interview with Peter F. Drucker. In: Harvard Business Review, May-June, 1993, S. 115- 122

Harvey, D., Meiklejohn, I.: 1988, The Executive Information Systems Report. London

Haungs, P: 1986, Kanzlerdemokratie in der Bundesrepublik Deutschland: Von Adenauer bis Kohl. In: Zeitschrift für Politik. Köln, 1986, Januar

ders.: 1989, Kanzlerprinzip und Regierungstechnik im Vergleich: Adenauers Nachfolger. In: Aus Politik und Zeitgeschichte, Beilage zur Wochenzeitung „Das Parlament". 1989, Januar

Hauschildt, J.: 1990, Komplexität, Zielbildung und Effizienz von Entscheidungen in Organisationen. In: Fisch, R., Boos, M. (Hrsg.): 1990, Vom Umgang mit Komplexität in Organisationen. Konstanz, S. 131-147

ders., J., Gemünden, H. G., Grotz-Martin, S. Haidle, U.: 1983, Entscheidungen der Geschäftsführung. Tübingen

Hayek von, F. A.: 1976, Individualismus und wirtschaftliche Ordnung. 2. Aufl., Salzburg

Heinen, E.: 1969, Zum Wissenschaftsprogramm der entscheidungsorientierten Betriebswirtschaftslehre. In Zeitschrift für Betriebswirtschaft, 1969, S. 207 ff.

ders.: 1976, Grundfragen der entscheidungsorientierten Betriebswirtschaftslehre. München

ders. (Hrsg.): 1984, Betriebswirtschaftliche Führungslehre. 2. Auflage, Wiesbaden

Hennis, W.: 1964, Richtlinienkompetenz und Regierungstechnik. In: Recht und Staat, Tübingen, Heft 300/301, S. 7-47

ders.: 1965, Aufgaben einer modernen Regierungslehre. In: Politische Vierteljahresschrift, 6. Jahrgang, Heft 4, S. 422-437

Hentsch, B., Malik, F. (Hrsg.): 1973, Systemorientiertes Management. Bern, Stuttgart

Henzler, H. A.: 1988: Handbuch Strategische Führung. Wiesbaden

ders. (Interview geführt von B. Schulte): 1991, Der große Frust. In: manager magazin 8/91, S. 158 – 163.

Hichert, R. (Hrsg.): 1995, Management-Informationssysteme. Praktische Anwendungen. Berlin

Hinkelmann, K., Weiss, W.: 1997, Unterstützung des Wissensmanagements durch ein Oganizational Memory. In Technologie & Management, 1/97, 46. Jahrgang, S. 28

Hofstede, G.: Die Bedeutung von Kultur und ihren Dimensionen im Internationalen Management. In: Kumar, B.N., Haussmann, H. (Hrsg.): Handbuch der internationalen Unternehmenstätigkeit. München 1992, S. 308 ff.

Hollis, R.: 1984, Real Executives Don't Use Computers. In: Business Computer Systems 3, no. 7, July 1984

Horvath, P.: 1979, Controlling. München

ICRMOT, 1994, International Center for Research on the Management of Technology, Sloan School of Management, Massachusetts Institute of Technology (Biennial Report of Activities)

Institute for International Research: 1992, Executive Information Systems. Konferenz mit Fachausstellung. 29. und 30. September 1992, Zürich

Isenberg, D.J.: 1984, How Managers Think. In: Harvard Business Review. November-December, 1984.

Jabkowski, R.: 1991, Executive Information im internationalen Konzern – erfolgreiche Realisierungen bei Austrian Industries. In: TÜV Rheinland GmbH (Hrsg., erstellt in Zusammenarbeit mit der Östereichischen Akademie für Führungskräfte]: 1991, Der gut informierte Manager: erfolgreiche europäische MIS- und EIS-Lösungen. Köln.

Jaques, E.: 1976, A General Theory of Bureaucracy. Hamshire

Jacob, H. (Hrsg.): 1972, Elektronische Datenverarbeitung als Instrument der Unternehmensführung. Wiesbaden

ders. (Hrsg.): 1986, Industriebetriebslehre. 3. Auflage, Wiesbaden

Jäger, W.: 1988, Von der Kanzlerdemokratie zur Koordinationsdemokratie. In: Zeitschrift für Politik, Köln, Januar

Johansen, B.: 1994, The Business Organization in 2005. In: Informationen und Kommunikation – Technik und Gesellschaft. Daimler-Benz-interne Veröffentlichung, S. 31-36

Johnson-Liard, P.N.: Mental Models. Harvard University Press, Cambridge, Mass.

Kahn, H., Wiener, A.J.: 1971, Ihr werdet es erleben. Voraussagen der Wissenschaft bis zum
Jahre 2000. Wien, Zürich, München

Karten, N.: 1987, Executive Info Systems – But do they inform? In: Canadian Datasystems,
June 1987, S. 74-75

Karus, H. G.: 1990, Unternehmensführung im globalen Wettbewerb. In: Zeitschrift für Betriebswirtschaft, Nr. 9, September 1990, S. 863-872

Kastner, M.: 1990, Überfordert uns die zukünftige komplexere Arbeitswelt? Vortrag anläßlich des Personalforums 1990 der Süddeutschen Zeitung

Keen, P.W., Hackathorn, R.D.: 1979, Decision Support und Personal Computing, Center
for Information Systems Research Working Paper No. 47, Sloan School of Management, MIT, Cambridge Mass. October.

Kelly, J. N.: 1988, Executive Information Systems. In: Patrica Seybold's Office Computing
Report, Vol. 11, Dezember, S. 3-9

Kieser, A.: 1995, Quo vadis Organisationstheorie – mit der Organisa- tionspraxis, ihr voraus oder hinterher oder ganz woanders hin? In: zfo, 6/1995, S. 347 ff.

ders., Kubicek, H.: 1974, Organisationsstruktur und individuelles Verhalten als Einflussfak-
toren der Gestaltung von Management-Informationssystemen. In: Zeitschrift für Betriebswirtschaft 44 (1974), S. 449- 474

ders., Reber, G., Wunderer, R. (Hrsg.): 1987, Handwörterbuch der Führung. Stuttgart

Kirsch, W.: 1970, Entscheidungsprozesse. Bd. I und III, Wiesbaden

ders., Kieser, H.-P.: 1974, Perspektiven der Benutzeradäquanz von Management-Informations-Systemen (Erster Teil). In: Zeitschrift für Betriebswirtschaft, 44, S. 383-402

ders., Klein, H.K.: 1977, Management-Informationssysteme I, Wege zur Rationalisierung
der Führung. Stuttgart, Berlin, Köln, Mainz

ders, Klein, H. K.: 1977, Management-Informationssysteme II – Auf dem Weg zu einem
neuen Taylorismus? Stuttgart

ders., Rieger, B.: 1986, Management Support System (MSS). In: Hommel, G., Schindler,
S. (Hrsg.): 1986, Proceedings der 16. GI-Jahrestagung, Informatik Anwendungen, Informatik Fachberichte, Band 127, Berlin, New York, S. 311-323

Kissinger, H. A.: 1979, Memoiren 1968-1973. München

Kleinhans, A. M.: 1989, Wissensverarbeitung im Management. Frankfurt, Bern, New York,
Paris

ders., Rüttler, M., Zahn, E.: 1989, Computergestütztes Management marschiert. In: Harvard Manager, IV. 1989, S. 104-110

Klotz, U.: 1991, Informationen nutzen statt Daten verarbeiten. Grundlegende Neuorientierungen führen in eine zweite Ära der Informationstechnik (Teil 3). In: Office Management, 11/1991, S. 41-46

ders.: 1992, Die zweite Ära der Informationstechnik. In: Harvardmanager, II. Quartal
1991, S. 101-112

Koch, H.-A.: 1990, Welt der Informationen. Stuttgart

König, K.: 1990, Das Bundeskanzleramt als komplexe Organisation. In: Fisch, R., Boos, M.
(Hrsg.): 1990, Vom Umgang mit Komplexität in Organisationen. Konstanz, S. 149-163

Kötzle, A.: 1993, Die Identifikation strategisch gefährdeter Geschäftsnheiten. Berlin

Koll, P., Engstler, M.: 1994, Anwender- und Marktstudie. Führungsinformationssysteme. In: Online 6/94, S. 41-42

Koll, P., Niemayer, J.: (ohne Datum), Executive Information Systmes (EIS) – Erfahrungen, neue Ansätze und praktische Tips zur Projektdurchführung -. Frauenhofer Institut für Arbeitswirtschaft und Organisation, Stuttgart

Koontz, H., O'Donnel, C.: 1955, Principles of Management: An analysis of managerial functions. New York

Koreimann, D.S.: 1971, Methoden und Organisation von Management-Informationssystemen. Berlin, New York

Kosiol, E.: 1959, Grundlagen und Methoden der Organisationsforschung, Berlin

ders.: 1968, Einführung in die Betriebswirtschaftslehre. Wiesbaden

ders.: 1978, Die Unternehmung als wirtschaftliches Aktionszentrum. 4. Aufl., Reinbeck

Kotter, J.P.: 1982, The General Managers. New York

Koyck, L.M.: 1954, Distributed Lags and Investment Analysis. Contributions to Economic Analysis 2. Amsterdam

Krallmann, H.: 1996, Systemanalyse im Unternehmen. München, Wien

ders., Rieger, B.: 1986, Management Support System (MSS). In: Hommel, G., Schindler, S. (Hrsg.): 1986, Proceedings der 16. GI-Jahrestagung, Informatik Anwendungen, Informatik Fachberichte, Band 127, Berlin, New York, S. 311-323

ders.: 1987, Vom Decision Support System (DSS) zum Executive Support System (ESS). In: Handbuch der modernen Datenverarbeitung (HMD), S. 28- 38

Kreikebaum, H.: 1997, Strategische Unternehmungsplanung. 6. Auflage, Stuttgart, Berlin, Köln

Krieg, W.: 1985, Management- und Unternehmungsentwicklung: Bausteine eines integriertes Ansatzes. In: Probst, G.J.B., Siegwarth, H.: 1985, Integriertes Management, Bern, Stuttgart, S. 261-277

Krüger, W., Pfeiffer, P.: 1988, Strategische Ausrichtung, organisatorische Gestaltung und Auswirkungen des Informations-Managements. In: Information Management, Nr. 2., S. 6-15

dies.: 1991, Eine konzeptionelle und empirische Analyse der Informationsstrategien und der Aufgabe des Informationsmanagements. In: Schmalen- bachs Zeitschrift für betriebswirtschaftliche Forschung, Heft 1, 1991, S. 21-43

Leavitt, H.J.: 1986, Der Manager als Pionier im Unternehmen. Landsberg

ders., Whisler, T.L.: 1958, Management in the 1980's. In: Harvard Business Review, November-December 1958, S. 41-48

Levinson, E.: 1984, The Implementation of Executive Support Systems. Working Paper No. 119.Center for Information Systems Research, Sloan School of Management, MIT, Cambridge, Mass. October 1984.

Lindelbauer, J.D. (Koordination): 1989, Die Umfragen des IFO-Instituts: Fragestellung, Datenerfassung und Auswertung. In: Oppenländer, K. H. (Hrsg.): 1989, Handbuch der Ifo-Umfragen, Berlin, S. 121 ff.

Lindemann, P.: 1973, Systemorientierte Unternehmungsführung – eine Synthese. In: Hentsch, B., Malik, F. (Hrsg.): 1973, Systemorientiertes Management. Bern, Stuttgart, S. 155-160 ders., P., Nagel, K. (Hrsg): 1972, Management-Informationssysteme, Beiträge aus der Praxis. Neuwied, Berlin

Luconi, F.L., Malone, T.W., Scott Morton, M.: 1986, Expert Systems: The Next Challange for Managers. In: Sloan Management Review, Summer, S. 3- 14

Lullies, V., Bullinger, H., Weltz, F.: 1990, Konfliktfeld Informationstechnik. Frankfurt, New York

Malik, F.: 1984, Strategie des Managements komplexer Systeme. Bern, Stuttgart

ders.: 1985, Gestalten und Lenken von sozialen Systemen. In: Probst, G.J.B., Siegwarth, H.: 1985, Integriertes Management. Bern, Stuttgart, S. 205-216

ders.: 1993, Systemisches Management, Evolution, Selbstorganisation. Grundprobleme, Funktionsmechanismen und Lösungsansätze für komplexe Systeme. Bern, Stuttgart, Wien

ders.: 1997, Wirksame Unternehmensaufsicht. Corporate Governance in Umbruchzeiten. Frankfurt

ders., Stelter, D.: 1990, Krisengefahren in der Weltwirtschaft: Überlebensstrategien für das Unternehmen. Stuttgart

March, J.G. (Hrsg.): 1990, Entscheidung und Organistion. Wiesbaden

ders., Simon, H. A.: 1958, Organizations. New York, London

Martiny, L., Klotz, M.: 1989, Strategisches Informationsmanagement. München, Wien

McCaskey, M.B.: 1982, The Executive Challenge. Boston, London, Melbourne, Toronto

McFarlan, W.F. (Hrsg.): The Information Systems Research Challenge: Proceedings. Boston: Harvard Business School Press.

Mellerowicz, K.: 1981, Betriebswirtschaftslehre in der Industrie. 7. Aufl., Freiburg

Mertens, P.: 1998, Operiert die Wirtschaftsinformatik mit den falschen Unternehmenszielen – 15 Thesen? In: Becker, J., König, W., Schütte, R. Wendt, O., Zelewski, S. (Hrsg.): Die Bedeutung der Wissenschaftstheorie und Wirtschaftswissenschaften – diskutiert am Beispiel der Wirtschaftsinformatik. Wiesbaden. (WWW-download)

ders.: 1998, Geschichte und ausgewählte Gegenwartsprobleme der Wirtschaftsinformatik. In: Wirtschaftswissenschaftliches Studium 27 (1998)4, S. 170-175

ders.: 1995, Wirtschaftsinformatik – Von den Moden zum Trend. In: König, W. (Hrsg.): Wirtschaftsinformatik '95, Wettbewerbsfähigkeit – Innovation – Wirtschaftlichkeit, Heidelberg, S. 26 ff.

ders.: 1994, Neuere Entwicklungen des Mensch-Computer-Dialoges in Berichts- und Beratungssystemen. In: Zeitschrift für Betriebswirtschaft, 64. Jg. (1994), H. 1, S. 35-56.

ders.: 1994, „Von Massendaten zur kompakten Information und Interpretation". In: 4. Österreichischer Kongreß für EDV-gestütztes Management und Controlling, Österreichisches Controller-Institut, Wien

ders.: 1972, Der Einfluß der elektronischen Datenverarbeitung auf Entscheidungsfindung und Entscheidungsprozeß. In: Jacob, H. (Hrsg.): 1972, Elektronische Datenverbarbeitung als Instrument der Unternehmensführung. Wiesbaden, S. 153 ff.

ders.: 1971, Zum Inhalt der computer-unterstützten Führungsinformation. In: Grochla, E., Szyperski, N. (Hrsg.): 1971, Management-Informationssysteme. Wiesbaden, S. 653-666

ders., et.al.: 1998, Grundzüge der Wirtschaftsinformatik, 5. Aufl., Berlin u.a.

ders., Bissantz, N., Hagedorn, J.: 1996, Data Mining als Komponente eines Data Warehouse. In: Muksch, H., Behme, W. (Hrsg.): Das Data Warehouse-Konzept, Wiesbaden, S. 337-368 ders., Bodendorf, F., König, W., Picot, A., Schumann, M.: 1996, Grundzüge der Wirtschaftsinformatik, 4. Auflage, Berlin, Heidelberg, New York, Tokyo

ders., Falk, J., Speick, S., Weigelt, M.: 1996, Decentralized Problem solving in Logistics with Partly Intelligent Agents and Comparison with Alternativ Approaches. In: König, W., Kurbel, K., Mertens, P., Pressmar, D. (editors): 1996, Distributed Information Systems in Business. Berlin, Heidelberg, New York, S. 87-103 (deutsche Vorversion: Mertens, P., Falk, J., Speick, S.: 1993, Unterstützung der Lager- und Transportlogistik durch Teilintelligente Agenten. IM Information Management 8 (1993) 2, S. 26-31

ders., Hagedorn, J., Fischer, M., Bissantz, N., Haase, M.: 1996, Towards Active Management Information Systems. In: Humphreys, P., Bannon, L., McCash, A., Migliarese, P., Faperol, J.-C. (ed.): 1996, Implementing Systems for Supporting Management Decisions. Concepts, methods and experiences. London, Weinheim, New York, Tokyo, Melbourn, Madras

ders., Knolmayer, G.: 1995, Organisation der Datenverarbeitung, 2. Auflage, Wiesbaden

ders., Borkowski, V., Geis, W.: 1993, Betriebliche Expertensystem Anwendungen, 3. Auflage, Berlin, Heidelberg, New York, Tokyo

ders, Ehrenberg, D., Griese, J., Heinrich, L.J., Kurbel, K., Stahlknecht, P. (Hrsg.): 1992, Studien- und Forschungsführer Wirtschaftsin- formatik, 4. Auflage,

ders., Griese, J.: 1991, Integrierte Informationsverarbeitung. Bd. 2, Wiesbaden.

ders., Plattfaut, E.: 1986, Informationstechnik als strategische Waffe. In: Information Management, 2/86, S. 6-17.

ders., Kress, H.: 1970, Mensch-Maschinen-Kommunikation als Hilfe bei Entscheidungsvorbereitung und Planung. In: Zeitschrift für betriebswirtschaftliche Forschung, Heft 1, S. 1-21

MIK-Gesellschaft für Management und Informatik mbH: ohne Datum, Whole in one. Konstanz

Mintzberg, H.: 1973, The Nature of Managerial Work. New York.

ders.: 1975, Manager's Job: Folklore and Fact. In: Harvard Business Review. July-August, 1975, S. 49-61

ders.: 1979, The Structuring of Organizations. Englewood Cliffs, N.J.

ders.: 1984, Who Should Control The Corporation? In: California Management Review, No. 1, Fall, S. 90-115

ders.: 1989, Mintzberg on Management. Inside Our Strange World of Organizations. New York, London.

ders.: 1990, The Managers Job: Folklore and Fact. In: Harvard Business Review, March-April, S. 163-177

MIT Sloan School of Management (hosted by Rockart, J. F.): ohne Datum (herausgegeben 1993), Information Technology: Unleashing the Power & Realizing the Potential. (Videoserie mit „Leader's Guide")

Moore, K.: 1997, Woefully Inadequate and Jargon Rich. In: Information Strategy. April, S. 58

Möllmann, S: 1992, Executive Information Systems: Navigationsinstrumente zur Unternehmensführung. In: zfo, 6/1992, S. 366 – 367. (hier S. 366))

Mucksch, H., Holthuis, J., Reiser, M.: 1996, Das Data Warehouse Konzept – ein Überblick. In: Wirtschaftsinformatik 38 (1996) 4, S. 421-433

Müller-Böhling, D.: 1990, Akzeptanzprobleme von Führungskräften – Topmanager zwischen Technikeuphorie und Tastaturphobie. Vortrag im Rahmen von Comshare GmbH am 26.6.1990

ders., Klautke, E., Ramme, I.: 1989, Soziologische Studie durchleuchtet Manageralltag. In: Bild der Wissenschaft, 1-1989, S. 104-109.

ders., Ramme, I.: 1990, Informations- und Kommunikationstechniken für Führungskräfte. Top-Manager zwischen Technikeuphorie und Tastaturphobie. München, Wien

Müller-Merbach, H.: 1988, Der mündige Benutzer als Partner bei der Systemgestaltung. In: IBM Nachrichten, Oktober 1988, S. 7-11

Müller-Stevens, G.: 1995, Zur Anschlußfähigkeit von Führungsinterventionen am Beispiel Daimler-Benz. In: Müller-Stevens, G., Spickers, J. (Hrsg.): 1995, Unternehmerischen Wandel erfolgreich bewältigen. Change Management als Herausforderung. St. Galler Executive Forum. Wiesbaden. S. 139-180.

ders., G., Krieg, W.: 1993, Das Management Strategischer Programme

ders., Spickers, J. (Hrsg.): 1995, Unternehmerischen Wandel erfolgreich bewältigen. Change Management als Herausforderung. St. Galler Executive Forum. Wiesbaden

Nerb, G.: 1975, Konjunkturprognose mit Hilfe von Urteilen und Erwartungen der Konsumenten und Unternehmer. Berlin, München

Österle, H.: 1995, Business Engineering. Prozeß- und Systementwicklung. Band 1: Entwurfstechniken. Berlin, Heidelberg, New York, London, Paris, Tokyo, Hong Kong, Barcelona, Budapest

ders., Muschter, S.: 1996, Neue Informationsquellen für das Benchmarking – wie Sie im Internet von den Besten lernen. In: Wirtschaftsinformatik 38 (1996) 3, S. 325-330

ders., Brenner, W., Hilbers, K: 1991, Unternehmensführung und Informationssystem. Der Ansatz des St. Galler Informationssystem-Managements. Stuttgart

Office Management: 1993, Informationssysteme für Manager. Computerbasierte Instrumente zur Bereitstellung entscheidungsrelevanter Informationen. In: Office Management, 9/1993, S. 69-71.

Oppenländer, K. H., Poser, G. (Hrsg.): 1989, Handbuch der Ifo-Umfragen. Berlin

Quittenbaum, G.: 1992, Informationsmanagement und Controlling. Die Einführung eines EIS für eine Holding – ein Erfahrungsbericht. In: Reichmann, T.: 1992. Controlling '92. 7. Deutscher Controlling Congress. Tagungsband. S. 231 – 254

Perlitz, M.: 1997, Internationales Management. 3. Aufl., Stuttgart

Picot, A., Franck, E.: 1988, Die Planung der Unternehmungsressource Information. In: Das Wirtschaftsstudium, 10/88, S. 544-548

ders., Reichwald, R.: 1994, Auflösung der Unternehmung? Vom Einfluß der IuK-Technik auf Organisationsstrukturen und Kooperationsformen. In: ZfB 64. Jg. (1994), H. 5, S. 547-570

Pilot Executive Software: ohne Datum (um 1989), Executive Information Systems. (Kundenprospekt)

Pribilla, P., Reichwald, R., Goecke, R.: 1996, Telekommunikation im Management. Strategien für den globalen Wettbewerb. Stuttgart

Probst, G.J.B.: 1992, Organisation. Strukturen, Lenkungsinstrumente, Entwicklungsperspektiven

ders., Siegwarth, H. (Hrsg.): 1985, Integriertes Management. Bern, Stuttgart

ders., G. Gomez, P.: 1992, Vernetztes Denken im Managment – Unternehmen ganzheitlich führen. Wiesbaden

ders., Raub, S., Rombardt, K.: 1997, Wissen managen. Wie Unternehmen ihre wertvoll-
ste Ressource optimal nutzen. Wiesbaden

Pümpin, C.: 1972, Information und Marketing. Informations-Systeme als Führungsgrund-
lage.

ders.: 1986, Management Strategischer Erfolgspositionen. 3. Aufl., Bern, Stuttgart

ders.: 1989, Das Dynamik Prinzip. Düsseldorf, Wien, New York

ders., Prange, J.: 1991, Management der Unternehmungsentwicklung: phasengerechte
Führung un der Umgang mit Krisen. Frankfurt, New York

Rechkemmer, K.: 1998, Qualitatives Rechnungswesen. Grundzüge aus Sicht der Wirtschaftsinformatik. In: Wirtschaftsinformatik 40 (1998) 5

ders.: 1997, Information Systems for the Strategic Management of Complex Corparate
Groups. In: Kötzle, A. (Hrsg.): Strategisches Management. Theoretische Ansätze, Instrumente und Anwendungskonzepte für Dienstleistungsunternehmen. Stuttgart, S.
111-124

ders.: 1997, A cross-cultural view of executive support systems. In: Wirtschaftsinformatik,
Heft 2, April 1997, 39. Jahrgang, S. 147-154

ders.: 1995, A German View of Executive Support Systems. Center for Information Systems Research, WP No. 286 / International Center for Research on the Management
of Technology, WP #132-95, Sloan School of Management, Massachusetts Institute of
Technology, Cambridge, USA

ders: 1994, Topmanager endlich on-line? In: Harvard Businessmanager, 16. Jahrgang 1994,
1. Quartal, S. 26-31

ders.: 1994, Topexecutives. Zu den Spezifika ihres Informationsbedarfs und ihrer Informationsversorgung aus 'Sicht von Executive Information Systems. In: Zeitschrift für Betriebswirtschaft. Nr. 12, Dezember 1994, S. 1609-1622

ders.: 1992, Qualitative Informationen – Ein Weg zur Reduktion der Komplexität im internationalen Management. In: Henning, K., Harendt, B. (Hrsg.) Methodik und Praxis
der Komplexitätsbewältigung. Gesellschaft für Wirtschafts- und Sozialkybernetik, Jahrestagung 1991, Berlin, S. 87-95

ders.: 1990, The Subjective Side of Economic Behavior,: Further Econometric Results. In:
Oppenländer, K. H., Poser, G. (Hrsg.): 1990, Business Cycle Surveys with Special Re-
ference to Pacific Basin Economics, Aldershot, Brookfield, Hong Kong, Singapore,
Sydney, S. 343-366.

ders.: 1986, How to Include Survey Results in Econometric Models – Theoretical Considerations, Econometric Results, Perspectives on Forecasting. In: Oppenländer, K. H.,
Poser, G. (Hrsg.): 1986, Contributions of Business Cycle Surveys to Empirical Economics, Aldershot, Brookfield, Hong Kong, Singapore, Sydney, S. 119-137

Reck, R. H.: 1989, The Realpolitik of EIS. Chairman's address: Executive Information Systems. The 2nd Annual Conference & Exibition. May 11 & 12, 1989, London.

ders., Hall, J. R.: 1986, Executive Information Systems: An Overview of Development. In:
Journal of Information Systems Management, FAl, 25-30

Reichwald, R., Goecke, R.: 1996, Telekooperation im Top-Management. In: Tinnefeld,
M.-T., Köhler, K., Pialozo, M.: 1997?, Arbeit in der mobilen Kommunikationsgesell-

schaft. Arbeits-, datenschutzrechtliche, wirtschaftliche und soziale Auswirkungen der Telearbeit. Wiesbaden

Rich, E., Knight, K.: 1991, Artificial Intelligence. 2. Ed., New York

Rockart, J. F.: 1979, Chief Executives Define Their Own Data Needs. In: Harvard Business Review, March-April 1979.

ders.: 1980, Topmanager sollten ihren Datenbedarf selbst definieren. In: Harvard Manager, Nr. 2. S. 45-58

ders.: 1988, The Line Takes the Leadership – IS Management in a Wired Society. In: Sloan Management Review, Summer 1988, S. 57-64

ders: 1991, A Perspective on Information Technology in the Process-Oriented Organization. MIT Industrial Liaison Program Report, CSIR WP No 224, Sloan WP No. 3331, January 1991, Center for Information Systems Research, Sloan School of Management, Massachusetts Institute of Technology.

ders., Treacy, M.E.: 1982, The CEO Goes On-Line. In: Harvard Business Review, Januar-Februar

ders., Treacy, M.: 1983, Der Chef arbeitet on-line. In: Harvard Manager, Nr. 2, 14-18

ders., J.F., Scott Morton, M.S., 1984, Implications of Changes in Information Technology for Corporate Strategy, In: Interfaces 14: January-February 1984, S. 84-95

ders., Crescenzi A. D.: 1984, Engaging Top Management in Information Technology. In: Sloan Management Review, Summer, S. 3-16

ders., J.F., Bullen, C.V. (Hrsg.): 1985, The Rise of Managerial Computing: The Best of the Center for Information System Research. Sloan School of Management, Massachusetts Institute of Technology. Homewood, Ill.

ders., DeLong, D.W.: 1988, Executive Support Systems. The Emergenence of Top Management Computer Use. New York

ders., DeLong D. W.: 1988, Moments of Executive Enlightenment. In: Information Strategy: The Executive's Journal, Fall 1988, S. 21-27

ders., J.F., Short, J.E.; 1991, The Networked Organization and the Management of Interdependence. In: Scott Morton, M.S. (ed.): 1991, The Corporation of the 1990s. Information Technology and Organizational Transformation. New York, S. 189-219

Rölle, H.: 1971, Die Ermittlung des Informationsbedarfs der Manager- Ausgangspunkt oder Ziel des MIS. In: Grochla, E., Szyperski, N. (Hrsg.): (1971), Management-Informationssysteme, Wiesbaden, S. 761-784

Rühli, E.: 1988, Unternehmensführung und Unternehmenspolitik. Bd. I und 2, jeweils 2. Auflage, Bern, Stuttgart

Ruhsert, C.: 1986, Der Aufstieg des computerintegrierten Managements. Management der 90er Jahre- Bericht über die CISR Summer Session 1986 am M.I.T.. In: Computerwoche, 24. Oktober 1986, S. 32-34.

Sackmann, S. A.: 1990, Wie gehen Spitzenführungskräfte mit Komplexität um? In: Fisch, R., Boos, M. (Hrsg.): 1990, Vom Umgang mit Komplexität in Organisationen. Konstanz, S. 299-315

Schmid, B.: 1997, Elektronische Märkte. Das Potential wird erst in seinen Anfängen genutzt. In: Office Management 4/1997, S. 10 ff.

ders.: 1997, Informationstechnologie und Wirtschaft. Betrachtungen der Wechselwirkungen im Laufe der Zeit. In: iomangaement Nr. 1/2 1997, S. 21 ff.

ders.: 1996, Internet markiert den Beginn der neuen Mediengesellschaft. In: io Management 65 (1996) Nr. 9, S. 22 ff.

ders.: 1991, Die elektronische Revolution der Märkte. In: io Management Zeitschrift, 12/91, 96-98

ders., u.a.: 1995, Electronic Mall: Banking und Shopping in globalen Netzen. Stuttgart

Schmidt, H.: 1987, Menschen und Mächte. Berlin

Schneider, H.-J. (Hrsg.): 1986, Lexikon der Informatik und Datenverarbeitung. 2. Aufl., München, Wien

Schreyögg, G. Conrad, P. (Hrsg.): 1996, Wissensmanagement. Berlin, New York

Schreyögg, G., Hübl G.: 1991, Manager und ihre Arbeit. Diskussionsbeitrag des Fachbereichs Wirtschaftswissenschaften der FernUniversität Hagen. S. 41

Schüppel, J.: 1996, Wissensmanagement. Organisatorisches Lernen im Spannungsfeld von Wissens- und Lernbarrieren. Wiesbaden

ders.: 1994, Organisationslernen und Wissensmanagement. Institut für Betriebswirtschaft, Universität St. Gallen, Diskussionsbeiträge, Nr.12

Schulz, A. (Hrsg.): 1986, Die Zukunft der Informationssysteme. Lehren der 80er Jahre. New York, Berlin, Heidelberg

Schumpeter, J.: 1987, Theorie der wirtschaftlichen Entwicklung. 7. Aufl., Berlin

Schwaninger, M.: 1993, Managementsysteme, Frankfurt

Schwarz, H.P.: 1989, Adenauers Kanzlerdemokratie und Regierungstechnik. In: Aus Politik und Zeitgeschichte, Beilage zur Wochenzeitung „Das Parlament", Januar

Scott Morton, M.S.: 1972, Management-Entscheidungen im Bildschirmdialog. Essen

ders.: 1983, State of the Art of Research in Management Support Systems. Center for Information Systems Research, Sloan School of Management, Massachusetts Institute of Technology, Working Paper #107, July 1983

ders.: 1986, The State of the Art of Research in Management Support Systems. In: Rockart, J.F., Bullen, V. (Hrsg.): 1986, The Rise of Managerial Computing. The Best of the Center for Information Systems Research, Sloan School of Management, Massachusetts Institute of Technology. Irwin. S. 325-353.

ders. (Hrsg.): 1991, The Corporation of the 1990s, Information Technology and Organizational Transformation. New York, Oxford

Seemann, K.: 1971, Wie wird heute regiert? In: Die politische Meinung, 1971, Bonn, Heft 139

Seidel, E, Wagner, D. (Hrsg.) 1989, Organisation. Evolutionäre Interdependenz von Kultur und Struktur der Unternehmung. Festschrift zum 60 Geb. von K. Bleicher. Wiesbaden.

Senge, P.M.: 1994, The Fifth Discipline. The Art & Practice of The Learning Organization. New York, London, Toronto, Sydney, Auckland

Simon, H. A.: 1960, The Executive as Decision Maker. In: The New Science of Management Decision, New York University, S. 1-8

ders.: 1960, The New Science of Management Decision. New York

Spreemann, K., Zur, E. (Hrsg.): 1989, Informationstechnologie und Strategische Führung. Wiesbaden

Steffahn, H.: 1990, Helmut Schmidt. Reinbeck

Steinbuch, K.: 1980, Informationstechnik und Liberalität. In: Ludwig- Erhard-Stiftung e.V. (Hrsg.): Symposion V, Informationstechnik und Liberalität. Stuttgart, New York

Steinmann, H., Schreyögg, G.: 1997, Management. 4. Aufl., Wiesbaden

Stoehr, A.: 1971, MIS in der Unternehmung. Zukunftsvisionen oder wirksames Instrument? In: Grochla, Syperski (Hrsg.): 1971, S. 145 ff.

Stoll, C.: 1996, Die Wüste Internet. Geisterfahrten auf der Datenautobahn, New York

Strehl, F.: 1987, Arbeitsrollen der Führungskräfte (nach Mintzberg). In: Kieser, A., Reber, G., Wunderer, R. (Hrsg.): (1987), Handwörterbuch der Führung. Stuttgart, S. 34-46

Strüby, R.: 1990, Management Controlling als Grundlage ganzheitlicher Unternehmungsführung. In: Siegwart, H., Mahari, J. I., Caytas, I. G., Sander, S. (Hrsg.) : 1990, Management Controlling (Meilensteine im Management). Basel, Frankfurt, Stuttgart, S. 29-51

Sydow, J.: 1990, Informationsmanagement: Funktion, Institution und Methodik. In: Pieper, R., Richter, K.: 1990, Management, Bedingungen, Erfahrungen, Perspektiven. Wiesbaden, S. 216-232

Szypersky, N.: 1973, Gegenwärtiger Stand und Tendenzen der Entwicklung betrieblicher Informationssysteme. In: Hansen, M. R., Wahl, M.P. (Hrsg.): 1973, Probleme beim Aufbau betrieblicher Informationssysteme, München. S. 25 ff.

ders.: 1980, Computergestützte Informationssysteme. In: Handwörterbuch der Organisation. 2. Aufl., Stuttgart, S. 920-933

ders.: Miller, F., Rölle, H.: 1971, Modellgestützte Management-Informationssysteme in den USA – Erfahrungen und Entwicklungstendenzen, Köln (BIFOA Forschungsbericht 71,1)

ders., Eschenröder, G.: 1983, Information-Resource-Management. Eine Notwendigkeit der Unternehmensführung. In Kay, R. (Hrsg.): 1983, Management betrieblicher Informationsverarbeitung. München, Wien, S. 11-37

ders, Klein, S.: 1993, Neue Herausforderungen an das Management. In: Office Management, 11/1993, S. 32-37.

Taylor, F.W.: 1922, Die Grundsätze wissenschaftlicher Betriebsführung, München

The Economist Intelligence Unit: 1994, The successful corporation of the year 2000. Research Report von A. Mackiewicz und N.C. Daniels, New York

THORN EMI Computer Software: ohne Datum (um 1989), FCS-Pilot Executive Informa- tion System (EIS). Die Perspektiven des Informations-Manage- ments. Hamburg

Treacy, M.E.: 1985, Future Directions in DSS Technology. Center for Information Systems Research Working Paper No. 123, Sloan School of Management, MIT, Cambridge, Mass.,

TÜV Rheinland GmbH (Hrsg., erstellt in Zusammenarbeit mit der Östereichischen Akademie für Führungskräfte): 1991, Der gut informierte Manager: erfolgreiche europäische MIS- und EIS-Lösungen. Köln.

Ulrich, H.: 1968, Die Unternehmung als produktives soziales System. Bern, Stuttgart

ders.: 1978, Unternehmenspolitik. Bern, Stuttgart

ders., Krieg, W.: 1974, St. Galler Management-Modell. 3. Auflage, Bern

ders., Probst, G.J.B.: 1990, Anleitung zum ganzheitlichen Denken. Ein Brevier für Führungskräfte. Bern, Stuttgart

Vance, S.C.: 1983, Corporate Leadership. Boards, Directors and Strategy. New York et. al.

Vester, F.: 1984, Neuland des Denkens. München

ders.: 1990, Vernetztes Denken. In: IBM Nachrichten, Mai, S. 7-15 ders.: 1991, Ballungsgebiete in der Krise. Aktualisierte Neuausgabe, München

Vetschera, R.: Informationssysteme der Unternehmensführung. Berlin, Heidelberg, New York, Tokio

Vetter, M.: 1990, Informationssysteme in der Unternehmung. Stuttgart

Volonino, L., Watson, H. J.: 1990-91, The Strategic Business Objectives Method for Guiding Executive Information Systems Development. In: Journal of Management Information Systems, Winter 1990-91, S. 27-39.:

Wagner, H.-P: 1992, Führen mit Information – Einsatzgebiete und Entwicklungsperspektiven von CIS. In: Bullinger, H.-J. (Hrsg): 1992, Informationsarchitekturen als strategische Herausforderung. Lean Management. Integrationsmanagement. Informationsmanagement. Baden-Baden. S. 478-492.

Wendt, O.: 1996, Mythen der Informationsgesellschaft. In: Information Management 4/96, S. 6 ff.

Wild, J.: 1970, Input-, Output- und Prozeßanalyse von Informationssystemen. Zeitschrift für betriebswirtschaftliche Forschung, Heft 1, S. 50-72

ders.: 1974, Führung als Prozess der Informationsverarbeitung. In: Macharzina, K. V. Rosenstiel, L. (Hrsg.): 1974, Führungswandel in Unternehmung und Verwaltung. Wiesbaden, S. 133-168

Willke, H.: 1998, Systemisches Wissensmanagement. Stuttgart

Witte, E.: 1972, Das Informationsverhalten in Entscheidungsprozessen. Tübingen

Wunderer, R.: 1971, Bestimmungsgründe für den Erfolg von Führungskräften. In: Personal, 23 Jg., S. 256-258

ders., Grunwald, W.: 1980, Führungslehre. Bd. 1, Grundlagen der Führung. Berlin, New York

Zahn, E.: 1983, Mikroelektronik in der Informationsgesellschaft. In: Harvard Manager, Nr. 2, S. 7-13

ders, Rüttler, M.: 1990, Informationsmanagement. Eine strategische Antwort auf kritische Herausforderungen der Unternehmensumwelt. In: Controlling, Heft 1, S. 34 ff.

Zimmermann, H.-D.: 1995, Online-Dienste: Stand und Aktuelle Entwicklungen. In: Schmid, B.: 1995, Electronic Mall: Banking und Shopping in globalen Netzen. Stuttgart, S. 315-339

Zwass, V.: 1992, Management Information Systems, Dubuque

Register

Systemisches Wissensmanagement

Von Prof. Dr. H. Willke, Bielefeld

Mit Fallstudien von D. Gnewekow, T. Hermsen, J. Köhler, C. Krück, S. Mingers, K. Piel, T. Strulik und O. Vopel

1998. VI/440 S., 36 Abb., kt.. DM 49,80/öS 364,–/sFr 46,–
(ISBN 3-8282-0082-6, UTB 2047, ISBN 3-8252-2047-8)

Heute ist allgemein anerkannt, daß im Zuge einer nachhaltigen und rasanten Globalisierung Wissen, Wissensbasierung und Wissensarbeit zur unabdingbaren Voraussetzung der Wettbewerbsfähigkeit von Organisationen, Regionen und ganzen Gesellschaften geworden ist. Die Frage, welche die Autoren dieses Buches leitet, ist: Welche Formen der Erzeugung und Nutzung von Wissen setzen Personen und Organisationen in die Lage, Lernen und Innovationsfähigkeit zu Kernkompetenzen zu gestalten?

Besonderer Wert wird darauf gelegt, die Vielfalt – und auch die Schwierigkeiten – möglicher Antworten anhand einer Reihe von Fallstudien aufzuzeigen. Diese Fallstudien sind ausnahmslos aus empirischen Forschungsprojekten entstanden. Der Band bietet somit eine enge Verzahnung von Theorie, Praxis und Projektarbeit.

  *Stuttgart*

Die Rolle des Staates in einer globalisierten Wirtschaft

herausgegeben von

Professor Dr. Juergen B. Donges und Dr. Andreas Freytag

Mit Beiträgen von Barbara Dluhosch, Juergen B. Donges, Johann Eekhoff, Markus Fredebeul-Krein, Andreas Freytag, Malte Krüger, Alexander Lepach, Carsten-Patrick Meier, Angela Schürfeld, Axel Wehmeier, Pia Weiß, Hans Willgerodt, Ralf Zimmermann.

(Schriften zur Wirtschaftspolitik Neue Folge, Band 6)

1998. XI, 320 S., 11 Abb., kt. DM 69,–/öS 504,–/sFr 62,50
ISBN 3-8282-0058-3

Die öffentliche Diskussion über die Auswirkungen der Globalisierung der Märkte wird beherrscht von Sorgen und Ängsten. Viele befürchten, daß im Zuge der unvermeidlichen strukturellen Anpassungen, mehr Arbeitsplätze verlorengehen als neue entstehen würden, die Einkommensungleichheiten zunähmen und die sozialen Sicherungssysteme erodierten. Zahlreiche Politiker nähren die Illusion, der Staat könne den Anpassungsdruck durch Abschottung nach außen mildern oder ganz beseitigen. Die Nachteile einer protektionistischen Politik – für Deutschland und die Europäische Union ebenso wie für die Entwicklungs- und Schwellenländer – werden nicht gesehen, jedenfalls werden sie verschwiegen.

In dem vorliegenden Werk werden Themen, die in der Globalisierungsdebatte eine besondere Rolle spielen, aufgegriffen und wirtschaftswissenschaftlich analysiert. Die Verfasser dieses Bandes sehen die Globalisierung nicht als Schreckgespenst, sondern als Chance für eine zukunftsweisende Wirtschaftspolitik, die die Rahmenbedingungen für gesamtwirtschaftliche Dynamik und mehr Beschäftigung auf Dauer herstellt. Das gemeinsame Anliegen ist es, zu einer Versachlichung der Debatte beizutragen und in der Gesellschaft emotionalen Widerstand gegen Offenheit der Märkte abzubauen.

  *Stuttgart*

Zeitfracht Medien GmbH
Ferdinand-Jühlke-Straße 7
99095 Erfurt, Deutschland
produktsicherheit@kolibri360.de